本书受西华师范大学出版基金资助

# 语法结构对成语表征影响的实验研究

张煜 著

中国社会科学出版社

## 图书在版编目（CIP）数据

语法结构对成语表征影响的实验研究 / 张煜著 . —北京：中国社会科学出版社，2019.10

ISBN 978 - 7 - 5203 - 5430 - 1

Ⅰ.①语… Ⅱ.①张… Ⅲ.①语法结构—影响—成语—实验研究 Ⅳ.①H033.1 - 33

中国版本图书馆 CIP 数据核字（2019）第 245527 号

| 出 版 人 | 赵剑英 |
|---|---|
| 责任编辑 | 张 潜 |
| 责任校对 | 刘 洋 |
| 责任印制 | 王 超 |

| 出　　版 | 中国社会科学出版社 |
|---|---|
| 社　　址 | 北京鼓楼西大街甲 158 号 |
| 邮　　编 | 100720 |
| 网　　址 | http://www.csspw.cn |
| 发 行 部 | 010 - 84083685 |
| 门 市 部 | 010 - 84029450 |
| 经　　销 | 新华书店及其他书店 |

| 印　　刷 | 北京明恒达印务有限公司 |
|---|---|
| 装　　订 | 廊坊市广阳区广增装订厂 |
| 版　　次 | 2019 年 10 月第 1 版 |
| 印　　次 | 2019 年 10 月第 1 次印刷 |

| 开　　本 | 710×1000　1/16 |
|---|---|
| 印　　张 | 16 |
| 插　　页 | 2 |
| 字　　数 | 212 千字 |
| 定　　价 | 78.00 元 |

凡购买中国社会科学出版社图书，如有质量问题请与本社营销中心联系调换
电话：010 - 84083683
**版权所有　侵权必究**

# 缩　　写

| | |
|---|---|
| Chengyu | CY |
| knowledge | KNO |
| familiarity | FAM |
| subjective frequency | SUB |
| compositionality | COM |
| literality | LIT |
| predictability | PRE |
| age of acquisition | AOA |
| 联合结构动宾 | VOVO |
| 非联合结构动宾 | VO |
| 联合结构偏正 | SMSM |
| 非联合结构偏正 | SM |
| 联合结构主谓 | SVSV |
| 非联合结构主谓 | SV |
| 连动结构 | VV |

# 目　　录

第一章　引言 …………………………………………………… (1)
　第一节　研究背景 ………………………………………………… (1)
　　一　成语与习语定义 …………………………………………… (2)
　　二　成语与习语特点 …………………………………………… (3)
　　三　成语的语法 ………………………………………………… (4)
　第二节　研究意义 ………………………………………………… (5)
　第三节　研究问题 ………………………………………………… (5)
　第四节　内容介绍 ………………………………………………… (6)

第二章　文献综述 ……………………………………………… (7)
　第一节　格式塔理论 ……………………………………………… (7)
　第二节　成语加工理论模型 ……………………………………… (10)
　　一　非建构观 …………………………………………………… (11)
　　二　建构观 ……………………………………………………… (13)
　　三　混合观 ……………………………………………………… (14)
　第三节　认知实验研究 …………………………………………… (21)
　　一　习语心理表征特点及其理解的实验研究 ………………… (21)
　　二　成语心理表征特点及其理解的实验研究 ………………… (24)
　第四节　实验研究基本框架 ……………………………………… (30)

## 第三章　实验研究……（34）

### 第一节　实验1 成语心理表征特点问卷调查研究……（34）
　　一　方法……（35）
　　二　结果和讨论……（37）

### 第二节　实验2 成语心理表征特点反应时实验……（46）
　　一　方法……（46）
　　二　结果与讨论……（48）

### 第三节　实验3 成语语法结构对称性实验1……（51）
　　一　实验3A……（54）
　　二　实验3B……（57）
　　三　实验3C……（58）
　　四　结果……（60）
　　五　讨论……（75）

### 第四节　实验4 成语语法结构对称性实验2……（81）
　　一　实验4A……（85）
　　二　实验4B……（86）
　　三　实验4C……（87）
　　四　结果……（87）
　　五　讨论……（102）

### 第五节　实验5 联合结构成语的整词与词素关系实验……（109）
　　一　被试……（114）
　　二　材料……（114）
　　三　过程……（114）
　　四　结果……（115）
　　五　讨论……（123）

### 第六节　实验6 联合和非联合结构成语的语法与语义关系实验……（130）

一　实验 6A ………………………………………………（133）
　　二　实验 6B ………………………………………………（134）
　　三　实验 6C ………………………………………………（135）
　　四　结果 …………………………………………………（136）
　　五　讨论 …………………………………………………（158）

**第四章　总讨论** ………………………………………………（164）
　第一节　语法结构对成语心理表征特点的影响 …………（165）
　第二节　语法结构对成语理解的影响 ……………………（166）
　第三节　整词与词素表征关系 ……………………………（170）
　第四节　比喻义与字面义表征关系 ………………………（174）
　第五节　语法与语义表征关系 ……………………………（175）
　第六节　格式塔心理学认证 ………………………………（180）

**第五章　结论** …………………………………………………（184）
　第一节　研究发现 …………………………………………（184）
　第二节　研究启示 …………………………………………（185）
　第三节　研究的局限性 ……………………………………（187）

**参考文献** ………………………………………………………（188）

**附录 1** …………………………………………………………（207）
**附录 2** …………………………………………………………（212）
**附录 3** …………………………………………………………（225）
**附录 4** …………………………………………………………（240）

**致　谢** …………………………………………………………（242）

# 图 目 录

图 2—1　习语混合加工模型示例 …………………………（18）

图 2—2　习语超词条理论模型示例 …………………………（19）

图 2—3　实验流程 ……………………………………………（31）

图 3—1　不同语法结构成语心理表征特点交互 ……………（41）

图 3—2　实验 2 成语定义判断过程示例 ……………………（48）

图 3—3　联合和非联合式动宾结构成语反应时实验过程
　　　　示例 …………………………………………………（56）

图 3—4　实验 3 成语语法结构、结构对称性与语义反应时
　　　　交互 …………………………………………………（62）

图 3—5　实验 3 成语语法结构、结构对称性与语义错误率
　　　　交互 …………………………………………………（69）

图 3—6　联合和非联合结构成语按被试分析的反应时
　　　　均值 …………………………………………………（75）

图 3—7　逆序联合和非联合式动宾结构成语反应时
　　　　实验过程示例 ………………………………………（86）

图 3—8　实验 4 成语语法结构、结构对称性与语义反应时
　　　　交互 …………………………………………………（89）

图 3—9　实验 4 成语语法结构、结构对称性与语义错误率
　　　　交互 …………………………………………………（95）

图 3—10　联合和非联合结构逆序成语按被试分析的反应时
　　　　均值 ………………………………………………………（101）
图 3—11　实验 3 和实验 4 按被试分析的不同语法结构成语
　　　　反应时均值 ………………………………………………（101）
图 3—12　成语空格切分反应时实验过程示例 …………………（115）
图 3—13　实验 5 成语切分类型与语法结构反应时交互 ………（116）
图 3—14　实验 5 成语切分类型与语法结构错误率交互 ………（120）
图 3—15　成语和非成语反应时实验过程示例 …………………（135）
图 3—16　实验 6 成语语法语义、结构对称性与不同实验
　　　　条件下反应时交互 ………………………………………（138）
图 3—17　实验 6 成语语法语义、结构对称性与不同实验
　　　　条件下错误率交互 ………………………………………（148）
图 4—1　联合结构成语的超词条理论加工模型示意 …………（167）
图 4—2　非联合结构成语的超词条理论加工模型示意 ………（168）
图 4—3　成语弱超词条理论模型示意 …………………………（177）
图 4—4　成语强超词条理论模型示意 …………………………（177）

# 表 目 录

表3—1　成语心理表征特点问卷调查描述性结果 …………（37）
表3—2　成语心理表征特点的相关性 ………………………（38）
表3—3　不同语法结构成语心理表征特点单因素方差
　　　　分析 …………………………………………………（40）
表3—4　5种成语心理表征特点中不同语法结构之间差异
　　　　显著性 ………………………………………………（41）
表3—5　以成语心理表征特点为因变量的语法结构
　　　　研究 …………………………………………………（44）
表3—6　成语正确定义和反义定义的描述性统计数据 ……（48）
表3—7　成语语义判断反应时与成语7种心理表征特点的
　　　　相关性 ………………………………………………（49）
表3—8　VO和VOVO结构成语7种心理表征特点的 $t$ 值
　　　　检验 …………………………………………………（54）
表3—9　成语语义判断示例 …………………………………（56）
表3—10　SM和SMSM结构成语7种心理表征特点的 $t$ 值
　　　　 检验 …………………………………………………（57）
表3—11　SV和SVSV结构成语7种心理表征特点的 $t$ 值
　　　　 检验 …………………………………………………（59）
表3—12　正字法成语实验描述性统计数据 …………………（60）

| | | |
|---|---|---|
| 表3—13 | 成语结构对称性与语义反应时差异显著性 | (62) |
| 表3—14 | 成语语法结构与语义反应时差异显著性 | (64) |
| 表3—15 | 成语结构对称性与语法结构反应时差异显著性 | (66) |
| 表3—16 | 成语的结构对称性和语义错误率差异显著性 | (69) |
| 表3—17 | 成语语法结构和语义错误率差异显著性 | (71) |
| 表3—18 | 成语结构对称性与语法结构错误率差异显著性 | (73) |
| 表3—19 | 联合和非联合结构成语反应时和错误率均值 | (75) |
| 表3—20 | 逆序成语示例 | (86) |
| 表3—21 | 逆序成语实验描述性统计结数据 | (88) |
| 表3—22 | 逆序成语结构对称性与语义反应时差异显著性 | (89) |
| 表3—23 | 逆序成语语义与语法结构反应时差异显著性 | (91) |
| 表3—24 | 逆序成语结构对称性与语法结构反应时差异显著性 | (92) |
| 表3—25 | 逆序成语结构对称性与语义错误率差异显著性 | (95) |
| 表3—26 | 逆序成语语义与语法结构错误率差异显著性 | (96) |
| 表3—27 | 逆序成语结构对称性与语法结构错误率差异显著性 | (98) |
| 表3—28 | 联合和非联合结构逆序成语反应时均值和错误率 | (100) |
| 表3—29 | 成语空格切分类型举例 | (114) |
| 表3—30 | 空格切分实验描述性统计数据 | (115) |
| 表3—31 | 成语和非成语举例 | (134) |
| 表3—32 | 成语语法与语义关系实验的描述性统计数据 | (137) |

表目录 / 3

表 3—33　结构对称性与语法语义反应时差异显著性 ………（139）
表 3—34　语法结构与语法语义反应时差异显著性 …………（142）
表 3—35　语法结构与结构对称性反应时差异显著性 ………（145）
表 3—36　结构对称性与语法语义错误率差异显著性 ………（149）
表 3—37　语法结构与语法语义错误率差异显著性 …………（152）
表 3—38　语法结构与结构对称性错误率的差异显著性 ……（156）

# 第 一 章

# 引　言

　　成语是我国文化宝库中的一朵艳丽奇葩，具有浓厚的文化色彩和丰富的历史内涵。成语以其言简意赅、言近旨远、提纲挈领、画龙点睛、韵律和谐的特点和富于哲理性、故事性、概括性的特质而被广泛应用于人们的口语和书面语之中。作为一种主要习语形式，成语也是语言学和心理语言学等领域的主要研究对象。在心理语言学研究领域，成语的心理表征特点及其理解认知机制成为人们最为关注的问题。

## 第一节　研究背景

　　前人所做的成语研究为本研究奠定了良好的基础。然而，现有的国内文献较少提到成语表征影响因素的研究，同时也缺乏采用行为实验考察成语理解机制的实证研究。本书将以我国浙江大学的本科生为研究对象，采用问卷调查被试对成语表征影响因素的认知程度；将对成语表征影响因素进行控制和匹配后选出来的成语用作实验关键材料。实验通过正序、逆序成语定义判断，短语成语对错判断等反应时实验，考察整词与词素表征关系，字面义与比喻义表征关系，语法与语义表征关系。

## 一　成语与习语定义

对于习语的组成部分，不同的学者有着不同的观点。从广义上讲，习语涵盖谚语、程式语、甚至是复合词（Katz, 1973; Fraser, 1970）。从狭义上讲，习语仅是一种多词组合的表达方式（Weinreich, 1969; Makkai, 1972; Fernado & Flavell, 1981; Strassler, 1982）。后来对习语的研究基本限于狭义范围。习语不同于惯用语、谚语、词语搭配、程式语、陈词滥调等。习语的可分解连续体、制度化、灵活度、固定形态等特点，决定了习语与明喻、隐喻、转喻、拟人、夸张等修辞相关。对习语划分较为清晰的定义是习语是句子以下的单位，是两个或两个以上创新出来的、带有非字面意义、旨在取得特殊的语音和语义效果的词组（Jaeger, 1999）。Cooper（1999）认为习语往往是一种从其组构成分中不能直接读取字面义的词组。但是诸多对于习语的定义由于研究角度不同，很难全面综合概括出习语的定义。

在英文中习语称为 idiom，本书研究的是习语中的一种：汉语成语，在英文中称为 Chinese idiom, quadra-syllabic idiomatic expressions, four-character idioms 或 Chengyu。成语是人们长期以来习用的、简洁精辟的定型词组或短句，一般都有出处。温端政（2005）认为，成语是汉语语汇的重要组成部分，成语不等同于"词"。成语可以被看作"语"。叙述性是"语"的共同特征，是"语"区别于"词"的最重要的特征。叙述性分为三种类型：（1）描述语描述事物的形象、性质或状态；（2）表述语表达某种推理或判断；（3）引述语专指歇后语。成语是"二二相承的描述语和表述语"，它有三个基本特性：（1）习用性（2）语义整体性（3）结构固定性。绝大多数成语是四字格。周荐（1997）对《中国成语大词典》（1987）统计表明，95.57%的成语是四字格。因此，本文研究的是四字格成语。

## 二 成语与习语特点

习语虽然难以有统一而简单的定义，但其特点确是显而易见的。Fernando（1996）指出习语是复合词组，其语义不透明，表达制度化。但是俚语、谚语、明喻、隐喻和客套话也有这样的特点。一些学者试图将习语与它们区分开。根据朗文当代英汉词典，谚语是用简短的、众所周知的、简单的语言表达出明确含义的语言。俚语是一种非正式的语言，它包含一些符合潮流的、不礼貌的用词和意义，通常适用于某一特定人群，不会在严肃的讲话和写作中出现。这表明谚语在内容上，俚语在使用范围上与习语不一致。Irujo（1986a）发现习语具有约定俗成的特点，这有别于其他比喻词组。如，英语母语者很快明白 I was pulling your leg 是 I was teasing you 的意思，而他们要花时间推断 I was greasing your mind 的意思。

Nunberg、Sag 和 Wasow（1994）对习语的定义使之具有一些典型特点。其中习语的必要特点是习语的约定俗成性：基于各自不同的习俗，习语的组成结构是不同的，并且是孤立出现的，因此习语的意义是不能被预测的，至少不能被完全预测。习语具有可分解连续体（decomposable continuum）、可分解性（compositionality）、制度化（institutionalization）、灵活度（flexibility）、定形（configuration）等特点。总而言之，习语是一个多词组合结构，它最主要的特点是灵活性、模糊性和制度化。

成语作为习语的一种，有其自身的特点。四字格成语比起其他习语更被长期使用，通常具有简单而固定的结构和整体的意义。成语的结构不能够随意地替换、补充、删减。最重要的是，成语通常具有双重含义，一是成语的字面义，二是成语的比喻义。汉语成语除了不具有灵活度，具有以上概括的英语习语的所有特点。

　　汉语熟语指语言中已经定型的固定词组，只能整体应用，不能随意变动其中的部分，并且不能按照通常的构词法来分析，如"慢条斯理""扬名立万""拍马屁""八九不离十"等。汉语惯用语指口语中的一种固定短语，多为三个音节，并且多用其比喻义，如"吹牛皮""卖关子"等。汉语谚语指在民间广为流传的固定语句，语言简练、通俗、含义深刻，是群众生活和生产经验的总结，如"放长线钓大鱼""众人拾柴火焰高""路遥知马力，日久见人心"等。汉语成语指人们长期以来习用的结构固定、意义完整而又简洁精辟的词组或短句，大多由四个字组成（当代汉语词典，2011）。由此我们不难看出，成语在形式上固定，在语义上具备习语、熟语、惯用语的特点，即有明喻、隐喻、转喻、拟人、夸张等修辞效果。所以这也就是为什么在本文中，当设计到西方文献时，研究者会用"习语"这一术语，而谈及国内文献时，研究者多用"成语"。但是由于语言认知的共通性，国内对习语、熟语、惯用语、以及双字词或汉语合成词的认知对汉语成语的认知表征模式也有启发作用，本书对相关文献也做了梳理和归纳。

### 三　成语的语法

　　根据现代汉语句法，汉语成语有补充式、主谓式、联合式、复句式、紧缩式、连动式、偏正式、动宾式、兼语式、复合式、单纯词、主语式、复杂式、后补式、动补式等。其中联合式、主谓式、偏正式、动宾式和连动式占到了成语总数的90.05%（中华成语全功能词典，2009）。偏正式成语指由名词、动词、形容词或名词、动词、形容词的词素与在它们前起修饰作用的词或词素组成。名词、动词、形容词或词素是中心语，修饰名词的词或词素是定语，修饰动词、形容词的词或词素是状语。定语、状语与中心语的关系是偏正关系（如：以微知著、中庸之道、娓娓而谈）。主谓式成语是指字面由主语加谓语（可带状语或宾语）的形式构成的成语（如：金玉满堂、襟怀坦白、欲壑难填）。动宾式成语是指动词加宾语构成的成语（如：约法三章、饱经忧患、义结金兰）。连动式成语是指结构由前后两个词组成，表示两个动作先后发生（如：解甲归田、仗义疏财、量入为出）。联合式成语是指成语中前两个字的结构关系是并列关系的成语（如：画梁雕栋、礼贤下士、事半功倍）。其中主谓式成语、动宾式成语和偏正式成语是联合式成语的一部分。

## 第二节 研究意义

习语的心理表征特点以及理解习语的认知机制研究是认知语言学和心理语言学等领域关注的热点之一。汉语形态变化较少，在类型学上明显不同于英语等印欧语系的文字。和其他语言的习语相比，成语在语法结构上有独特性，语义上有典故性和历史渊源的特点。揭示成语的语法结构对成语心理表征特点和理解认知机制的影响，对于发展普遍习语认知理论以及彰显汉语语言形式和语言认知机制关系的独特性有重要意义。

## 第三节 研究问题

由于成语具有语法结构固定性和内容典故性的语法和语义特征，作为象形表意文字，成语的理解加工有自己独特的表征。本研究通过实验研究分2个阶段主要对两个问题做出回答。阶段1：成语语法结构对成语的心理表征特点有什么影响？阶段2：成语语法结构对成语的理解加工有什么影响？具体而言，主要包括以下8个问题。

  阶段1主要研究：（1）语法结构对成语心理表征特点有什么不同的影响；（2）成语的在线反应时与其心理表征特点的关系是什么。阶段2主要研究不同语法结构成语：（3）是否有结构对称性效应；（4）整词与词素是什么表征关系；（5）字面义和比喻义是什么表征关系；（6）语法和语义是什么表征关系。在研究各种表征关系的过程中，进一步研究：（7）词素的具体性质如语法结构或语义对超词条的提取有什么影响；（8）对语法结构不合理或语义错误的成语，超词条在成语表征中的具体作用是什么。

## 第四节　内容介绍

  本书分为五章。第一章概括介绍研究背景、意义、问题和内容。第二章综述习语认知方面的国内外研究现状，并提出具体的研究假设。第三章介绍6项实验研究，并就上述两个研究阶段8个具体研究问题做出分解性回答。第四章对实验研究的发现进行理论性概括讨论。第五章归纳本研究的结论。

# 第 二 章

# 文献综述

## 第一节 格式塔理论

成语加工模型源于哲学理论,格式塔理论可以解释成语表征模型。格式塔理论起始于视觉领域的研究,但它又不限于视觉领域,甚至不限于整个感觉领域,其应用范围远远超过感觉经验的限度。格式塔理论是构建科学、艺术和语言研究的主要原理,被广泛地应用于哲学、心理学、美学、语言学、组织社会学。格式塔理论出现在20世纪之交哲学体系出现重大危机、实验心理学成为一门独立学科之际。格式塔理论给整个心理学以推动和促进;它的主要学说极大地影响了认知领域,从而也在某种程度上影响了学习理论,致使后人在撰写各种心理学教科书时不得不正视该学派的理论;它使心理学研究人员不再固守构造主义的元素学说,而是从另一角度去研究意识经验,为后来的认知心理学埋下了伏笔;它可以包括学习、回忆、志向、情绪、思维、运动等过程,格式塔心理学家们用格式塔这一术语研究心理学的整个领域。它通过对行为主义的有力拒斥,使意识经验成为心理学中的合法研究领域;它的哲学基础导源于现象学,并用大量的研究成果丰富和充实了现象学,使欧洲逐渐形成一股现象学心理学思潮,直至今天仍有影响。目前对于格式塔知觉原则的研究,多侧重于现象描写，缺少权威的、公认的工作机制上的解释。这正是认知心理学、认知语言学以及脑神经科学等相关学科共同的、需要进一步深入研究的、长期而艰巨的科学课题。

格式塔心理学（Gestalt Psychology）又被称为完形心理学，是西方现代心理学流派之一。"格式塔"本来的意思是指事物的形状、形式或完形，但完形心理学赋予了格式塔"形式在感觉中生成"的内涵，具有"通过整合使之完形"的意蕴。格式塔理论认为，"心理现象是在意识经验中所显现的结构性或整体性"。格式塔理论不是用主观方法把原本存在的碎片结合起来的内容总和，或主观随意决定的结构。它们不是单纯盲目地相加起来的、散乱的、难于处理的、元素般的"形质"，也不仅仅是附加于已经存在的资料之上的形式之物。相反，这里要研究的是整体，是具有特殊内在规律的完整历程，所考虑的是有具体整体原则的结构（库尔特·考夫卡，1999）。

在格式塔心理学家看来，人们所知觉到的要大于眼睛所见到的；任何一种经验现象，其中每一成分都牵连到其他成分，每一成分之所以有其特性，是因为它与其他部分具有关系。由此构成的整体，并不决定其局部元素，而局部过程却取决于整体内在特性。现象具有它本身的完整特性，它既不能分解为简单的元素，也不包含于元素之内。作为格式塔心理学的代表人物之一，考夫卡在《格式塔心理学原理》一书中采纳并坚持了两个重要的概念：心物场（psycho-physical field）和同型论（isomorphism）。考夫卡认为，世界是心物的，经验世界与物理世界不一样。观察者知觉现实的观念称作心理场（psychological field），被知觉的现实称作物理场（physical field）。心理场与物理场之间并不存在对应关系，但是人类的心理活动却是两者结合而成的心物场。同型论这一概念意指环境中的组织关系在体验这些关系的个体中产生了一个与之同型的脑场模型。考夫卡认为，大脑并非像许多人所认为的那样是一个感觉运动的连接器，而是一个复杂的电场。正是由于考夫卡坚持心物场与脑场之间在功能上是同型的，从而使他在对经验和行为做出整体动力学解释时幸免于二元论。格式塔同型论与神经系统机械观相对。神经系统机械观认为，神经活动好比一架运作的机器，它不能组织或修改输入机器的东西，正像"记忆机器"忠实地复制知觉印象一样，这种机械性使知觉印象与其皮质复本之间在大小、形状和组织方面是一一对应的。由此推论，对每一知觉过程，脑内都会产生一种与物理刺激组织精确对应的皮质"画面"。为了反对这种机械观，考夫卡以似动实验为例争论道：既然经验到的似动和真动是同一的，那么实现似动和真动的皮质过程也必定是类似的。但是，这种同一是指经验到的空间秩序在结构上与作为基础的大脑过程分布机能秩序相同一，是指知觉经验的形式与刺激的形式相对应，而非刺激与知觉之间一对一的对应性。在这个意义上说，格式塔是现实世界"真实"的表象，但不是它的完全再现。它们在大小和形状方面并不等同。那么，这种同型论是如何解释形式之间对应的呢？考夫卡等人的假设是：皮质过程是以一种类似电场的方式运作的，其最简单的例证是一种围绕一个磁铁形成的电力磁场变化过程，在未受干扰的磁场中，电力线路处于平衡状态。一俟引进干扰，磁场便会处于一种失衡状态。但是，很快又会出现电力线路重组，平衡得以重新确立。需要指出的是，这样一种磁场是一个联结系统，磁场的任何一个部分受到影响，在某种程度上会随之影响其余部分。将这一假设用于脑场，表明脑中的电学过程在对那些由传入神经元内导的感觉冲动进行反应时，也可能建立神经元的活动场。同型论是为了说明心和物都具有同样的格式塔性质，都是一个通体相关的有组织的整体，它不是部分之和，而部分也不含有整体的特性。

Talmy（1978）率先将格式塔心理学的图形背景理论引入到认知语言学研究中。具有固定语法结构的成语采用怎样的理解加工机制？格式塔心理学如何解释成语表征加工的特点？

## 第二节　成语加工理论模型

人们对习语还没有一个统一简明的定义，但是习语的特点却是显而易见的。从广义上讲，习语涵盖谚语、程式语、甚至是复合词（Katz，1973；Fraser，1970），从狭义上讲，习语仅是一种多词组合的表达方式（Weinreich，1969；Makkai，1972；Fernado & Flavell，1981；Strässler，1982）。作为复合词组（Fernando，1996），习语有可分解性、制度化、约定性、灵活性、固定形态性等特点，与明喻、隐喻、转喻、拟人、夸张等修辞相关。习语是句子以下的单位，是两个或两个以上词创新出来的、带有非字面义的结构单位，是在使用中具有特定语音和特殊语义效果的词组（Jaeger，1999），往往是一种从其组合成分中不能直接读取字面义的词组（Cooper，1999）。

习语可以简单地被当作是语法和语义固定的词串（Cacciari & Glucksberg，1991；Cacciari & Tabossi，1988；Gibbs，1992；Glucksberg，1993；Nunberg，Sag & Wasow，1994），人们从习语的心理表征特点和理解机制方面提出了一些颇具启发性的理论模型（Cutting & Bock，1997；Gibbs，Nayak & Cutting，1989；Sprenger，Levelt & Kempen，2006；Tabossi，Fanari & Wolf，2008，2009）。

20世纪70年代末至80年代末较流行非建构观（noncompositional view）。非建构观认为习语的理解过程与整词分析的过程相同，把习语看作语义和语法的共有单位（Bobrow & Bell，1973；Swinney & Cutler，1979；Weinreich，1969；Fraser，1970；Katz，

1973；Chomsky，1980）。80年代末至90年代初占主流的建构观（compositional view）认为，理解习语时要获取习语内部的语义结构，习语是语义现象而非语法现象（Abel，2003；Gibbs，Nayak，Bolton & Keppel，1989；Hamblin & Gibbs，1999；Nunberg，1978）。目前将非建构观与建构观结合起来的混合观（hybrid view）认为，人们理解熟悉或可预测的习语时往往通过统一的表征直接提取习语（Cacciari & Tabossi，1988；Titone & Connine，1999），当理解不熟悉或不可预测的习语时往往通过"可分解模式"提取习语的各个组成成分的语义（Bonin，Méot & Bugaiska，2013；Giora，2002；Cutting & Bock，1997；Sprenger，Levelt & Kempen，2006）。

### 一 非建构观

非建构观下的习语理解加工模型包括字面义优先假设（Literal First Hypothesis）（Bobrow & Bell，1973）、并行加工假设（Lexical Representation Model）（Swinney & Cutler，1979）、比喻义优先假设（Direct Access Model）（Gibbs，1980）和标准语用模式（Standard Prismatic Model）（朱风云，张辉，2007；Clark & Lucy，1975；Grice，1975；Searle，1975，1979；Janus & Bever，1985；周英，张静淑，2011）。

字面义优先假设（Bobrow & Bell，1973）认为，被试在遇到一个习语时首先处理其字面义，只有当字面义与语境不符时才会激活对其比喻义的加工。一种典型的字面义优先模式是标准语用模式（朱风云，张辉，2007；Clark & Lucy，1975；Grice，1975；Searle，1975，1979；Janus & Bever，1985）。现代语用学区分了语言意义和说话人意义。词和词组有时并非都具有其字面义，听话人要同时理解语言意义和说话人意义。在许多情况下，这两种意义都是相关的，也就是说，说话人试图同时表达这两种意义。标准语用模式认为，人们对字面义的理解是理所当然的事情：字面义理解是自动的和在任何条件下都会发生的。根据这一观点，理解非字面义要复杂些，据此习语理解分为三个步骤：首先理解字面义，再决定字面义在上下文中是否适合，若不适合，则推导其比喻义（马利军，张静宇，张积家，2010）。标准语用模式的局限在于仅考虑了习语的语义加工，忽略了习语语法结构的认知机制（Bobrow & Bell，1973）。

并行加工假设（Swinney & Cutler，1979）认为，习语与一般词组一样，也存在于心理词库中，字面义与比喻义是同时被加工的（Swinney 等，1979）。对习语的加工和表征也和其他词组一样在一般心理词典中进行。成语心理词典是一般心理词典的一个部分。识别一个成语要同时在成语心理词典和一般心理词典中搜索，直至找到与其所在语境相符的意义（叶琳，石卫华，汪文，2010）。

比喻义优先假设也被称为直接提取模型（Direct Access Model）。该理论认为，成语的比喻义是直接通达的，只有当比喻义和语境不符时才在心理词典中搜索成语的字面义（Gibbs，1980；Gibbs 等，1989）。如果比喻义被顺利提取，字面义则不被加工。只有当比喻义与语境不符时，才返回心理词典中搜索成语的字面义。在单独呈现成语的情况下，不存在比喻义违背语境的情况。因此，按照直接通达模型的假设，实验中不应该出现反映成语字面义加工的具体性效应。而标准语用模型和同时加工模型都认为，不论语境存在与否，成语的字面义在加工的初始阶段已经被激活，有实验证明成语加工中存在具体性效应（余莉莉，闫国利，2011）。

总之，非建构观认为习语是整词存储的，加工中不存在词素语义捆绑问题。但是，整词观点也面临了一些挑战，如整词表征存在记忆存储冗余，不能解释为什么习语词素意义会被激活，习语具有语法灵活性，当词素频率高于习语频率，词素本身就会自动激活等问题。

## 二 建构观

建构观的习语理解加工模型包括习语变体假设（Idiom Variant Hypothesis）（Gluckberg，1993；McGlone，Glucksberg & Cacciari，1994）、短语多义推断假设（Phrase-Induced Polysemy Model）（Glucksberg，1993，2001）、习语分解模型（Idiom Decomposition Model）（Gibbs & Nayak，1989；Gibbs，Nayak & Cutting，1989）、概念隐喻假设（Conceptual Metaphor Hypothesis）（Gibbs 等，1989）、构造模式（Configuration Model）（Cacciari & Tabossi，1988）等。

习语变体假设（Gluckberg，1993；McGlone 等，1994）认为，习语的特性是复杂多变的，尤其是在其组合形式和语法的转换方面。根据 Moon（2015）的研究，习语的形式常常是不稳定的。在他研究的语料库中大约 40% 的习语有词语替换（lexical variations）的形式，或者有十分固定的惯用化转换形式（transformations）。并且大约 14% 的习语除了常规（canonica）或原型（original）、未转换（unmodified）形式之外，有两个或者更多的变体形式，涉及到词语变体（lexical variants）等八个方面（徐景亮，2008）。

在习语理解加工过程中，短语多义推断假设（Glucksberg，1993，2001）既不主张字面义优先，也不主张比喻义优先。短语多义推断假设均等地对待字面义和比喻义，认为在习语短语中，在比喻义语境下，习语的各个组成成分变得一词多义，这些词从最初的字面义发展成比喻义。

习语分解模型（Gibbs & Nayak，1989；Gibbs 等，1989）利用习语加工过程受到语义可分解性这一观念影响，认为习语不同成分的各个单词意义有助于对整个习语语义的解释。

概念隐喻假设（Gibbs 等，1989）是在 Lakoff 等人概念隐喻理论的基础上提出的。该假设认为习语理解包含着相关的原域概念或其中的部分特征映射到目标域的隐喻加工过程，如"spill the bean"的理解就涉及了"Mind is a container"和"Ideas are physical entities"两个概念隐喻的映射过程。"概念隐喻假设"认为人们的思维是隐喻性的，它体现了对传统的"字面义优先假设"的反对（叶琳，2012）。

构造假设（Cacciari & Tabossi, 1988; Cacciari & Glucksberg, 1991）认为人们在加工习语字面义的同时也对出现的比喻义进行加工。习语的字面义在加工过程中的某个点会被中断，这个点被称作习语键（idiomatic key），是习语中表明习语比喻义的关键主旨词（key content word）出现的位置，也就是习语比喻义被激活的位置。因而，习语键是习语形式及其比喻义的识别点。习语的比喻义一旦被激活，其字面义就会被中断。习语键的位置在不同类型的习语中各不相同，有的关键主旨词在习语中的位置靠前，比喻义会被早早地激活，不需要加工字面义；而有的关键主旨词的位置靠后，这就需要先加工字面义，随后再激活比喻义（Cacciari & Tabossi, 1988）。可以看出，与标准语用模型和直接提取模型相比，构造模型既不强调先加工字面义，也不强调先加工比喻义。构造模型虽然也认为字面义是必不可少的，但同时指出并不是所有的习语比喻义都是在字面义的基础上加工而来的（叶琳，2012）。

总之，建构观认为习语以词素分解的形式存储在通达表征中，用少量单元表征大量词汇，不存在特殊的习语单词，但无法解释对于语义模糊的习语如何能够通过其词素单元获得该习语的语义，没有说明语法和语义加工的层次问题，也不能解释如何理解那些本身没有字面义的习语，以及它们的字面义是如何被加工的。

### 三 混合观

建构观和非建构观模型都似乎不能对所有习语做出普遍性的理

论解释，于是 Cutting 等在对习语产出过程中口误现象研究的基础上，综合了建构和非建构观模型，提出了混合表征模型（Hybrid Model）(Cutting & Bock，1997）。Cutting 和 Bock（1997）发现，习语是可以进行语法分析的，无论可分解还是不可分解，习语在产出时，它们的表征是一样的。一旦词汇的概念节点，即习语键被突破，首先是习语的词素被激活，其次是预先组合的语法结构被激活。所以他们认为习语不可能以整词的形式储存在大脑，习语是完整的，但是它的各个成分是可分解的。然而混合模型并没有得到多数实验的证实。

等级突显假设（Giora，1997，2002）认为，不管是习语的字面义还是比喻义，只要是突显的意义就会被优先加工，而不强调字面义和比喻义哪个具有优先地位。突显意义（salient meaning）在心理词库中是编码意义，同时受到频率、熟悉度、约定性等因素的影响。出现频率高、熟悉度高的编码意义是突显意义，是人们头脑中最先想到的意义。根据等级突显假设，加工习语时，不管在什么语境下，突显意义都优先被加工。Giora（1999）认为，熟悉度高的习语比喻义具有突显地位，而其字面义不太突显；相反，陌生习语的字面义较其比喻义要更为突显。因此，加工熟悉习语时，突显的比喻义总是被优先加工：在偏向比喻义的语境中，直接加工比喻义；在偏向字面义的语境中，先加工字面义，然后再根据语境激活不太突显的比喻义。可以看出，根据等级突显假设，先加工字面义还是比喻义是由习语的熟悉程度决定的（朱风云，张辉，2007）。但是习语的加工除了受到熟悉度的影响，依据习语心理表征特点，还受到语法结构、可分解性、主观频率、字面义合理度等多种特征的影响。等级突显假设对具有不同心理表征特点的习语缺乏较详细完整的解释。

混合观下的习语加工模型中最具代表性的是关联理论（Vega-

Moreno，2001）和超词条理论（Sprenger et al.，2006）。

（一）关联理论

Vega-Moreno（2001）提出的习语理解关联理论是语言交际的重要理论。关联理论关注的核心问题是交际与认知，它不以规则为基础，也不以准则为标准，而是认为人类的认知倾向于适应最大程度的关联，因此对他人话语的理解并不依循任何既定的规则，而是对话语前后关联信息的把握使得人们能够理解语言。Sperber 和 Wilson（2001）通过加工努力程度和认知效果来定义关联性。认知效果越大，关联性越大；加工努力程度越小，关联性越大。一般认为，信息交流符合经济原则，即信息交流每一次的努力行为都要获得足够的益处。既然语言理解包含必要的认知努力，听者必将期盼说者的话语中包含足够值得处理的关联信息。在关联理论的基础上，Vega-Moreno（2001）认为人类对习语的理解符合关联理论假设。他指出，习语的心理表征类似于一种结构短语概念。当人们在理解习语时，构成习语的词素概念和整词概念都得到激活，这两类概念的激活和处理都伴随着对信息关联性的思考。一方面，作为整体概念的习语，其编码和表征与非习语词组不相同，对它的加工意味着信息丢失；另一方面，习语又存在内部结构，对内部结构概念的处理和非习语词组相类似。那么对习语的理解就是寻找两类信息处理过程最大程度的关联意义（王洪刚，2006）。

关联理论模型认为习语心理表征类似于一种结构短语概念，词素概念和整词概念激活后这两类信息处理过程最大程度的关联意义，具有内在结构和整体概念整合。关联理论模型虽能较好解释习语语法和语义灵活性现象，但其综合性太过于笼统，没有系统考虑习语心理表征特点、加工机制等细节问题。

此外，人们近年来基于认知行为实验和脑电实验等也提出了一些理论模型。例如，Friederici（2002）认为在习语处理过程中有3

个阶段，即 100—300 ms（毫秒）：初始字词水平的语法处理；300—500 ms：对词汇语义的理解；500—1000 ms：对不同信息进行语法和语义整合。此外，关于习语的大脑加工机制，学术界也存在着不同的观点，如持"右脑说"观点的学者认为右脑在习语加工中发挥关键作用，而新近的研究对右脑说提出了挑战，并提出"左脑说"，认为左脑也参与了习语理解。而"全脑说"认为习语理解并不严格局限于单侧大脑半球，而是在不同的任务中以不同的方式分工合作（张瑜、孟磊、杨波、张辉、2012）。汉语作为象形文字，不同于英语、法语、意大利语、德语、阿拉伯语等字母文字，成语独特的四字词结构和语法僵化性，导致我们假定成语有着不同的理解机制。

（二）超词条理论

超词条假设对习语的表征机制提供了详细而连贯的加工模型，可以对习语异类的本质做出解释。Sprenger 等人（2006）提出超词条理论（Superlemma Theory），该理论认为习语的固有概念激活了习语里的词条（lemma），但是每个词条的习语意义并不具有唯一性。习语的意义在构成习语的词组里得到表征，与某一特定概念联系的超词条（superlemma）激活了构成该习语的词条。这个概念还可以激活其他习语的超词条。对于习语的产出，在选择特定的超词条时，使用者会将语法结构与习语概念结合在一起考虑。超词条模型通过引入超词条节点，体现了习语语法特征，并与词条连接，解决了词素与整词加工的关系。超词条模型认为习语词素与整词加工是处于同一层次，两者随着刺激输入同时得到加工，词素与整词存在能量之间的竞争、激活与抑制；但整词的激活也为词素的激活做好准备，各成分词素之间存在能量竞争，对习语整词作用大的词素或者和语境相一致的词素将得到优先激活（Sprenger, Levelt & Kempen，2006）。

Cutting 和 Bock（1997）通过一系列实验，发现当习语的语义或语法结构有交叉重叠时，无论被问到的结构是否是习语，被试的口误发生率会增加。因此，他们认为，习语作为有语法结构和有比喻义的词串是直接被表征的。但是混合表征模式没有明确说明语法与语义的表征关系。混合模式认为从词素到词素概念有两个加工方向：一个是语义的加工，一个是语法的加工（见图2—1）。这种加工模式违反了习语加工没有特殊性这一理论。

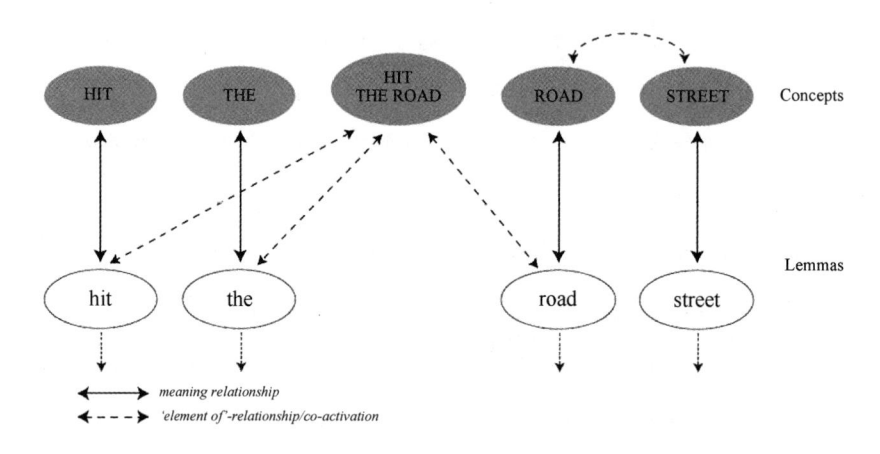

**图 2—1　习语混合加工模型示例**

参考 Sprenger, Levelt & Kempen, 2006。

Sprenger 等人（2006）在一系列实验基础上对 Cutting 和 Bock 的混合模型进行修正。Sprenger 等人（2006）发现通过对习语的字面义，采用语音和语义跨通道启动范式可以促进习语的产出。他们认为，与其说习语是一种词组结构，不如说习语是被超词条表征的，超词条比习语中的组成词条更具有语法功能。超词条既为习语，同时也为其他多字词搭配提供了表征，这样就可以解释习语比喻义的独特本质和它们不同程度的语法灵活性。同时，超词条理论还提出，在习语与一般词素之间存在竞争关系，将记忆存储冗余降低到最小程度（e.g., kick the bucket versus die）（Kuiper,

Egmond, Kempen & Sprenger, 2007)。

然而，超词条模型应用到习语理解中也不是简单的事情，在习语产出时，超词条还会激活与习语比喻义有关联的词素。如"kick the bucket"，超词条表征将与其他语义相关的词条或超词条竞争（e.g., die, pass away）。一旦超词条被选定了，激活扩展到习语的各组成词素，超词条与各组成词素为该习语串提供一个预先估算好的短语构造（见图 2—2）。

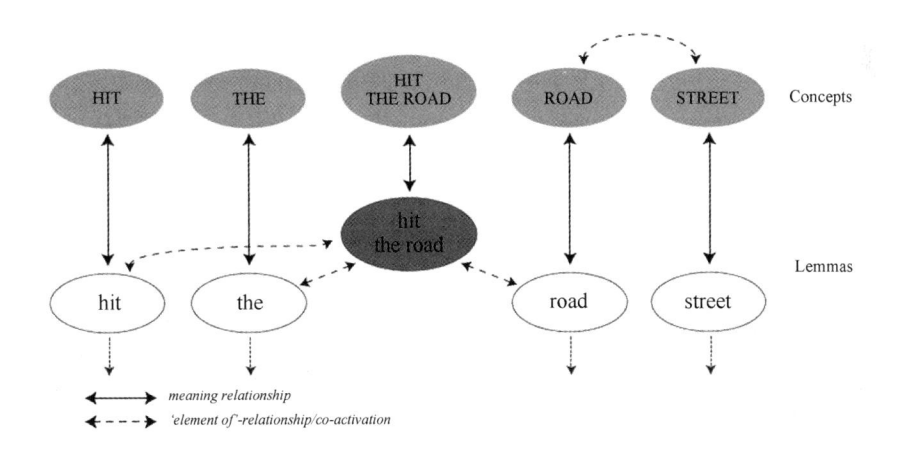

图 2—2 习语超词条理论模型示例

参考 Sprenger, Levelt & Kempen, 2006。

超词条"hit the road"作为习语语法结构表征被引用（见图 2—2）。习语加工的混合表征被体现出来，习语的语义和语法加工都被限制在了词素加工阶段，即它们是同时被加工的，没有先后顺序，这与短语加工模式是一致的。超词条体现了习语语法特征，与词条连接，习语理解过程中，词素与整词加工处于同一层次。

在产出习语时，一旦超词条出现在使用者的心理词汇中，语法搭配会自动出现。超词条细化了习语各词素之间的语法关系。习语的语法限制可以较容易解释习语的语法独特性，而短语的语法就比较抽象，因为短语的语法变化或词汇搭配不固定。习语的语法关系和限制可以直接应用到习语加工上，不用额外的加工操作去合并语法和词素义表征。当一个词素被激活了，在习语中其语法结构的具体位置也同时被激活了。总之，在语法解码时，完整的习语和习语各成分的加工是一致的。习语加工与短语加工一样，没有特殊性。

习语的意义在其构成词汇里得到表征，而与某一特定概念联系的超词条又可以激活构成成语的其他词条。比如"dying"这个概念词激活了超词条"kick the bucket"，而这个超词条又激活了构成该习语的3个词条"kick"、"the"和"bucket"。"dying"这个概念词也可以激活其他超词条，如"to bite the dust"，或是"to breathe one's last"、"pass away"。另外，习语中各词条也可以激活其他词条，如"bucket"可以激活"pail"等词。

但是在习语理解过程中，从激活习语各组成词素的字面义开始到激活习语的比喻义，超词条在这一过程中的作用不是很清楚。一种可能是，超词条表征对于概念层来说是一个阈限；如果被试遇到语法结构不合理或语义错误的习语时，超词条作为一个过滤网，可以排除与习语结构或语义不一致的概念层的激活。如"the bucket was kicked"这样的词串，应该不会导致习语比喻义的加工和产出，因为超词条表征不会包含这样一种将习语构成词素映射到被动结构中的功能。另一种可能是，超词条在习语理解过程中，如同其他词素一样，参与了激活扩散。超词条表征只要部分被激活，超词条就会传递到概念层。如果是这样的话，我们可以预想，在语法结构不一致的情况下，比如被动结构"the bucket was kicked"，使用者依然可以通达该习语的比喻义。

关于超词条理论表征内容的精确性也引起不少争议（Tabossi, Wolf & Koterle, 2009）。争议主要针对超词条激活时，与词条的语义或语音的关联问题；词素的不同性质如语法结构、语义倾向、词性等对超词条激活的影响问题；在不同整词语境下，超词条的具体作用问题。

基于以上习语加工模型存在的问题，本研究试图依据混合模型和超词条理论，论证成语的心理表征特点和理解加工机制；同时基于词素的性质——语法结构，研究语法结构对超词条激活的影响，以及在语法或语义不合理的整词语境下，超词条的具体作用。

## 第三节 认知实验研究

### 一 习语心理表征特点及其理解的实验研究

习语是语言体系中不可忽略的部分，在日常语言中得到广泛使用。近年来，习语不仅是二语习得研究的热点，更受到认知语言学和心理语言学研究的关注。对习语的语言研究结果表明研究习语的理解可以更好地揭示语言理解加工的过程和机制。

习语的心理表征特点很多（Tabossi, Fanari & Wolf, 2008）。对于特定的习语，有确定的习语心理表征特点制约着其理解（Callies & Butcher, 2007）和产生的认知机制（Sprenger, Levelt & Kempen, 2006），然而，相关研究还极其匮乏。目前，语言学家们意识到，习语的语法结构、整词与词素加工的关系、比喻义和字面义加工的关系、语法与语义加工的关系、语境等会影响习语的心理表征特点。

Tabossi、Arduino 和 Fanari（2011）要求 740 名意大利语者（年龄从 17 岁到 50 岁）参与习语心理表征特点调查研究，获得了习语长度、习语知识、熟悉度、习得年龄、可预测性、语法灵活性（习语语义不变，但可以改变语法结构的程度）、字面义合理度和可分解性的数据。这种研究方法被称为描述性测量，是指用客观测量的方法得到习语心理表征的特点。通过对 245 个意大利习语的调查,以及描述性数据分析和相关系数分析,得到了颇有实证价值的意大利习语心理表征特点的研究数据。Bonin、Méot 和 Bugaiska (2013) 获得了 305 个法语习语的习语知识、可预测性、字面义合理度、可分解性、主观频率、客观频率、熟悉度、习得年龄和长度的描述性数据,以及它们语义判断反应时的数据。研究表明习语心理表征特点与法语习语理解关系显著。Titone 和 Libben (2008) 使用离线和在线实验考查了 210 个英语习语的心理表征特点。他们发现熟悉度与习语的理解高度相关,而可分解性只在习语理解早期起到有限的作用。

参考 Tabossi 和 Bonin 等人的研究可知,近年来的研究表明,体现习语心理表征的特点主要包括习语知识(knowledge)、熟悉度(familarity)、主观频率(subjective frequency)、可预测性(predictability)、字面义合理度(literality)、可分解性(compositionality)和习得年龄(Age of acquisition)等。因此,我们对成语心理表征特点的研究就从这 7 个方面入手。

成语知识是指除被试外,其他人对成语的知道程度。

熟悉度指对成语熟悉的程度,有广义和狭义之分。广义的熟悉度指对成语字面义和比喻义的熟悉程度;狭义的熟悉度指对成语比喻义的熟悉程度(熊建萍,闫国利,2006)。这里研究的成语熟悉度是指被试遇到成语的频率(Gernsbacher,1984)。这个变量影响被试对单词的识别速度和准确率(Connine, Mullennix, Shernoff & Yelen, 1990; Ellis, 2002; Gernsbacher, 1984)。Schweigert (1986,1991) 发现被试对高熟悉度的句子的理解快于低熟悉度的句子。Tabossi、Fanari 和 Wolf (2009) 探讨了习语优先效应,这一现象被多次验证,但是 Tabossi 等(2009)发现对习语理解的速度与习语性(idiomaticity)无关,而是取决于熟悉度的高低。

主观频率是指被试对成语的遇到频率所做的等级评价。根据主观经验评定成语的出现频率。近年来有研究表明，当客观频率的统计数据存在信度问题时，主观频率的统计更有研究价值（Brysbaert & Cortese, 2011）。

可预测性是指将意义不完整的成语补充完整的可能程度。研究表明在可预测的语境下，对成语的预测要容易（Erlich & Rayner, 1981; Rayner & Pollatsek, 2007）。Cacciari 和 Tabossi（1988）发现被试在无语境下更容易识别高预测度习语的比喻义，并且依据构造假设，习语是作为词串被表征的，习语词串的意义是逐词被提取的，直到被试获得该习语的预测信息，习语才被识别。

字面义合理度是指成语字面义解释的合理性的大小。Brannon 发现与带有比喻义的习语相比，带有合理字面义的习语需要花更长的时间被识别（Popiel & McRae, 1988）；也有许多实验得出相反的结论（Cronk & Schweigert, 1992; Estill & Kemper, 1982; Mueller & Gibbs, 1987; Schweigert, 1986; Swinney & Cutler, 1979）。Titone 和 Connine（1994）探索了在习语中激活最后一个词的字面义，并以此判断习语的可预测性和字面义合理度。他们发现对于可预测的习语，它的最后一个词的意义可以被其合理字面义激活，但是不能被非字面义激活。

可分解性是指成语内部带有可以识别成语意义的成分（Nunberg et al., 1994）。基于习语的可分解假设，习语至少是部分可分解的，习语的可分解性越高，其语法结构越灵活。习语理解过程基于习语的可分解性。可分解习语和不可分解习语通过不同的心理过程被提取：可分解习语与词汇提取的过程是一致的，同时在理解字面义时进行语法分析。不可分解习语的理解过程与逐字识别的心理过程一致（Gibbs, Nayak, Bolton & Keppel, 1989）。但是也有其他研究结果与以上观点不一致（Cuttingh & Bock, 1997; Tabossi 等, 2008; Titone & Coninne, 1994a, 1999）。

习得年龄指使用者初次听到或看到成语的年龄（Morrison & Ellis，1995，2000）。早期习得的成语比后期习得的成语更容易辨认（Tabossi et al.，2011；Johnston & Barry，2006）。不过在不同的研究中关于习得年龄的结果也不一样，比如 Tabossi 等（2011）、Johnston 等（2006）和 Bonin 等（2013）都得出完全相反的结论。

每种语言都有自己丰富的习语表达方式（Cacciari & Tabossi，1988）。然而到目前为止，除了对英语（Cronk，Susan，Lima & Schweigert，1993；Titone & Connine，1994b；Libben & Titone，2008）、法语（Caillies，2009；Bonin 等，2013）和意大利语（Tabossi 等，2011）的习语特征的研究外，鲜有较全面的其他语言习语心理表征特点的研究。

国内对习语的理论性研究较多，认知心理实证性研究较少。我国学者对习语的研究主要体现在探讨习语的典故和来源，分析习语的结构与分类，语义和用法，研究习语本身结构和意义，从英汉语言和文化差异角度对英汉习语进行比较研究以及从翻译角度探讨习语的翻译技巧这几个方面（王晓旻，2011）。

## 二 成语心理表征特点及其理解的实验研究

成语是习语的一种主要形式。不同于印欧语系中的习语（以下习语均指印欧语系中的习语），成语中每一个字都有独立的语义。四个字组合在一起，又产生新的语义。习语里换一个实词，可以组成一个新的短语，而有些成语换任何一个字，语义或语法结构就是错的，不能成为一个有意义的新的短语。

关于成语的心理表征和理解加工的研究大致上可以归纳到以下几个方面：整词与词素关系、比喻义和字面义关系以及语法和语义关系。

（一）成语心理表征特点实验研究

近年来，随着心理语言学的发展，国内学者采用行为实验或脑电实验考察成语的研究逐渐多起来。熊建萍等（2006）采用词汇判定法，考察首词频率和尾词频率对高熟悉度四字格成语识别的影响。实验结果表明：(1) 对熟悉度高的成语识别规律与多层聚类表征模型的观点比较吻合；(2) 成语的词素对成语表征有竞争和干扰作用，高频率词相对于低频率词对成语表征的竞争和干扰作用较大。

张瑜等（2012）使用事件相关电位技术（ERP），采用语义启动范式考察熟悉成语与不熟悉成语语义加工的认知过程和神经机制。实验结果表明，成语的熟悉度对成语加工影响很大。熟悉成语引起了较小的 N400 和较大的 P600，说明熟悉成语中非字面义与启动句的语义加工存在着较小的期待差异。在熟悉成语中提取非字面义的心理空间与启动句的心理空间之间有一个语义整合。对于不熟悉的成语，非字面义比字面义引起较大的 N400，但 P600 却没有差异。这是因为不熟悉成语的非字面义与启动句的语义之间在概念上的距离比字面义更远，因而其语义期待值会更小。由于被试不熟悉所呈现的成语，无法从长期记忆中形成心理空间，因此无法与启动句的心理空间进行重新分析或语义整合。此研究说明，成语比喻的加工难度与概念映现和概念整合的复杂程度具有一定的相关性，此实验支持空间建构模式和成语理解的认知语义学阐释模型。

Zhang 等（2013）从认知心理语言学的角度，在语义学研究中，发现"可分解性"（compositionality）这一概念与成语语义的组织方式有关。对于某个由若干成分组成的语言单位而言，其固有的意义取决于这些成分的语义以及它们的组合方式。研究根据组成成语的单个汉字对成语比喻义贡献程度的不同，将成语划分为可分解性高、可分解性中等和可分解性低三大类。这种基于内省法的分类在 Langlotz（2006）提出的"惯用激活集合"（Idiomatic-Activation Set）理论框架下得到了很好的解释。实验结果表明可分解性高的成语语义加工时间显著快于可分解性低的成语。这表明成语的组成成分具有与成语整词语义相关的意义，使用者能够识别出成语各成分的意义，成语的心理表征和语义加工基于成语的可分解性。

马利军、张积家、杜凯（2013）选取132个联合结构成语与132个非联合结构成语，请大学生评定成语的各项语义性质，探讨成语的语义性质及其关系。结果表明，两类成语的预测度、熟悉度、字面义合理度、表象度、理解度呈现显著的正相关，习得年龄与其他成语心理表征特点呈显著的负相关。联合结构成语与非联合结构成语在字面义合理度上存在显著差异。熟悉度和字面义合理度显著影响联合结构成语的预测度；熟悉度和表象度显著影响非联合结构成语的预测度。熟悉度、字面义合理度和表象度显著影响两类成语的理解度。

但是国内对成语心理表征特点的研究局限于某一或某几个特征上，像本研究这样对成语的7种表征特点做具体分析的实证性研究较少，马利军等（2013）虽然对成语的各种特征做了分析，但是缺乏在线实验数据的支持。

（二）整词与词素关系

目前，国内外学者对成语的表征机制争议较大。争论的焦点是成语在心理词典中如何表征：究竟是整词表征，还是词素表征，或者两种表征同时存在？如果是词素表征，词素义又如何整合加工成整体语义？

基于国外习语表征理论，对成语的认知识别模型目前主要有建构观、非建构观、混合观、关联理论和超词条理论。非建构观认为对成语的理解是比喻义的直接提取；建构观认为词素对成语的理解发挥重要作用；混合观认为在成语加工的早期阶段，词素表征和整词表征同时发挥作用；关联理论假设认为对成语的理解是寻求词素和整词最大程度的语义关联，以及语用过程中信息交流的最优功效

(马利军,张积家,2014);超词条虽然可以解释成语语法灵活性,但是词条和超词条表征的精确性却受到了质疑(马利军,张积家,2012)。

佘贤君、王莉、刘伟和张必隐(1998)认为,成语不是以单词的形式储存在心理词典中,而是以节点(node)形式储存的,成语理解是意义建构的过程。但建构观无法解释在词汇使用中成语语法行为的限制,如动宾结构成语不能够变换成被动结构(马利军,张积家,2012)。另外,支持建构观的研究也并未论述在成语的理解中词素义是如何表征的。张积家和马利军(2008)从心理语言学角度,探讨了词素的具体性质如比喻义对惯用语加工的影响。他们通过两个启动实验来探讨词素是否具有比喻义对惯用语加工的影响。实验 1 表明,词素存在比喻义的惯用语的加工更快;实验 2 表明,词素是否具有比喻义影响惯用语整词的加工。实验结果表明,词素在惯用语加工中发挥作用,同时是一种真实的心理表征。而本研究在实验 3、实验 4、实验 5 和实验 6 中,探讨词素的具体性质如语法结构对成语加工模式的影响。在实验 6 中,探讨被试在理解语法或语义不合理的成语时,超词条起到的具体作用是什么?词素的字面义是否是必须的加工过程?

(三)比喻义与字面义关系

Holsinger(2013)采用 2(语境:字面义和比喻义)×2(关键词:习语和词组)的实验设计,用眼动和声音刺激进行实验。实验发现在对熟悉度较高习语的理解中,语境起着很重要的作用,即使在比喻义语境很强的条件下,被试依然对习语做出字面义加工。实验结果支持混合表征和并行模型(Cutting & Bock,1997;Sprenger et al.,2006;Swinney & Cutler,1979),但是不支持双通道模型(Bobrow & Bell,1973)。混合模型认为无论在何种语境下,习语的字面义加工是必须的。并行模型认为,在比喻义语境下,读者依然有字面义加工，因为字面义和比喻义的加工是并行的。而双通道模型认为，语境在习语加工早期就决定了被试是否会对习语有比喻义加工或字面义加工。因为在字面义语境下，被试更倾向于对习语的字面义进行加工，不会考虑习语的比喻义；在比喻义语境下，被试更倾向于对习语的比喻义进行加工，不会考虑习语的字面义。但是，研究者在比喻义语境下，发现被试在早期的时间窗口对习语有字面义加工，这表明被试对习语的字面义加工发生在早期，在习语理解晚期，这种字面义加工消失了，因此实验结果与双通道模型不符。

Rommers、Dijkstra，和 Bastiaansen（2013）用模糊习语，采用 2（语境：字面义和比喻义）×3（习语类型：正确习语、语义相关习语和语义不相关习语）实验设计，要求被试读句子，对关键词做词汇判断任务（lexical decision task，简称为 LDT）。如果在比喻义语境下，正确习语未被激活，就希望语义相关习语比语义不相关习语的反应要快，希望以此找出习语理解中的字面义效应。实验表明，比喻义语境下的 LDT 反应时快于字面义语境下的 LDT 判断；正确的字快于错误的字；语义相关习语快于语义不相关的习语；语义相关习语和语义不相关习语没有显著差异。这表明字面义没有被激活，但是语境效应显著。可能是因为研究者用了很多模糊习语，导致语义相关习语和语义不相关习语没有显著差异。此研究发现，在习语理解中，习语各词素的字面义加工和激活是不可缺少的，但是读者对习语字面义的加工程度依赖于语境。当读者看到可预测的、字面义与比喻义不相关的模糊习语时，有可能删除掉习语字面义的语义加工，即采用直接通达模式，对习语进行整词加工。

而超词条理论预测，在理解成语时，成语某些字面义的激活对于成语中的超词条的激活和成语语义的提取是必须的。超词条理论认为，在成语理解过程中，促进成语相关字串的字面义的激活会影响到成语比喻义的提取。因此，在成语理解中，成语词素字面义的激活是不可或缺的。

国内对成语比喻义和字面义提取的实验研究很少，对成语的比喻义多从修辞学的角度研究。因此本研究从超词条理论出发，用超词条理论阐释成语的比喻义和字面义的表征模式。

虽然超词条理论认为，在加工理解成语时，成语词素的字面义是必须的加工过程，通过超词条这个媒介，提取到成语的概念意义（如斩钉截铁）。现在，我们不清楚的是，相关的词条是否通过语义或语音的关联，对成语比喻义的激活提供了足够的激活信息。在成语理解中，超词条和其他词条字面义之间的关系还没有被很好地解释清楚。本研究将探讨在不同语法结构成语的表征过程中，比喻义和字面义的表征关系，即超词条和其他词条表征的关系。

### （四）语法与语义关系

有研究表明对习语语法的分析导致其字面义的通达，对习语语义的分析导致其比喻义的通达，这表明两种加工存在矛盾。由此语法和语义在加工时是否是分离的，成为语言学家、心理语言学家、神经语言学家近20年来关注的焦点问题。Friederici（2002）和Bornkessel、Schlesewsky（2008）认为，首先，人们对句子理解的最初心理建构仅限于语法加工；其次，如果语法加工失败会阻碍后面的语义加工。在加工句子时，语法独立于语义之外，语法有优势效应。

但是这种语法优势假设是否适合于汉语呢，从语言学的角度来看，不同的语言对语法和语义关注的力度是不一样的，如印欧语系中，大多数语言的语法形态学占有重要地位，而汉语中形态学在语法研究中所占比重较少（Liu, Li, Shu, Zhang & Chen, 2010）。成语的语法结构固定，意义完整简洁。在理解加工成语时，成语的语法与语义表征是什么关系呢？

之前的 ERP 研究表明汉语与其他类型的语言有不同的加工过程（Liu et al., 2010；Zhou, Zhou & Chen, 2004；Ye, Luo, Friederici & Zhou, 2006；Yu & Zhang, 2008）。他们的实验结果表明汉语中即使有语法错误的句子，其语义也可以得到加工（Ye et al., 2006；Yu et al., 2008）。迄今为止，对成语的语法研究多以动宾结构为主（马利军、张积家，2014），或是各种语法结构混和在一起，只有联合和非联合结构的区分，对语法结构更细致全面的分类似乎还没有。本研究对成语中有代表性的语法结构做了较细致全面的区分，并考察它们对成语心理表征特点和理解认知机制的影响。

## 第四节 实验研究基本框架

成语理解加工的理论和模型，由于研究的角度和实验任务的不同被不断地推翻和完善。成语被作为整词单元存储和提取的直接通达的模式近年来越来越受到质疑。研究者们发现成语的各组成成分的语义对成语的理解也有影响。但建构观无法解释在词汇使用中成语语法行为的限制，也并未论述在成语的理解中词素义是如何表征的。混合观认为对于熟悉的或可预测的成语通过统一的表征，被直接提取和加工，而对于不熟悉或不可预测的成语则通过"可分解模式"进行提取和理解。混合表征模型认为从词素到词素概念有两个加工方向：一个是语义的，一个是语法的。但是这种加工模式违反了成语加工不是特殊的这一理论。Sprenger 等（2006）对混合表征模型做了修订，提出了超词条理论。认为成语语义通达时，语法和语义是同时被加工的；在成语的语法层和概念层中均存在着整词表征和词素表征，它们互相制约，哪一种表征占优势取决于成语的性质和实验任务的要求。但是，该假设并未详细论述词素本身的性质在成语比喻义通达时的具体作用。

本研究将详细论述词素本身的性质如语法结构在成语比喻义通达时,词条和超词条的具体作用是什么?依据成语独有的心理表征特点和理解加工机制,对超词条理论做出修订。

本研究分为2个阶段。阶段1研究不同语法结构对成语的心理表征特点有什么影响;阶段2研究不同语法结构如何影响成语的理解加工机制(见图2—3)。

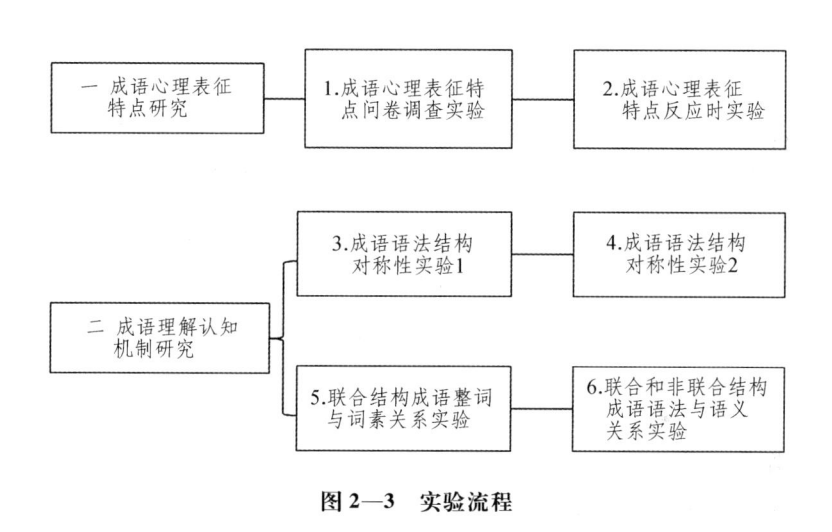

图2—3 实验流程

阶段1有2个实验。实验1主要研究不同语法结构对成语的心理表征特点的影响。通过问卷调查方法,我们假设如果语法结构对成语的心理表征特点有影响,那么不同语法结构的成语有不同的成语心理表征特点。实验2主要研究成语7种特征的反应时与心理表征特点的关系。通过在线实验,我们假设如果不同的成语心理特征与成语在线反应时有关系,那么不同成语心理特征对成语的反应时影响不同。

阶段2有4个在线实验。所有的在线实验使用DMDX呈现刺激和记录被试的反应时和错误率,用SPSS20.0进行数据分析。实验3至实验6主要研究不同语法结构成语的不同理解加工表征模式。我们希望通过不同的实验范式，论证词素具体性质如语法结构对成语的理解加工有不同的影响。实验3以正字法成语实验材料，采用LDT实验任务，考察成语的结构对称性效应，实验4采用逆序成语实验材料，采用LDT实验任务，继续论证成语的结构对称性效应。依据研究结果，研究者比较了实验3和实验4的成语比喻义反应时，进一步研究联合和非联合结构成语加工中词素与整词表征的关系。为了避免由于实验任务相同，而导致实验数据趋向一致的结果，实验5和实验6分别采用不同的实验任务，继续考察词素的具体性质如语法结构对成语理解加工的不同影响。实验3和实验4中，联合结构成语的反应时没有显著差异，而实验5采用空格切分范式，论证了词素性质如语法结构对并列偏正、并列动宾和并列主谓结构成语的加工理解有不同的影响。实验6采用语义语法干扰范式，论证了成语在理解加工中存在语义优先效应，对超词条理论的不足之处做了修订。具体实验框架如下所述：

实验3主要研究联合和非联合结构成语是否有结构对称性效应。通过语义判断实验，我们假设如果具有不同语法结构性质的词素对成语的理解加工有不同的影响，那么不同语法结构的成语有不同的反应时。如果有结构对称性效应，那么联合结构成语的反应时显著快于非联合结构成语。依据成语语义倾向，我们假设成语的比喻义的反应时快于其字面义的反应时。

实验4除了考察成语的结构对称性效应，主要研究联合和非联合结构逆序成语加工中词素与整词表征的关系。通过成语正字法范式与成语逆序范式反应时的比较，我们假设具有不同语法结构性质的词素对成语的理解加工有不同的影响。如果实验4中逆序成语的加工过程快于实验3里正字法成语加工的反应时，那么实验结果表明逆序成语加工中，词素被逐个激活，成语加工模式倾向于词素表征；如果实验4中逆序成语的加工过程慢于实验3里正字法成语的加工，那么实验结果表明逆序成语加工中，各词素没有被激活，成语加工模式倾向于整词表征。

实验 5 主要研究联合结构成语加工中词素与整词表征的关系。通过成语空格切分实验，我们假设如果具有不同语法结构性质的词素对成语的理解加工有不同的影响，那么并列偏正、并列动宾和并列主谓结构成语有着不同的加工理解过程。如果成语加工倾向于整词表征，那么切分类型不会对成语识别产生影响；如果成语加工倾向于词素表征，那么无切分条件和词素切分的反应时应该最快。

实验 6 主要研究联合和非联合结构成语的语义和语法表征关系以及词素与整词表征的关系。通过成语对错判断实验，根据弱超词条理论，我们假设，被试对于语法结构正确的成语可以辨认出，会有语义和语法加工；对于语法或语义不正确的句子，不会有成语加工，语义加工受到阻碍。根据强超词条理论，我们假设超词条在理解成语时，起到非常直接的作用，即使是语法结构或语义错误的成语，其比喻义也可以被通达，正确成语的反应时快于不正确条件下的成语。

本研究试图通过 6 个实验任务不同的实验，论证成语的加工依据混合表征模型和超词条理论。如果成语的加工以超词条为中介，那么整词表征与词素表征、比喻义和字面义表征、语法和语义表征同时存在于成语加工中，是一种并行竞争的关系。根据不同的实验任务和实验条件，哪种表征有加工优势，哪种表征就得到优先加工。成语字串中各词素字面义的表征是不可或缺的加工过程。最后通过格式塔心理学的加工原则解释说明不同语法结构成语加工的特点。

# 第 三 章

# 实验研究

## 第一节　实验1 成语心理表征特点问卷调查研究

成语的一个重要特征就是它们固定的语法结构（Zhou et al.，2004）。周荐（1997）对1987年出版的《中国成语大词典》统计表明，95.57%的成语是四字格（下文中，成语指四字格成语）。而且，绝大多数成语有明确的语法结构。邵敬敏（2008）认为，可以将成语分为联合结构与非联合结构两类。联合结构成语（如"烟消云散"）多由偏义复词或联系程度高的语素组成，在语音上讲究对仗，结构对称，语义关系众多，有很强的修辞效果。非联合结构成语（如"蛟龙得水"）更多地通过整体字面义的表象实现转喻达到对成语语义的通达。联合结构成语是结构对称性成语，非联合结构成语是结构不对称性成语。

根据现代汉语语法，多数非联合结构成语由两个双字词构成，它们形成主谓式（SV）（如"泾渭不分"）、动宾式（VO）（如"渐入佳境"）、偏正式（SM）（如"蔚然成风"）和连动式（VV）（如"积劳成疾"）等结构（周荐，2014）。多数联合结构成语由四个单字词构成，前两个字之间的语法形式和后两个字之间的语法形式相同，形成并列主谓结构SVSV成语（如"言简意赅"）、并列动宾结构 VOVO 成语（如"扶危济困"）和并列偏正式结构 SMSM 成语（如"真才实学"）等（Chen，2009）。

习语的语法结构在习语理解和表征中起着重要的作用（Konopka & Bock，2009；Peterson，Burgess，Dell & Eberhard，2001；Holsinger，2013）。实验1旨在研究语法结构对成语心理表征特点的影响。

## 一 方法

（一）被试

被试是浙江大学非英语专业的本科生。735 名被试（385 名男生，350 名女生，平均年龄 18.9 岁，年龄跨度：18.2—20.3 岁）分成 35 组，25 人将完成一个问卷测量。

（二）材料

材料选择分两个步骤。首先，对《中华成语全功能词典》（成功，2009）中 4227 个具有代表性的结构是 SV、VO、SM、VV、SVSV、VOVO 和 SMSM 的成语（占成语各类语法结构的 90.20%），采用 3 点量表（1 = 非常不熟悉，2 = 一般，3 = 非常熟悉）请 390 个本科生进行熟悉度评定。然后，剔除其中得分低于 2 的成语，得到 3694 个大学生基本熟悉的成语，并对其中符合 SV、VO、SM、VV、SVSV、VOVO 和 SMSM 语法结构的成语，每种结构随机选出 50 个成语（见附录1）。再把这 350 个成语随机分为 5 组，每组编制成一个列表，列表中每个成语旁边有 7 个数字 [1]，[2]，[3]，[4]，[5]，[6] 和 [7]。

5 个成语列表，每个列表将冠以以下 7 个指导语，制作成 7 个问卷，每个问卷将发放给 25 个本科生进行评定。

（1）熟悉度。同学你好！对每个成语，请判断你对它的熟悉程度，并在相应数字上打√。1 = 非常低　2 = 比较低　3 = 低　4 = 一般　5＝高　6＝比较高　7＝非常高。

（2）成语知识。依据除被试以外，其他人对习语的知道程度，采用7分量表度量他们对习语的认识程度。同学你好！对每个成语，请判断别人熟悉它的程度，并在相应数字上打√。1＝别人根本不认识它　2＝别人不认识它　3＝别人基本不认识它　4＝不确定　5＝别人基本认识它　6＝别人认识它　7＝别人都认识它。

（3）可预测性。同学你好！对每个成语，如果它漏掉了最后一个字，判断你能把它补全的程度，并在相应数字上打√。1＝非常低　2＝比较低　3＝低　4＝一般　5＝高　6＝比较高　7＝非常高。

（4）字面义合理度。同学你好！对每个成语，请判断它字面意思的可能性，并在相应数字上打√。例如，"藏龙卧虎"表示"藏着一条龙和卧着一只虎"的可能性非常低，就在数字1上打√；"骑马观花"表示"骑着马看花"的可能性非常高，就在数字7上打√。1＝非常低　2＝比较低　3＝低　4＝一般　5＝高　6＝比较高　7＝非常高。

（5）可分解性。同学你好！对每个成语，请判断其中每个字对理解它的贡献程度，并在相应数字上打√。1＝非常小　2＝比较小　3＝基本小　4＝不确定　5＝基本大　6＝比较大　7＝非常大。

（6）主观频率。同学你好！对每个成语，请判断你见到、听到或使用过它的程度，并在相应数字上打√。1＝非常低　2＝比较低　3＝低　4＝一般　5＝高　6＝比较高　7＝非常高。

（7）习得年龄。同学你好！对每个成语，请判断你首次见到、听到或使用它的时间段，并在相应数字上打√。1＝3年级前　2＝5年级前　3＝初二前　4＝初三　5＝高二前　6＝高三　7＝大学。

（三）过程

全部问卷随机混合后由学生所在班级的大学英语老师在课间协

助实施调查和收回。问卷调查过程中不限定时间，但是要求被试尽量迅速完成。被试应答问卷所需平均时间约 8 分钟。问卷回收后，剔除没有认真完成者（主要包括有部分选项没有应答者和整份问卷只选有一个选项者），无效问卷剔除率为 7.96%。

## 二 结果和讨论

### （一）成语心理表征特点

成语心理表征特点问卷调查结果如表 3—1 所示，所有问卷的信度都高于 0.94，可分解性的信度最高，习得年龄的信度最低。与 Bonin 等人（2013）的实验结果相似。本次调查的习得年龄的信度很高（$\alpha = 0.941$），这与 Tabossi 等人（2011）的实验结果不同。他们发现习得年龄的信度显著低于其他的特征，可能是由于他们实验对象的年龄跨度比较大（17—50 岁）。另一方面，7 种成语心理表征特点问卷的信度值都很高，表明被试对成语评定具有高度的一致性。

表 3—1　　　　　成语心理表征特点问卷调查描述性结果

|  | M | SD | Min | Max | Range | Skewness | $\alpha$ |
|---|---|---|---|---|---|---|---|
| KNO | 6.04 | 0.58 | 3.71 | 6.88 | 3.17 | -1.23 | 0.968 |
| FAM | 5.87 | 0.58 | 3.45 | 6.80 | 3.35 | -1.12 | 0.976 |
| PRE | 6.52 | 0.57 | 2.90 | 7.00 | 4.10 | -2.91 | 0.962 |
| LIT | 5.17 | 0.76 | 2.71 | 6.76 | 4.05 | -0.64 | 0.963 |
| COM | 5.00 | 0.61 | 3.00 | 6.20 | 3.20 | -0.46 | 0.979 |
| SUB | 4.61 | 1.03 | 1.75 | 6.74 | 4.99 | -0.41 | 0.964 |
| AOA | 4.33 | 0.74 | 1.14 | 5.62 | 4.48 | -1.00 | 0.941 |

注：KNO、FAM、PRE、LIT、COM、SUB 和 AOA 分别指成语知识、熟悉度、可预测性、字面义合理度、可分解性、主观频率和习得年龄。

描述性统计表明，成语知识、熟悉度和可预测性的均值较高。

再者，这3种特征的偏度负值的绝对值较高，表明被试对这3种特征的评定呈非对称分布趋势，同时说明被试对成语很熟悉，这与Bonin等人的（2013）实验结果一致，尤其与可预测性实验结果一致（6.52 ± 0.57）（$M \pm SD$），即被试很容易补充完整成语的最后一个字。习得年龄的均值表明，被试大约在11岁习得成语。字面义合理度、可分解性和主观频率偏度的绝对值较低表明被试对这3种特征的评定呈对称分布趋势。

（二）相关性

皮尔逊相关分析表明（见表3—2），这7种成语心理表征特点是高度相关的，尽管相关程度不同。首先，与Bonin等人（2013）的研究结果相似，成语知识、熟悉度、可预测性和习得年龄之间有很强的组间关联。也就是说，被试习得成语越早，就越熟悉成语；越经常遇见的成语，就越容易口头解释该成语。有研究表明，习得年龄效应越强，在实验任务中就会表现出越多的语义激活现象（Gibbs，1991；Bonin，Barry，Méot & Chalard，2004；Johnston & Barry，2006；Bonin et al.，2013），因此，我们进一步假设成语知识、熟悉度、习得年龄和主观频率是成语语义表征的主要特征。

表3—2　　　　　　　　　成语心理表征特点的相关性

|  | FAM | SUB | AOA | PRE | LIT | COM |
|---|---|---|---|---|---|---|
| KNO | .709*** | .754*** | .809*** | .603*** | .560*** | .545*** |
| FAM |  | .733*** | .687*** | .648*** | .483*** | .344*** |
| SUB |  |  | .701*** | .583*** | .391*** | .420*** |
| AOA |  |  |  | .669*** | .424*** | .338*** |
| PRE |  |  |  |  | .129* | .133* |
| LIT |  |  |  |  |  | .752*** |

*$p < 0.05$；***$p < 0.001$。

与 Titone 和 Connine（1994）以及 Tabossi 等人（2011）的研究相似，被试对成语熟悉度的评定与可预测性显著相关，表明他们越熟悉成语，越有可能补充完整成语缺乏的最后一个字。与此一致的是，被试的可预测性评定值与成语知识、习得年龄和主观频率显著相关。这一发现支持 Sprenger 等人（2006）的理论，习语的心理表征中存在超词条，它调解习语完整的概念表征与习语各词素概念之间的关系。换句话说，使用者对成语的高熟悉度和全面的成语知识激活了成语的超词条，反过来，超词条又帮助使用者获取了成语各词素的语义。

其次，被试对成语字面义合理度的评定分值与可分解性显著相关。显然，这与 Libben 和 Titone（2008）以及 Bonin 等人（2013）的研究发现相反，他们发现在字面义合理度与可分解性之间存在负相关。此外，Tabossi 等人（2011）没有发现字面义合理度与可分解性之间存在相关关系。与之前的研究不同，本研究结果表明，在字面义合理度与可分解性上存在相关关系，这也许恰恰说明了成语的一种独特理解特征。比起字母文字，汉字的表达方式在视觉上比较显而易见（Zhang, Yang, Gu & Ji, 2013）。成语的完整语义更有可能从构成成语的各字中推断出来。因此，这一结果证实了超词条理论，即成语的各组成部分可以预测成语的完整语义（Sprenger 等人，2006）。

第三，与 Tabossi 等人（2011）的研究相似，被试对成语熟悉度和成语知识的评定分值与字面义合理度显著相关，表明被试对成语的熟悉程度和知识与成语各词素的字面义有很大的关系。与此一致，研究还发现，被试的成语熟悉度、成语知识和主观频率与习得年龄显著相关。但是，被试的成语字面义合理度和可分解性与习得年龄相关较弱，与可预测性相关则很低。因此，成语的字面义合理度和可分解性不是成语语义的表征因素，不像成语知识、熟悉度、习得年龄和主观频率。

另外，因子分析表明，依据80.86%的数据差异解释，成语心理表征特点主要分为两类。61.95%的数据差异解释表明第一类因子是成语知识、熟悉度、主观频率、习得年龄和可预测性；18.12%的数据差异解释表明第二类因子是可分解性和字面义合理度。与相关性数据分析的结果一致，第一类因子反映了被试对成语不可分解特征的意识；第二类因子反映了被试对成语可分解特征的意识。

（三）成语的语法结构

如表3—3和图3—1所示，成语知识、熟悉度、主观频率、字面义合理度和可分解性这5种特征，在不同语法结构下，有不同的变化趋势。成语的可预测性和习得年龄，在不同语法结构下，没有显著变化，所以没有做统计。

表3—3　　　　不同语法结构成语心理表征特点单因素方差分析

|  | $F^*$ | $p$ | $R^2$ |
| --- | --- | --- | --- |
| KNO | 2.98 | 0.007 | 0.050 |
| FAM | 7.76 | 0.000 | 0.120 |
| SUB | 5.85 | 0.000 | 0.093 |
| AOA | 1.32 | 0.249 | 0.023 |
| PRE | 1.74 | 0.110 | 0.030 |
| LIT | 6.41 | 0.000 | 0.101 |
| COM | 6.63 | 0.000 | 0.104 |

\* $df_{between}=6$，$df_{within}=343$

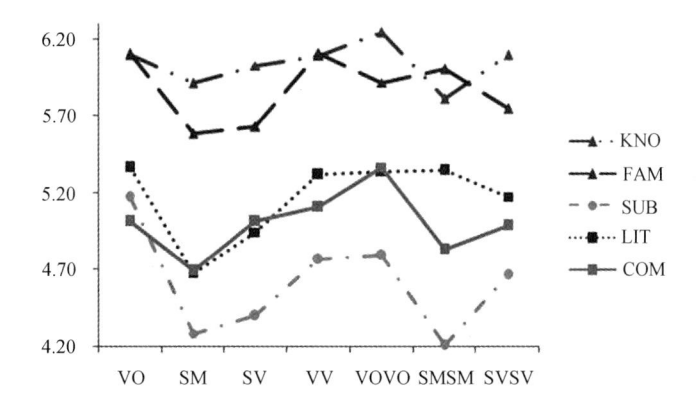

图3—1 不同语法结构成语心理表征特点交互

表3—4 五种成语心理表征特点中不同语法结构之间差异显著性

|   | FROM | TO | p |
| --- | --- | --- | --- |
| LIT | SM | VO | .001 |
|   |   | VV | .001 |
|   |   | VOVO | .001 |
|   |   | SMSM | .001 |
|   |   | SVSV | .001 |
|   | SV | VOVO | .005 |
|   |   | SMSM | .006 |
| COM | SM | VO | .006 |
|   |   | SVSV | .006 |
|   |   | VV | .001 |
|   |   | VOVO | .001 |
|   | VO | VOVO | .003 |
|   | SMSM | VOVO | .001 |
|   | SVSV | VOVO | .001 |
| FAM | SM | VO | .001 |
|   |   | VV | .001 |
|   |   | VOVO | .003 |
|   |   | SMSM | .001 |

续表

| | FROM | TO | p |
|---|---|---|---|
| FAM | SV | VO | .001 |
| | | VV | .001 |
| | | VOVO | .010 |
| | | SMSM | .001 |
| | SVSV | VO | .001 |
| | | VV | .001 |
| KNO | SM | VOVO | .004 |
| | SMSM | VOVO | .001 |
| SUB | SM | VO | .001 |
| | SV | VO | .001 |
| | SMSM | VO | .001 |
| | | VV | .005 |
| | | VOVO | .003 |

注：FROM 里不同语法结构的 5 种成语心理表征特点的分数显著低于 TO 里的分数。

Post-hoc LDS 测量表明了 5 种成语心理表征特点在不同语法结构下的不同差异（见表 3—4）。在字面义合理度评定上，非联合式偏正结构成语显著低于非联合式动宾结构成语（$p = 0.001$）、联合式主谓结构成语（$p = 0.001$）、连动结构成语（$p < 0.001$）和联合式动宾结构成语（$p < 0.001$）；联合式动宾结构显著高于非联合式主谓结构成语（$p = 0.005$）；联合式偏正显著高于非联合式主谓结构成语（$p = 0.006$）。这表明，比起其他 5 种语法结构，偏正和主谓结构成语词素字面义对于被试来说，更加难以理解；而在成语各词素字面义理解上，偏正结构成语要难于主谓结构的成语。其中联合式偏正结构的成语是最难理解的，而联合式动宾结构的成语是最容易理解的。

在可分解性评定上，非联合式偏正结构成语显著低于非联合式动宾结构成语（$p = 0.006$）、连动结构成语（$p = 0.001$）、联合式主谓结构成语（$p = 0.006$）和联合式动宾结构成语（$p = 0.001$）。非联合式动宾结构成语显著低于联合式动宾结构成语（$p = 0.003$）。联合式动宾结构成语显著高于联合式主谓结构成语（$p = 0.001$）和联合式偏正结构成语（$p = 0.003$）。这表明，联合式动宾和非联合式动宾结构成语的字面义较容易理解，而联合式偏正结构和非联合式偏正结构成语的字面义不太好理解。

在熟悉度评定上，非联合式偏正结构成语显著低于非联合式动宾结构成语（$p < 0.001$）、连动结构成语（$p < 0.001$）、联合式动宾结构成语（$p = 0.003$）和联合式偏正结构成语（$p < 0.001$）。非联合式主谓结构成语显著低于非联合式动宾结构成语（$p < 0.001$）、连动结构成语（$p < 0.001$）、联合式动宾结构成语（$p = 0.010$）和联合式偏正结构成语（$p = 0.001$）。联合式主谓结构成语显著低于非联合式动宾结构成语（$p = 0.001$）和连动结构成语（$p < 0.001$）。这表明，本科生被试比较熟悉非联合式动宾结构成语、连动结构成语、联合式动宾结构成语和联合式偏正结构成语，而不太熟悉非联合式偏正结构成语、非联合式主谓结构成语和联合式主谓结构成语。

在成语知识评定上，非联合式偏正结构成语显著低于联合式动宾结构成语（$p = 0.004$），联合式偏正结构成语显著低于联合式动宾结构成语（$p < 0.001$）。这表明，比起偏正和联合式偏正结构成语，本科生被试对于联合式动宾结构成语更加有信心知道它们的语义，以及对它们进行口头解释。

在主观频率评定上，非联合式偏正结构成语显著低于非联合式动宾结构成语（$p < 0.001$），非联合式主谓结构成语显著低于非联合式动宾结构成语（$p < 0.001$），联合式偏正结构成语显著低于非联合式动宾结构成语（$p < 0.001$）、连动结构成语（$p = 0.005$）和联合式动宾结构成语（$p = 0.003$）。这些结果主要表明，被试在日

常生活中更常遇见联合式和非联合式动宾结构成语，较少遇见非联合式偏正、非联合式主谓和联合式偏正结构成语。

我们可以本能地感觉到，在成语知识、熟悉度和主观频率之间以及在字面义合理度和可分解性之间应该有重叠之处。但是，本次研究却以有力的证据表明，成语知识、熟悉度、主观频率、字面义合理度和可分解性，没有一个成语心理表征特点可以等同视之。毫无疑问，成语的 5 种特征和 7 种语法结构，在帮助实验者做成语理解加工的表征实验时，具有重大的意义。成语语法结构对成语心理表征特点的这种影响模式，意味着成语的某种理解加工的表征机制。

根据 5 种成语心理表征特点和 7 种语法结构之间的交互关系（见图 3—1），感兴趣的学者可以做一系列在线实验。在有无语境的条件下，做成语识别认知实验。控制 5 种特征，可以用行为实验或电生理实验考察成语非联合和联合结构成语之间的不同加工过程。如，比较被试对不同语法结构成语的反应时或事件相关实验。做横向比较：VO ↔ VOVO，SV ↔ SVSV 和 SM ↔ SMSM；或者做纵向比较：考察非联合结构 VO ↔ VV 等或联合结构 SMSM ↔ VOVO 等的语义和或语法加工过程（见表 3—5）。实验结果将不仅有助于帮助我们加深对成语 5 种心理表征特点本质的认识，而且有助于我们认知不同语法结构成语的理解表征机制。再者，将成语心理表征特点作为预测变量，对被试的在线实验做回归分析，对于我们发现成语心理表征特点如何影响不同语法结构成语的理解表征，会有丰富的研究成果。

表 3—5　　　　以成语心理表征特点为因变量的语法结构研究

| | |
|---|---|
| 1 | SM ↔ SMSM |
| 2 | SV ↔ SVSV |

续表

| 1 | SM ↔ SMSM |
| --- | --- |
| 3 | VO ↔ VOVO |
| 4 | SM ↔ SV |
| 5 | VO ↔ VV |
| 6 | SM ↔ VO |
| 7 | SMSM ↔ VOVO |

350个7种语法结构成语（动宾结构、偏正结构、主谓结构、连动结构、联合式动宾结构、联合式偏正结构和联合式主谓结构）的7种心理表征特点（熟悉度、成语知识、可预测性、习得年龄、主观频率、字面义合理度和可分解性）的研究结果支持成语理解表征的混合模型。评定分值表明，被试将成语作为一个整词表征时，成语知识、熟悉度、主观频率、习得年龄和可预测性是主要特征。被试在处理成语整词义和各词素义的关系时，字面义合理度和可分解性是主要特征。不同语法结构成语的心理表征特点的分值趋势是不同的，我们因此得出结论：比起非联合式偏正结构成语，被试更容易分解联合式动宾结构成语，或通过成语各部分的字面义认知联合式动宾结构成语，或更加熟悉联合式动宾结构成语，或更加经常遇见联合式动宾结构成语。比起联合式偏正结构成语，联合式动宾结构成语也更加容易分解，被使用者熟悉和知道。

期待接下来的在线实验研究进一步探索成语的语法结构如何影响成语的理解加工机制。但是，被试的年龄一致和背景相似可能会局限本次实验结果的概括性。再者，如果有一个四字词的短语控制组，与成语作为比较，实验结果会更有说服力。

实验2至实验6是被试内设计。被试内设计是指每个或每组被试接受所有自变量水平的实验处理的实验设计，又称重复测量设计、组内设计。被试内设计需要的被试较少，可以少于 20 个被试，实验设计方便、有效。被试内设计比组间设计更敏感。心理学的某些领域如反应时、知觉长度等需要使用被试内设计，被试内设计消除了被试的个体差异对实验的影响。反应时、知觉长度等存在明显个体差异的任务，需要考虑被试内设计（李德高，2010）。

## 第二节　实验 2 成语心理表征特点反应时实验

实验 2 通过对成语正确和错误定义的判断，考察成语语义判断反应时与离线实验时成语心理表征特点问卷数值之间的关系，并找出影响成语语义判断反应时的成语心理表征特点。本实验参考 Bonin 等人（2013）的习语实验，实验预期与 Bonin 等人的实验结果基本一致，即习得年龄与成语定义判断的反应时关系最大，成语定义判断的反应时受到习得年龄的影响。

### 一　方法

（一）被试

20 名浙江大学本科学生。被试的裸视或矫正视力正常，智力水平正常，无阅读障碍，右利手。

（二）材料

从实验 1 的 350 个成语中选出成语知识、熟悉度和可预测性分数均在 5.0 以上，习得年龄在 3.0 以下的成语，获得 264 个成语。然后对每个成语提供一个定义。其中，132 个根据《中华成语全功能词典》（成功，2009）中成语的定义中的第一条定义（第一条定义一般是成语的字面义定义，第二条定义是成语的比喻义定义，如果有的成语字面义和比喻义定义一致，就只有一个定义解释）提供了正确的定义（如，百里挑一的定义是在一百个里挑选出一个），另外132个提供了错误的定义，即反义定义（如，姹紫嫣红的定义是开的花品种单一，颜色单调）。所有带有定义的成语随机排序后做成9张5点量表问卷：每个定义旁边有5个数字，1＝定义完全合适，2＝定义基本合适，3＝定义合适，4＝定义基本不合适，5＝定义完全不合适。每份问卷发放给30个学生，学生对成语定义的合适度做出评定。然后，选出248个得分小于3.5或大于4.5的成语。这样令选出的正确成语定义的正确率高，错误成语定义的错误率高。另外，20个练习成语选自实验中350个成语的剩余部分的成语，其中10个练习成语给予成语正确定义，10个练习成语给予成语错误定义。采用7点量表对每个定义的可读性进行评定（见附录2）：同学你好！请判断下面的句子是否容易读懂？［7］＝非常容易，［6］＝容易，［5］＝比较容易，［4］＝一般，［3］＝比较不容易，［2］＝不容易，［1］＝非常不容易。请在你认为正确的数字上√。结果表明，全部定义的可读性均值为6.77，标准差为0.39。

（三）过程

使用DMDX呈现刺激和记录被试的反应时和错误率。指令、注视符号和成语在白色电脑屏幕上呈现，指令："请判断该解释是否是成语的字面义"用黑色宋体，注视符号用红色字体，刺激成语用蓝色宋体，成语定义用黑色宋体。都是36号字体。如图3—2所示，程序运行后，电脑屏幕呈现指令，按空格键开始做实验。实验开始前有500 ms"＋＋＋＋"符号注视，符号注视之后，首先呈现成语1000 ms，之后呈现成语定义3900 ms。本实验的任务是让被试尽快阅读每个成语，然后判断成语的定义是否合适。被试认为正确，就用左手按"Z"键；如果错误，就用右手按"/"键，按键方式在被试间进行了平衡。实验约用 20 分钟完成（见图 3—2）。

++++　　　百里挑一　　　在一百个里挑选出一个
注视　　　　1　　　　　　　2

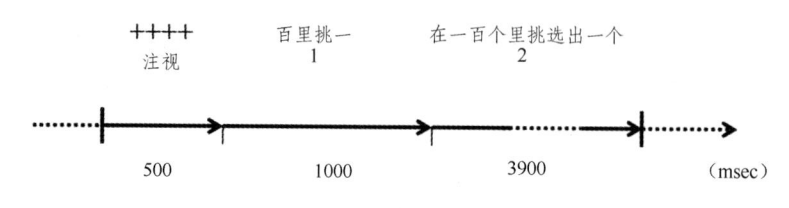

500　　　1000　　　3900　　　（msec）

**图 3—2　实验 2 成语定义判断过程示例**

## 二　结果与讨论

实验采集共计 4960 个反应时数据。删除了小于 200 ms 和大于平均反应时 3 个标准差者，删除比率是 1.7%。用 SPSS20.0 做数据分析时，首先对反应时数据数值做分类汇总分析，将得到的反应时均值与 248 个成语配对。由于反应时的分值比成语心理表征特点评定分数大许多，而错误率的分值又太小，因此将 7 种成语心理表征特点分数以及反应时和错误率都做标准分转换之后，再做反应时和错误率的数据分析。实验结果如表 3—6 所示。

表 3—6　　　　成语正确定义和反义定义的描述性统计数据

|  | 反应时（$M \pm SD$） | 错误率（$M \pm SD$） |
| --- | --- | --- |
| 正确定义 | 1108 ± 364.90 | 0.06 ± 0.23 |
| 反义定义 | 1286 ± 228.74 | 0.27 ± 0.44 |

通过配对样本 $t$ 检验，对反应时数据的统计检验显示（见表 3—6），按照被试分析，成语正确语义判断与相反语义判断有显著性差异，$t_{1(19)} = -6.93$，$p < 0.01$；按照项目分析，成语正确语义判断与相反语义判断的反应时也有显著性差异，$t_{2(246)} = -7.39$，$p < 0.01$。成语正确语义判断的反应时显著快于相反语义判断的反

应时。

成语正确语义判断与相反语义判断的错误率有显著性差异（见表3—6），按照被试分析，$t_{1(19)} = -4.175$，$p < 0.01$；按照项目分析，成语正确语义判断与相反语义判断的错误率也有显著性差异，$t_{2(246)} = -7.937$，$p < 0.01$。成语正确语义判断的错误率显著低于相反语义判断的错误率。

反应时及错误率与7种成语心理表征特点的关系是一致的。结果如表3—7所示：

表3—7　成语语义判断反应时与成语7种心理表征特点的相关性

| FAM | KNO | PRE | LIT | COM | SUB | AOA |
|---|---|---|---|---|---|---|
| -.436** | -.644** | -.454** | -.113 | -.240** | -.528** | .827** |

成语心理表征特点与习得年龄高度正相关，这与 Bonin 等人（2013）的习语语义判断反应时与习语心理表征特点的相关分析完全一致。数据检验表明，习得年龄的问卷分值越小，被试的反应时越快，习得年龄作为成语语义判断反应时的主要相关因素，表明被试早期习得的成语比晚期习得的成语更加易于识别。与习得年龄不同，如果成语心理表征特点的问卷分值越大，那么被试的反应时越快，所以习得年龄以外的成语心理表征特点与反应时呈负相关。数据显示成语知识、熟悉度、可预测性、字母义合理度、可分解性和主观频率也与被试反应时相关。多元线性回归（顺序选择法）分析表明，经过一次回归分析运算得到关于成语语义判断的反应时可以通过成语习得年龄（$\beta = 1.000$，$t = 344648284.7$，$p < 0.001$）进行预测的回归方程：成语语义判断反应时 = $-1.952 + 0.004 \times$ AOA，$p < 0.001$，$R^2 = 0.827$。Durbin-Watson 列的分数是 Durbin-Watson 检验结果，*Durbin-Watson* = 2.103，其分数在1.2—2.8表示结果可以

接受。本研究结果与 Bonin 等人的（2013）研究结果相似度很高，表明本次实验采用的实验材料可信度很高。本研究发现习得年龄是唯一可以预测成语反应时的心理表征特点。

回归因子分析表明成语语义判断反应时可以通过习得年龄预测成语加工的反应时，这与 Bonin 等人（2013）做的习语语义判断反应时与成语各心理表征特点的相关结果高度一致。习得年龄指学习者初次听到或看到成语的年龄（Morrison & Ellis，1995，2000）。在早期习得的成语比后期习得的成语更容易辨认（Tabossi 等人，2011；Johnston & Barry，2006）。不过在不同的研究中关于习得年龄的结果也不一样，比如 Tabossi 等人（2011）、Johnston 等人（2006）和 Bonin 等人（2013）得出完全相反的结论。成语语义判断实验表明，成语习得年龄是预测成语语义判断的可信度最高的因素。这与 Bonin 等人（2013）做的习语语义判断反应时与成语各特征回归分析结果一致。Bonin 等人指出习得年龄在成语心理表征特点中，不是经常被论及，Tabossi 等人（2011）虽然将习得年龄列为研究意大利习语的特征之一，可是没有用在线实验去论证，因此无法确定习得年龄对成语理解的影响度。马利军、胡峻豪、张积家（2013）的研究发现对于联合结构和非联合结构成语，习得年龄与其他成语心理表征特点呈显著的负相关；成语熟悉度高，可预测度、表象度、字面义合理度和理解度得分均高，而习得年龄得分低。即成语习得年龄越小，被试对成语越熟悉，越理解其字面义和比喻义。本研究结果与此一致。不过他们在对成语语义问卷分值做回归分析时没有分析习得年龄的数据，他们认为成语研究的目的在于帮助读者理解和识别成语。因此，以可理解度、预测度作为因变量对成语的语义性质进行了回归分析。这说明他们不认为习得年龄与成语语义理解有直接的关系。本研究表明成语的加工与其他字母文字习语的加工一样，习得的年龄越早，成语加工的越快。实验验证了研究者的假设，习得年龄是预测成语加工快慢最主要的心理表征特点。

之前实验结果表明成语知识和字面义合理度也可以预测成语加工的时间（Bonin et al., 2013；Tabossi et al., 2011；Schweigert, 1986；Titone & Connine, 1994a）。数据（见表3—7）表明习得年龄、成语知识、熟悉度、可预测性和主观频率的问卷分值与反应时高度相关，但是回归分析却表明它们不可以其他预测成语加工的反应时。

实验2发现整词表征的成语心理表征特点，如成语知识、熟悉度、可预测性、习得年龄和主观频率与成语心理表征特点反应时的关系较高；词素表征的成语心理表征特点，如字母义合理度和可分解性与成语心理表征特点反应时的关系较低。这与实验1的结果一致。

实验2的研究结果支持成语理解表征的混合模型和超词条理论。实验研究结果表明习得年龄是可以预测成语语义判断反应时的唯一心理表征特点。被试习得成语年龄越早，被试对成语整词表征的反应时越快。

## 第三节　实验3 成语语法结构对称性实验1

成语的理解加工受到固定语法结构的限制（Ni & Yao, 1991）。大多数成语由两组双字词构成，语法结构有主谓、动宾、偏正等。据调查，成语中有三分之一的语法结构是对称的（Chen, 1982）。即成语前两个字与后两个字的语法关系是一样的，如千挑万选（两个偏正结构：千—挑和万—选），出谋划策（两个动宾结构：出—谋和划—策），唇亡齿寒（两个主谓结构：唇—亡和齿—寒）。千挑万选、出谋划策和唇亡齿寒符合联合结构成语的特点。联合结构成语多由偏义复词或联系程度高的语素组成，在语音上讲究对仗，结构对称，语义关系众多，有很强的修辞效果。结构对称成语的前后部分，语义有相似的（千方百计），有相反的（柳暗花明）。而非联合结构成语更多地通过整体字面义的表象实现转喻达到对成语语义的通达。从成语的字面语法结构看，联合结构成语是结构对称性成语，非联合结构成语是结构不对称性成语。成语这种结构上的对称性已经被证明有认知效应（Li & Tat，2014）。已有研究表明结构对称的成语比结构不对称的成语更易于记忆（Liu & Xing，2000）。我们希望通过实验发现成语这种结构对称性也对成语的表征有影响。

有研究发现，汉字识别中存在结构对称性效应（彭聃龄，李燕平，刘志忠，1994；丁国盛，彭聃龄，1997；张必隐，彭聃龄，1997；彭聃龄，丁国盛，王春茂，Taft，朱晓平，1999；王春茂，彭聃龄，2000；黄希庭，陈伟锋，余华，王卫红，1999）。例如，彭聃龄等（1999）探讨了汉语合成词的表征方式。他们采用词汇判断任务，以联合结构和偏正结构合成词为实验材料，考察了高频词和低频词的反应时。结果表明，汉语的双字词是分解表征的，但是词素之间有一个网络式联系，同时词频对词素表征有很强的影响，另外，受词汇结构的影响，词素之间的联结具有兴奋或抑制的不同性质。对于联合结构合成词，两个词素的功能与性质是相同的，二者形成兴奋性联结，因此在加工中相互促进；两个词素均得到激活。但在偏正等合成词中，两个词素的功能是不一致的，因此起主要作用的词素对另一个词素的激活形成抑制。

就成语的结构对称性效应而言，马利军等选取132个联合结构成语与132个非联合结构成语，请大学生评定成语的各项语义性质，探讨成语的语义性质及其关系。结果表明，联合结构成语与非联合结构成语在字面义合理度上存在显著差异（马利军，胡峻豪，张积家，2013）。然而这一实验缺乏在线实验的数据支持。其他对成语结构对称性研究的结论有相互矛盾之处，有的研究发现结构对称性可以促进成语的理解（黄希庭，1999；顾蓓晔，缪小春，1995），有的研究没有发现这种促进效应（Liu & Cheung，2014；Hsieh & Hsu，2010）。

  黄希庭等（1999）挑选了460条成语，其中对称性成语230条，非对称性成语230条，并未对成语的语法结构做进一步的分类，而是将各种结构的成语混合在一起进行了研究，即460条成语中包含了动宾、主谓、偏正、连动、补充式、紧缩式等结构成语；Liu和Cheung（2014）、马利军等（2013）挑选的非联合和联合结构成语也是各种结构混合在一起的。国内外对成语的研究主要集中在动宾结构上，很少有研究涉及偏正等其他结构（马利军，张积家，杜凯，2013）。马利军、张积家、杜凯（2013）的研究对汉语惯用语进行了动宾和偏正结构的分类，未涉及成语。本研究的目的是在控制7种成语心理表征特点，使之匹配平衡的情况下，考察成语的6种语法结构，即非联合结构和联合结构动宾、偏正和主谓结构的成语语义识别是否也具有这种对称性效应。本研究依照Zhang、Yang、Gu和Ji（2013）对成语字面义和比喻义的解释方法，对成语定义做了解释。给出成语的字面义定义和比喻义定义，要求被试对成语定义做判断任务，考察了不同语法结构成语的结构对称性效应、语义效应和语法结构效应。实验预期联合结构成语的反应时快于非联合结构成语。

  为了避免被试由于实验时间过长，影响实验结果的有效性。实验3分成3个子实验：实验3A、3B和3C。实验3A是动宾结构成语的实验，实验3B是偏正结构成语的实验，实验3C是主谓结构成语的实验。

## 一 实验3A

VOVO 和 VO 两种不同语法结构作为自变量,如果成语加工中有结构对称性效应,那么联合式动宾结构成语在成语语义判断任务中的理解反应时快于非联合式动宾结构成语的理解反应时。

实验采用二因素重复测量：2（语法结构：VO 和 VOVO）× 2（语义：字面义和比喻义）。以反应时和错误率为因变量,通过成语语义判断实验,考察被试对非联合式动宾结构成语和联合式动宾结构成语的不同加工过程。

（一）被试

20 名浙江大学本科学生。被试的裸视或矫正视力正常,智力水平正常,无阅读障碍,右利手。

（二）材料

在实验1选出的350个成语中,从 VO 和 VOVO 结构中各选出11个成语,11×2=22个成语（见附录4）。经过方差分析,确定这22个成语在成语知识、熟悉度、字面义合理度、可预测性、主观频率、可分解性和习得年龄7种心理表征特点上基本没有差异（见表3—8）。

表3—8　**VO 和 VOVO 结构成语7种心理表征特点的 $t$ 值检验**

| 特征 | 结构 | $F$ | Sig. | $M$ | SD |
| --- | --- | --- | --- | --- | --- |
| 熟悉度 | VO | 1.12 | .303 | 6.45 | 0.12 |
|  | VOVO |  |  | 6.34 | 0.17 |
| 成语知识 | VO | .39 | .540 | 6.63 | 0.17 |
|  | VOVO |  |  | 6.62 | 0.20 |
| 可预测性 | VO | 2.02 | .171 | 6.75 | 0.21 |
|  | VOVO |  |  | 6.73 | 0.15 |

续表

| 特征 | 结构 | F | Sig. | M | SD |
|---|---|---|---|---|---|
| 字面义可理解度 | VO | .18 | .674 | 5.89 | 0.27 |
|  | VOVO |  |  | 5.78 | 0.37 |
| 可分解性 | VO | .83 | .374 | 5.47 | 0.24 |
|  | VOVO |  |  | 5.49 | 0.29 |
| 主观频率 | VO | .49 | .490 | 6.01 | 0.31 |
|  | VOVO |  |  | 5.85 | 0.41 |
| 习得年龄 | VO | .33 | .571 | 2.24 | 0.31 |
|  | VOVO |  |  | 2.18 | 0.27 |

如表3—8所示，独立样本 $t$ 检验表明，选出的这22个成语在7个特征上的差异都不显著，VO结构11个，VOVO结构11个，它们的 $p > .100$。其中字面义可理解度的差异最不显著。这样挑选出的成语排除了因成语心理表征特点的差异而导致实验结果不同的因素。

另外再从实验1成语初选的问卷中，选出熟悉度得分在2.5以上的66个非动宾结构的成语作为填充材料，其中非联合结构成语33个，连动、主谓和偏正结构成语各11个；联合结构成语33个，连动、主谓和偏正结构成语各11个。字面义完全按照成语的字面的理解给出解释，如"斩钉截铁"的字面义是"斩断钉子，截断钢铁"；依据《中华成语全功能词典》（成功，2009），查出每个成语的比喻义解释，如"斩钉截铁"的比喻义是"做事说话坚决果断"；另外再从《现代汉语学习词典》（孙全洲，1996）中取出66个干扰句（即与成语解释没有关系的句子），如"斩钉截铁"的干扰句是"孩子们在公园的草坪上玩耍"（见表3—9）。对成语字面义解释、比喻义解释和干扰句的长度进行控制。共计88个成语，88×3（3种语义定义：字面义定义、比喻义定义、错误语义定义）=264个句子，成语伪随机排序后，即实验用成语在15个填充成语语义判断任务完成之后才开始测试；相同成语不会连续出现，相同种类语义判断的成语不会连续出现 3 次。其中，字面义和干扰句都设定为错误的定义，比喻义是正确的定义。

表 3—9　　　　　　　　　　成语语义判断示例

| 语义类型 | 斩钉截铁 |
|---|---|
| 字面义 | 斩断钉子，截断钢铁 |
| 比喻义 | 做事说话坚决果断 |
| 干扰句 | 孩子们在公园的草坪上玩耍 |

（三）过程

使用 DMDX 呈现刺激和记录被试的反应时和错误率。如图 3—3 所示，点击 run 后，电脑屏幕呈现指令，按空格键开始做实验。实验开始前有 500 ms "＋＋＋＋" 符号注视，用红色字体呈现。注视符号之后，首先呈现成语 1000 ms，刺激成语在白色背景的电脑屏幕上呈现，蓝色宋体。之后呈现成语定义或干扰句 3900 ms，黑色宋体。用 36 号字体。本实验的任务是让被试快速判断目标成语的定义是否正确。被试认为正确就按 "Z" 键，错误就按 "/" 键，按键方式在被试间进行了平衡。实验约 20 分钟完成（见图 3—3）。

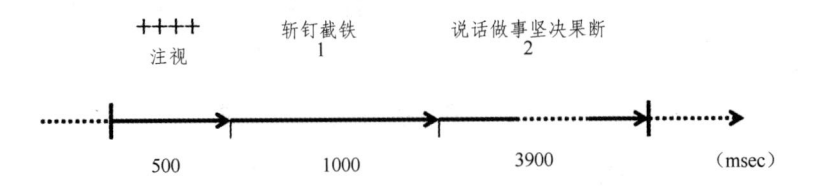

图 3—3　联合和非联合式动宾结构成语反应时实验过程示例

## 二 实验 3B

SMSM 和 SM 两种不同语法结构作为自变量,如果有结构对称性效应,那么联合式偏正结构成语在成语语义判断的理解过程快于非联合式偏正结构成语的理解过程。

实验采用二因素重复测量:2(语法结构:SM 和 SMSM)× 2(语义:字面义和比喻义)。以反应时和错误率为因变量,通过成语语义判断实验,考察被试对非联合式主谓结构成语和联合式主谓结构成语的不同加工过程。

### (一)被试

20 名浙江大学本科学生。被试的裸视或矫正视力正常,智力水平正常,无阅读障碍,右利手。

### (二)材料

从离线实验选出的 350 个成语中,从 SM 和 SMSM 结构中各选出 11 个成语,11×2=22 个成语(见附录 4)。经过方差分析,确定这 22 个成语在成语知识、熟悉度、字面义合理度、可预测性、主观频率、可分解性和习得年龄 7 种心理表征特点上基本没有差异(见表 3—10)。

表 3—10　SM 和 SMSM 结构成语 7 种心理表征特点的 $t$ 值检验

| 特征 | 结构 | $F$ | $Sig.$ | $M$ | $SD$ |
| --- | --- | --- | --- | --- | --- |
| 熟悉度 | SM | 1.16 | .293 | 6.04 | 0.15 |
|  | SMSM |  |  | 6.06 | 0.24 |
| 成语知识 | SM | .00 | .961 | 6.51 | 0.25 |
|  | SMSM |  |  | 6.62 | 0.25 |
| 可预测性 | SM | 2.37 | .139 | 6.72 | 0.28 |
|  | SMSM |  |  | 6.86 | 0.18 |

续表

| 特征 | 结构 | F | Sig. | M | SD |
|---|---|---|---|---|---|
| 字面义可理解度 | SM | .38 | .544 | 5.91 | 0.58 |
|  | SMSM |  |  | 5.84 | 0.57 |
| 可分解性 | SM | 1.48 | .237 | 5.43 | 0.39 |
|  | SMSM |  |  | 5.73 | 0.28 |
| 主观频率 | SM | 1.18 | .290 | 5.26 | 0.40 |
|  | SMSM |  |  | 5.85 | 0.29 |
| 习得年龄 | SM | .77 | .390 | 2.30 | 0.53 |
|  | SMSM |  |  | 2.25 | 0.35 |

如表 3—10 所示，独立样本 $t$ 检验表明，选出的这 22 个成语在 7 个特征上的差异都不显著，SM 结构 11 个，SMSM 结构 11 个，它们的 $p > .100$。其中成语知识的差异最不显著。这样挑选出的成语排除了因成语心理表征特点的差异而导致实验结果不同的因素。

除以下方面外，其他与实验 3A 相同。即 66 个非动宾结构的成语作为填充材料，其中非联合结构成语 33 个，连动、主谓和动宾结构成语各 11 个；联合结构成语 33 个，连动、主谓和动宾结构成语各 11 个。

（三）过程

过程同实验 3A（见图 3—3）。

## 三　实验 3C

SVSV 和 SV 两种不同语法结构作为自变量，如果有结构对称性效应，那么联合式主谓成语在成语语义判断的理解过程快于非联合式主谓结构成语的理解过程。

实验采用二因素重复测量：2（语法结构：SV 和 SVSV）× 2（语义：字面义和比喻义）。以反应时和错误率为因变量，通过成语语义判断实验，考察被试对非联合式偏正结构成语和联合式偏正结构成语的不同加工过程。

（一）被试

20名浙江大学本科学生。被试的裸视或矫正视力正常，智力水平正常，无阅读障碍，右利手。

（二）材料

从离线实验选出的350个成语中，从SV和SVSV结构中各选出10个成语，10×2=20个成语（见附录4）。经过方差分析，确定这20个成语在成语知识、熟悉度、字面义合理度、可预测性、主观频率、可分解性和习得年龄7种心理表征特点上基本没有差异（见表3—11）。

表3—11　　SV和SVSV结构成语7种心理表征特点的 $t$ 值检验

| 特征 | 结构 | F | Sig. | M | SD |
| --- | --- | --- | --- | --- | --- |
| 熟悉度 | SV | 2.41 | .138 | 5.96 | 0.35 |
|  | SVSV |  |  | 6.54 | 0.08 |
| 成语知识 | SV | .01 | .924 | 6.54 | 0.16 |
|  | SVSV |  |  | 6.44 | 0.13 |
| 可预测性 | SV | 1.53 | .232 | 6.72 | 0.13 |
|  | SVSV |  |  | 6.60 | 0.25 |
| 字面义可理解度 | SV | .45 | .513 | 5.33 | 0.64 |
|  | SVSV |  |  | 5.60 | 0.54 |
| 可分解性 | SV | 1.19 | .290 | 5.33 | 0.28 |
|  | SVSV |  |  | 5.19 | 0.20 |
| 主观频率 | SV | 1.04 | .322 | 5.55 | 0.23 |
|  | SVSV |  |  | 5.24 | 0.36 |
| 习得年龄 | SV | .96 | .341 | 2.00 | 0.26 |
|  | SVSV |  |  | 2.07 | 0.18 |

如表3—11所示，独立样本 $t$ 检验表明，选出的这20个成语在7个特征上的差异都不显著，SV结构10个，SVSV结构10个，它

们的 $p > .100$。其中成语知识的差异最不显著。这样挑选出的成语排除了因成语心理表征特点的差异而导致实验结果不同的因素。

另外再从实验1成语初选的问卷中，选出熟悉度均值在 2.5 以上的 60 个非主谓结构的成语作为填充材料，其中非联合结构成语 30 个，连动、动宾和偏正结构成语各 10 个；联合结构成语 30 个，连动、动宾和偏正结构成语各 10 个。填充材料是 60 个干扰句（即与成语解释没有关系的句子）。对成语字面义解释、比喻义解释和干扰句的长度进行控制。共计 80 个成语，80 × 3（3 种语义：字面义定义、比喻义定义、干扰句）= 240 个句子。实验材料的其他安排同实验3A。

(三) 过程

过程同实验3A（见图3—3）。

## 四　结果

3 个子实验的数据筛选过程同实验2，数据剔除比率为 2.2%。实验结果如表3—12所示。

表3—12　　　　　　　正字法成语实验描述性统计数据

|  |  |  | 反应时<br>($M \pm SD$) | 错误率<br>($M \pm SD$) |
|---|---|---|---|---|
| 实验3A | 比喻义 | VO | 1097 ± 210 | 0.07 ± 0.11 |
|  |  | VOVO | 1077 ± 208 | 0.12 ± 0.09 |
|  | 字面义 | VO | 1261 ± 200 | 0.21 ± 0.14 |
|  |  | VOVO | 1135 ± 167 | 0.12 ± 0.13 |
| 实验3B | 比喻义 | SM | 1126 ± 290 | 0.15 ± 0.07 |
|  |  | SMSM | 989 ± 232 | 0.08 ± 0.08 |
|  | 字面义 | SM | 1198 ± 249 | 0.22 ± 0.13 |
|  |  | SMSM | 1097 ± 190 | 0.10 ± 0.11 |

续表

|  |  |  | 反应时<br>($M \pm SD$) | 错误率<br>($M \pm SD$) |
|---|---|---|---|---|
| 实验 3C | 比喻义 | SV | 1046 ± 247 | 0.16 ± 0.16 |
|  |  | SVSV | 1009 ± 188 | 0.11 ± 0.09 |
|  | 字面义 | SV | 1051 ± 199 | 0.18 ± 0.07 |
|  |  | SVSV | 1085 ± 226 | 0.18 ± 0.12 |

（一）三个子实验的反应时数据统计结果与分析

对数据进行了分类汇总和重组后，把三个子实验之间实验材料在语法结构上的不同看作一个随机变量，因此，对成语语义判断反应时做了三因素重复测量方差检验。即对被试的成语语法结构、结构对称性和语义判断进行 3（语法结构：动宾、偏正和主谓）× 2（结构对称性：非联合和联合）× 2（语义：字面义和比喻义）重复测量方差分析（见图 3—4）。结果表明，语法结构、结构对称性和语义的交互作用显著，$F_1$（4，102）= 2.68，$p = 0.036$，$\eta^2 = 0.378$；$F_2$（4，174）= 0.50，$p = 0.740$，$\eta^2 = 0.011$。结构对称性与语义交互作用显著，$F_1$（2，102）= 5.31，$p = 0.006$，$\eta^2 = 0.094$；$F_2$（2，174）= 1.27，$p = 0.283$，$\eta^2 = 0.014$。语法结构与语义交互作用不显著，$F_1$（4，102）= 1.19，$p = 0.320$，$\eta^2 = 0.045$；$F_2$（4，174）= 0.12，$p = 0.976$，$\eta^2 = 0.003$。结构对称性与语法结构交互作用显著，$F_1$（2，51）= 8.55，$p = 0.001$，$\eta^2 = 0.251$；$F_2$（2，174）= 1.02，$p = 0.361$，$\eta^2 = 0.012$。按照项目分析，以反应时为因变量，LSD 检验结果显示，成语字面义和比喻义语义判断反应时之间有显著差异，$p = 0.001$；成语语法结构、结构对称性和语义的反应时重复变量测量数据结果显示，在成语的加工过程中，语法结构、结构对称性和语义会互相影响，作用于成语的理解。

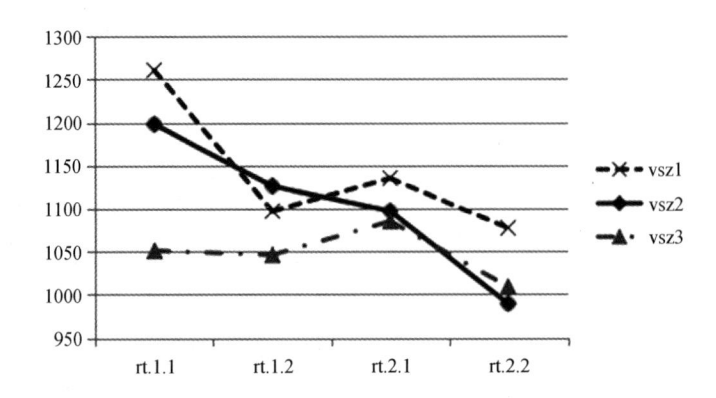

**图 3—4　实验 3 成语语法结构、结构对称性与语义反应时交互**

rt = 反应时（1.1 = 非联合结构字面义；1.2 = 非联合结构比喻义；2.1 = 联合结构字面义；2.2 = 联合结构比喻义）

vsz = 语法结构（1 = 动宾结构；2 = 偏正结构；3 = 主谓结构）

## 1. 三种语法结构成语的结构对称性与语义反应时关系

表 3—13　　　　成语结构对称性与语义反应时差异显著性

| 语法结构 | str*smn 的 $p$ 值 | str 的 $p$ 值 | smn 的 $p$ 值 |
| --- | --- | --- | --- |
| 动宾结构 | 0.133 | 0.003 | 0.006 |
| 偏正结构 | 0.007 | 0.001 | 0.003 |
| 主谓结构 | 0.080 | 0.080 | 0.388 |

str = 结构对称性（1 = 非联合结构；2 = 联合结构）；smn = 语义（1 = 字面义；2 = 比喻义）

如表 3—12 和表 3—13 所示，当成语是动宾结构时，按照被试分析，结构对称性与语义交互作用不显著，$F_1$（2，18）= 2.26$^b$，$p = 0.133$，$\eta^2 = 0.201$；$F_2$（2，60）= 1.01，$p = 0.372$，$\eta^2 = 0.032$。结构对称性主效应显著，非联合结构成语的判断反应时（1166 + 43）（$M + SE$）显著慢于联合结构成语的判断反应时（1098

+39)($M+SE$)。$F_1$(1,19)=11.57,$p$=0.003,$\eta^2$=0.378;$F_2$(1,60)=2.17,$p$=0.146,$\eta^2$=0.035。语义主效应显著,成语字面义的语义判断(1198+38)显著慢于比喻义的语义判断时间(1087+42);$F_1$(2,38)=5.84,$p$=0.006,$\eta^2$=0.235。成语字面义的语义判断(1129+37)显著慢于比喻义的语义判断时间(1089+37);$F_2$(2,60)=4.04,$p$=0.023,$\eta^2$=0.119。合并联合和非联合结构成语的反应时,配对样本 $t$ 值检验结果表明,动宾结构成语字面义和比喻义判断时间有显著差异,$t_{1(19)}$=4.06,$p$=0.001。做项目分析时,LSD 数据结果表明,动宾结构成语字面义和比喻义判断时间有显著差异,$p$=0.010。

实验数据结果表明(见表 3—12 和表 3—13),当成语是偏正结构时,对称结构与语义交互作用显著,$F_1$(2,34)=5.72,$p$=0.007,$\eta^2$=0.252;$F_2$(2,60)=1.03,$p$=0.364,$\eta^2$=0.033。结构对称性主效应显著,非联合结构成语的判断反应时(1125+57)显著慢于联合结构成语的判断反应时(1052+49)。$F_1$(1,17)=15.78,$p$=0.001,$\eta^2$=0.481;$F_2$(1,60)=2.83,$p$=0.098,$\eta^2$=0.045。语义主效应显著,成语字面的语义判断(1147+48)显著慢于比喻义的语义判断时间(1058+60);$F_1$(2,34)=6.89,$p$=0.003,$R^2$=0.288;$F_2$(2,60)=2.89,$p$=0.063,$\eta^2$=0.088。配对样本 $t$ 值检验结果表明,联合和非联合结构成语的比喻义判断时间有显著差异,$t_{1(17)}$=4.91,$p$=0.000。合并联合和非联合结构成语的反应时,配对样本 $t$ 值检验结果表明,偏正结构成语的字面义和比喻义判断时间没有显著差异。做项目分析时,LSD 数据结果表明,动宾结构成语字面义和比喻义判断时间有显著差异,$p$=0.036。

实验数据结果表明(见表 3—12 和表 3—13),当成语是主谓结构时,对称结构与语义交互作用边缘显著,$F_1$(2,30)=2.75,

$p = 0.080$，$\eta^2 = 0.155$；$F_2$（2，54）$= 0.43$，$p = 0.653$，$\eta^2 = 0.016$。结构对称性主效应不显著，$F_1$（1，15）$= 2.50$，$p = 0.135$，$\eta^2 = 0.143$；$F_2$（1，54）$= 0.10$，$p = 0.755$，$\eta^2 = 0.002$。语义主效应不显著 $F_1$（2，30）$= 1.22$，$p = 0.309$，$\eta^2 = 0.075$；$F_2$（2，54）$= 0.96$，$p = 0.388$，$\eta^2 = 0.034$。

2. 联合和非联合结构成语的语法结构与语义反应时关系

表3—14　　　　成语语法结构与语义反应时差异显著性

| 结构对称性 | vsz*smn 的 $p$ 值 | smn 的 $p$ 值 | vsz 的 $p$ 值 |
| --- | --- | --- | --- |
| 非联合结构 | 0.008 | 0.000 | 0.019（smn1） |
| 联合结构 | 0.635 | 0.001 | 0.817 |

vsz = 语法结构（1 = 动宾结构；2 = 偏正结构；3 = 主谓结构）；smn = 语义（1 = 字面义；2 = 比喻义）

如表3—12和表3—14所示，当成语是非联合结构时，语法结构和语义交互作用显著，$F_1$（2，51）$= 5.29$，$p = 0.008$，$\eta^2 = 0.172$；$F_2$（4，87）$= 0.52$，$p = 0.722$，$\eta^2 = 0.023$。语义主效应显著，非联合结构成语的字面义判断反应时（1170 + 30）显著慢于比喻义的判断反应时（1090 + 34），$F_1$（2，102）$= 10.36$，$p = 0.000$，$\eta^2 = 0.169$；$F_2$（2，87）$= 6.51$，$p = 0.002$，$\eta^2 = 0.130$。按照被试分析，成对比较数据结果显示，非联合结构成语字面义与比喻义的判断反应时有显著差异，$p = 0.000$。按照项目分析，非联合结构成语字面义与比喻义的判断反应时有显著差异，$p = 0.005$。数据结果显示，非联合结构成语的比喻义反应时显著短于字面义。

当非联合结构成语是动宾结构时，配对样本 $t$ 检验数据结果显示，非联合结构成语的字面义和比喻义判断反应时有显著差异，$t_{1(19)} = 4.22$，$p = 0.000$。当非联合结构成语是偏正结构时，配对样本 $t$ 检验数据结果显示，非联合结构成语的字面义和比喻义判断反应时有显著差异，$t_{1(17)} = 2.53$，$p = 0.022$。当非联合结构成语是主谓结构时，配对样本 $t$ 检验数据结果显示，非联合结构成语的字面义和比喻义判断反应时之间没有显著差异。

单因素方差分析结果显示，当非联合结构成语的语义是字面义时，成语语法结构之间有显著差异，$F_1(2, 51) = 4.28$，$p = 0.019$。LSD 检验结果显示，非联合式动宾和偏正结构成语的字面义判断反应时之间没有差异。非联合式动宾和主谓结构成语的字面义判断反应时之间有显著差异，$p = 0.006$。非联合式偏正和主谓结构成语的字面义判断反应时之间有边缘显著差异，$p = 0.054$。当非联合结构成语的语义是比喻义时，成语语法结构之间没有显著差异，$F_1(2, 51) = 0.44$，$p = 0.645$。LSD 检验结果显示，非联合式成语动宾、偏正和主谓结构成语比喻义判断反应时之间没有显著差异。

实验数据结果表明，当成语是联合结构时，语法结构和语义交互作用不显著，$F_1(2, 51) = 0.458$，$p = 0.635$，$\eta^2 = 0.018$；$F_2(4, 87) = 0.12$，$p = 0.975$，$\eta^2 = 0.005$。语义主效应显著，联合结构成语的字面义判断反应时（1170 + 30）显著慢于比喻义的判断反应时（1090 + 34）；$F_1(2, 102) = 10.36$，$p = 0.000$，$\eta^2 = 0.169$。$F_2(2, 87) = 0.175$，$p = 0.180$，$\eta^2 = 0.139$。成对比较数据结果显示，联合结构成语字面义与比喻义的判断反应时有显著差异，$p = 0.000$。联合结构成语的语法结构，即动宾、偏正和主谓语义判断反应时之间没有显著差异。数据结果表明，联合式成语的比喻义反应时显著短于字面义。

当联合结构成语是动宾结构时，配对样本 $t$ 检验结果显示，联合动宾结构成语的字面义和比喻义语义判断反应时之间没有显著差异。当联合式成语是偏正结构时，配对样本 $t$ 检验结果显示，联合偏正结构成语的字面义与比喻义的语义判断反应时有显著差异，$t_{1(17)} = 2.42$，$p = 0.027$。当联合式成语是主谓结构时，配对样本 $t$

检验结果显示，联合主谓结构成语的字面义与比喻义的语义判断反应时有显著差异，$t_{1(15)} = 2.64$，$p = 0.018$。

单因素方差分析结果显示，当理解联合结构成语字面义时，成语语法结构之间没有显著差异。当理解联合结构成语比喻义时，成语语法结构之间也没有显著差异。数据结果表明，联合式成语的语义不受语法结构的影响，即联合式成语的字面义和比喻义在理解加工中，动宾、偏正和主谓结构成语之间的反应时没有差异。

3. 成语字面义和比喻义的结构对称性与语法结构反应时关系

表3—15　　　　　成语结构对称性与语法结构反应时差异显著性

| 语义 | str*vsz 的 $p$ 值 | str 的 $p$ 值 | vsz 的 $p$ 值 |
| --- | --- | --- | --- |
| 字面义 | 0.008 | 0.004 | 0.019（str1） |
| 比喻义 | 0.051 | 0.003 | 0.810（str1&2） |

str = 结构对称性（1 = 非联合；2 = 联合结构）

vsz = 语法结构（1 = 动宾结构；2 = 偏正结构；3 = 主谓结构）

如表3—12和表3—15所示，按照被试分析，单因素方差分析结果显示，联合结构成语各语义内的语法结构之间没有显著差异，说明联合结构成语的字面义和比喻义不受动宾、偏正和主谓结构的影响。LSD检验结果显示，联合结构成语字面义考察里包括的动宾、偏正和主谓结构的语义判断反应时之间没有差异；联合结构成语比喻义考察里包括的动宾、偏正和主谓结构的语义判断反应时之间没有差异。按照项目分析，单变量数据结果显示，成语结构对称性和语法结构的交互作用不显著，结构对称性和语法结构的主效应都不显著。数据结果表明，在理解联合式成语的字面义和比喻义时，联合式成语的动宾结构、偏正结构和主谓结构反应时之间没有显著差异。

重复测量方差分析结果显示，当成语语义判断是字面义时，结构对称性和语法结构有交互作用,$F_1$(2,51) = 2.27,$p = 0.008$,$\eta^2 = 0.171$;$F_2$(2,186) = .99,$p = 0.347$,$\eta^2 = 0.011$。结构对称性主效应显著,非联合结构成语的字面义语义判断反应时(1170 + 30)显著慢于联合结构成语的字面义语义判断反应时(1105 + 26),$F_1$(1,51) = 9.28,$p = 0.004$,$\eta^2 = 0.154$。$F_2$(1,186) = 1.84,$p = 0.176$,$\eta^2 = 0.010$。按照被试分析,成对比较结果显示,非联合和联合结构成语的字面义语义判断反应时之间有显著差异,$p = 0.004$。非联合式动宾结构成语的字面义语义判断反应时(1198 + 43)显著慢于联合式主谓结构成语的字面义语义判断反应时(1068 + 48)。单因素方差分析数据结果显示,非联合结构成语字面义与语法结构有显著差异,$F_1$(2,51) = 4.28,$p = 0.019$。LSD 数据分析结果显示,非联合结构成语字面义语义判断时,非联合式动宾与主谓结构成语的反应时有显著差异,$p = 0.006$;非联合式偏正与主谓结构成语的反应时有边缘显著差异,$p = 0.054$;非联合式动宾与偏正结构的成语反应时没有显著差异。联合结构成语字面义与语法结构没有显著差异。LSD 数据分析结果也显示,联合式动宾、偏正和主谓结构成语反应时之间没有显著差异。配对样本 $t$ 检验表明,当成语是动宾结构时,非联合结构成语和联合结构成语字面义的语义判断反应时之间有显著差异,$t_{1(19)} = 4.15$,$p = 0.001$;当成语是偏正结构时,非联合结构成语和联合结构成语字面义的语义判断反应时之间有显著差异,$t_{1(17)} = 2.44$,$p = 0.026$;当成语是主谓结构时,非联合结构成语和联合结构成语的字面义语义判断反应时之间没有显著差异,$t_{1(15)} = -0.89$,$p = 0.388$。

重复测量方差分析结果显示,当成语语义判断是比喻义时,结构对称性和语法结构的交互作用边缘显著,$F_1$(2,51) = 3.16,$p = 0.051$,$\eta^2 = 0.110$;$F_2$(2,58) = 0.70,$p = 0.502$,$\eta^2 = 0.023$。结构对称性主效应显著,$F_1$(1,51) = 9.67,$p = 0.003$,

$\eta^2 = 0.159$；$F_2$（1，58） = 1.01，$p = 0.319$，$\eta^2 = 0.017$。成对比较结果显示，非联合结构和联合结构成语的比喻义语义判断反应时之间有显著差异，$p = 0.003$。非联合结构成语的比喻义语义判断反应时（1090 + 34）显著慢于联合结构成语的比喻义语义判断反应时（1025 + 29）。语法结构主效应不显著，$F_2$（2，58） = 0.21，$p = 0.810$，$\eta^2 = 0.007$，即动宾、偏正和主谓结构成语语义判断反应时之间没有显著差异。配对样本 $t$ 检验表明，当成语是动宾结构时，非联合结构成语和联合结构成语比喻义的语义判断反应时之间没有显著差异，$t_{1(19)} = 0.054$，$p = 0.620$；当成语是偏正结构时，非联合结构成语和联合结构成语比喻义的语义判断反应时之间有显著差异，$t_{1(17)} = 4.91$，$p = 0.000$；当成语是主谓结构时，非联合结构成语和联合结构成语比喻义的语义判断反应时之间没有显著差异，$t_{1(15)} = 0.97$，$p = 0.346$。

（二）三个子实验的错误率数据统计结果与分析

对成语语义判断错误率做了重复测量方差检验。即对被试的成语结构和语义判断进行3（语法结构：动宾、偏正和主谓）× 2（结构对称性：非联合和联合）× 2（语义：字面义和比喻义）重复测量方差分析。结果表明（见图3—5），按照被试分析，语法结构、结构对称性和语义错误率的交互作用边缘显著，$F_1$（4，102） = 2.08，$p = 0.089$，$\eta^2 = 0.075$；按照项目分析，语法结构、结构对称性和语义错误率的交互作用不显著，$F_2$（4，174） = 0.55，$p = 0.698$，$\eta^2 = 0.013$。按照被试分析，结构对称性与语义交互作用显著，$F_1$（2，102） = 5.57，$p = 0.005$，$\eta^2 = 0.098$；按照项目分析，结构对称性与语义交互作用不显著，$F_2$（2，174） = 1.17，$p = 0.313$，$\eta^2 = 0.013$。按照被试分析，语法结构与语义交互作用不显著，$F_1$（4，102） = 0.61，$p = 0.657$，$\eta^2 = 0.023$；按照项目分析，语法结构与语义交互作用不显著，$F_2$（4，174） = 0.18，$p = 0.948$，$\eta^2 =$

0.004。按照被试分析,结构对称性与语法结构交互作用显著,$F_1$ (2, 51) = 5.87, $p$ = 0.005, $\eta^2$ = 0.187;按照项目分析,结构对称性与语法结构交互作用不显著,$F_2$ (2, 174) = 1.08, $p$ = 0.343, $\eta^2$ = 0.012。因为三因素重复测量分析中,项目分析的数据结果显示,成语的语法结构、语义和结构对称性交互作用不显著;二因素重复测量分析中,项目分析的数据结果显示,成语的结构对称性和语义,语法结构和语义,结构对称性和语法结构错误率之间都没有交互作用,所以后面的数据分析中,各项目分析数据均被视为不显著。

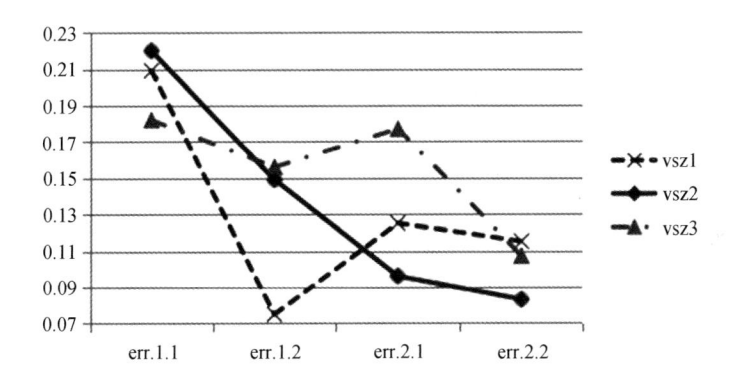

**图 3—5 实验 3 成语语法结构、结构对称性与语义错误率交互**

err = 错误率(1.1 = 非联合结构字面义;1.2 = 非联合结构比喻义;2.1 = 联合结构字面义;2.2 = 联合结构比喻义)

vsz = 语法结构(1 = 动宾结构;2 = 偏正结构;3 = 主谓结构)

## 1. 三种语法结构成语的结构对称性与语义错误率关系

**表 3—16　　成语结构对称性和语义错误率差异显著性**

| 语法结构 | str*smn 的 $p$ 值 | str 的 $p$ 值 | smn 的 $p$ 值 |
| --- | --- | --- | --- |
| 动宾结构 | 0.049 | 0.571 | 0.000 |

**续表**

| 语法结构 | str*smn 的 p 值 | str 的 p 值 | smn 的 p 值 |
| --- | --- | --- | --- |
| 偏正结构 | 0.020 | 0.000 | 0.000 |
| 主谓结构 | 0.174 | 0.917 | 0.000 |

str = 结构对称性（1 = 非联合结构；2 = 联合结构）；smn = 语义（1 = 字面义；2 = 比喻义）

实验数据结果表明（见表 3—12 和表 3—16），当成语是动宾结构时，结构对称性与语义错误率的被试分析交互作用显著，$F_1$ (2, 18) = 3.57$^b$, $p = 0.049$, $\eta^2 = 0.284$, $F_2$ (2, 60) = 1.40, $p = 0.255$, $\eta^2 = 0.045$。结构对称性错误率主效应不显著，$F_1$ (1, 19) = 0.33, $p = 0.571$, $\eta^2 = 0.017$, $F_2$ (1, 60) = 0.06, $p = 0.811$, $\eta^2 = 0.001$。语义主效应显著，$F_1$ (1, 19) = 27.49, $p = 0.000$, $\eta^2 = 0.591$, $F_2$ (2, 60) = 4.78, $p = 0.012$, $\eta^2 = 0.137$。配对样本 $t$ 值检验结果表明，合并非联合结构和联合结构成语的错误率，动宾结构成语的字面义和比喻义判断时错误率有显著差异，$t_{1(19)} = 2.44$, $p = 0.025$。

当成语是偏正结构时，结构对称性与语义错误率的被试分析交互作用显著，$F_1$ (1, 17) = 6.58, $p = 0.020$, $\eta^2 = 0.279$, $F_2$ (2, 60) = 0.71, $p = 0.497$, $\eta^2 = 0.023$。结构对称性主效应显著，非联合结构成语的判断错误率（0.143 + 0.015）显著高于联合结构成语的判断错误率（0.071 + 0.014）。$F_1$ (1, 17) = 24.77, $p = 0.000$, $\eta^2 = 0.593$, $F_2$ (1, 60) = 4.58, $p = 0.036$, $\eta^2 = 0.071$。语义主效应显著，$F_1$ (2, 34) = 13.30, $p = 0.000$, $\eta^2 = 0.457$, $F_2$ (2, 60) = 4.05, $p = 0.022$, $\eta^2 = 0.119$。配对样本 $t$ 值检验结果表明，非联合结构成语比喻义和字面义判断时错误率有显著差异，$t_{1(17)} = 2.23$, $p = 0.039$。非联合结构和联合结构成语的字面义判断错误率有显著差异，$t_{1(17)} = 3.59$, $p = 0.002$。非联合结构和联

合结构成语的比喻义判断错误率有显著差异，$t_{1(17)} = 3.03$，$p = 0.008$。合并非联合结构和联合结构成语的错误率，偏正结构成语的字面义和比喻义判断时错误率有显著差异，$t_{1(17)} = 4.10$，$p = 0.001$。

当成语是主谓结构时，结构对称性与语义错误率的被试分析交互作用不显著，结构对称性错误率主效应不显著，语义错误率主效应显著，$F_1(1, 15) = 31.60$，$p = 0.000$，$\eta^2 = 0.678$；结构对称性与语义错误率的项目分析交互作用不显著，结构对称性错误率主效应不显著，语义错误率主效应显著，$F_2(2, 54) = 3.79$，$p = 0.029$，$\eta^2 = 0.123$。配对样本 $t$ 值检验结果表明，合并非联合结构和联合结构成语的错误率，主谓结构成语的字面义和比喻义判断时错误率有显著差异，$t_{1(15)} = 3.22$，$p = 0.006$。

2. 非联合结构和联合结构成语的语法结构与语义错误率关系

表 3—17　　　　　　　成语语法结构和语义错误率差异显著性

| 结构对称性 | vsz*smn 的 $p$ 值 | smn 的 $p$ 值 | vsz 的 $p$ 值 |
|---|---|---|---|
| 非联合结构 | 0.129 | 0.000 | 0.070（smn2） |
| 联合结构 | 0.615 | 0.714 | 0.724 |

vsz = 语法结构（1 = 动宾结构；2 = 偏正结构；3 = 主谓结构）；smn = 语义（1 = 字面义；2 = 比喻义）

实验数据结果表明（见表 3—12 和表 3—17），当成语是非联合结构时，语法结构和语义错误率的交互作用不显著，$F_1(4, 102) = 1.83$，$p = 0.129$，$\eta^2 = 0.067$，$F_2(4, 87) = 0.41$，$p = 0.803$，$\eta^2 = 0.018$。语义错误率主效应显著，$F_1(2, 102) = 40.26$，$p = 0.000$，$\eta^2 = 0.441$，$F_2(2, 87) = 8.38$，$p = 0.000$，$\eta^2 = 0.162$。成对比较数据结果显示，非联合结构成语字面义与比喻义的判断错误率有显著差异，$p = 0.001$。当非联合结构成语是动

宾结构时，配对样本 $t$ 检验数据结果显示，非联合结构成语的字面义和比喻义判断错误率有显著差异，$t_{1(19)} = 3.77$，$p = 0.001$。当非联合结构成语是偏正结构时，配对样本 $t$ 检验数据结果显示，非联合结构成语的字面义和比喻义判断错误率有显著差异，$t_{1(17)} = 2.23$，$p = 0.039$。当非联合结构成语是主谓结构时，配对样本 $t$ 检验数据结果显示，非联合结构成语的字面义和比喻义判断错误率之间没有显著差异。

单因素方差分析结果显示，当理解非联合结构成语字面义时，成语语法结构错误率之间没有显著差异。当理解非联合结构成语比喻义时，成语语法结构错误率之间有边缘显著差异，$F_1 (2, 51) = 2.80$，$p = 0.070$。LSD 检验结果显示，非联合式动宾和偏正结构成语比喻义判断错误率之间有边缘显著差异，$p = 0.055$；非联合式动宾和主谓结构成语比喻义判断错误率之间有显著差异，$p = 0.043$；非联合式偏正和主谓结构成语比喻义判断错误率之间没有显著差异。

当成语是联合结构时，语法结构和语义错误率的交互作用不显著，$F_1 (4, 102) = 0.67$，$p = 0.615$，$\eta^2 = 0.026$，$F_2 (4, 87) = 0.30$，$p = 0.880$，$\eta^2 = 0.013$。语义错误率主效应不显著，成对比较数据结果显示，联合结构成语字面义与比喻义的判断错误率没有显著差异。联合结构成语的语法结构，即动宾、偏正和主谓语义判断错误率之间没有显著差异。

当联合结构成语是动宾结构时，配对样本 $t$ 检验结果显示，联合式动宾结构成语的字面义和比喻义判断错误率之间没有显著差异。当联合结构成语是偏正结构时，配对样本 $t$ 检验结果显示，联合式偏正结构成语的字面义与比喻义的语义判断错误率没有显著差异。当联合结构成语是主谓结构时，配对样本 $t$ 检验结果显示，联合式主谓结构成语的字面义与比喻义的语义判断错误率没有显著差异。

单因素方差分析结果显示，当理解联合结构成语字面义时，成语语法结构的错误率之间没有显著差异。当理解联合结构成语比喻义时，成语语法结构的错误率之间也没有显著差异。这与其反应时的分析结果是一致的。

3. 成语字面义和比喻义的结构对称性与语法结构错误率关系

表 3—18　　成语结构对称性与语法结构错误率差异显著性

| 语义 | str*vsz 的 $p$ 值 | str 的 $p$ 值 | vsz 的 $p$ 值 |
| --- | --- | --- | --- |
| 字面义 | 0.073 | 0.001 | 0.719 |
| 比喻义 | 0.028 | 0.157 | 0.860 |

str = 结构对称性（1 = 非联合结构；2 = 联合结构）

vsz = 语法结构（1 = 动宾结构；2 = 偏正结构；3 = 主谓结构）

重复测量数据结果显示（见表 3—12 和表 3—18），成语结构对称性和语法结构错误率的交互作用显著，$F_1(2, 51) = 5.87$，$p = 0.005$，$\eta^2 = 0.187$，$F_2(2, 186) = 0.98$，$p = 0.376$，$\eta^2 = 0.010$。结构对称性错误率主效应显著，非联合结构成语的语义判断错误率（0.121 + 0.009）显著高于联合结构成语语义的判断错误率（0.093 + 0.008），$F_1(1, 51) = 9.26$，$p = 0.004$，$\eta^2 = 0.154$，$F_2(1, 186) = 1.31$，$p = 0.254$，$\eta^2 = 0.007$。单因素方差分析结果显示，联合结构成语各语义内的语法结构错误率之间没有显著差异，说明联合结构成语的字面义和比喻义不受动宾、偏正和主谓结构的影响。

重复测量方差分析结果显示，当成语语义判断是字面义时，结构对称性和语法结构错误率的交互作用边缘显著，$F_1(2, 51) = 2.75$，$p = 0.073$，$\eta^2 = 0.097$，$F_2(2, 58) = 0.46$，$p = 0.634$，$\eta^2 = 0.016$。结构对称性错误率主效应显著，非联合结构成语的语义判断错误率（0.204 + 0.017）显著高于联合结构成语的语义判断错误率（0.133 + 0.017），$F_1(1, 51) = 12.04$，$p = 0.001$，$\eta^2 = 0.191$，$F_2(1, 58) = 1.51$，$p = 0.224$，$\eta^2 = 0.025$。成对比较结果显示，非联合结构和联合结构成语的字面义语义判断错误率之间有显著差异，$t_{1(53)} = 3.52$，$p = 0.001$。非联合结构成语的字面义语义判断错误率（0.205 + 0.016）显著高于联合结构成语的字面义语义判断错误率（0.131 + 0.017）。单因素方差分析数据结果显示，非联合结构成语字面义与语法结构错误率之间没有显著差异。联合结构成语字面义与语法结构错误率之间没有显著差异。LSD 数据分析结果显示，联合式偏正和主谓结构成语错误率之间有边缘显著差异，$p = 0.065$。配对样本 $t$ 检验表明，当成语是动宾结构时，非联合结构成语和联合结构成语字面义的语义判断错误率之间有显著差异，$t_{1(19)} = 2.18$，$p = 0.042$；当成语是偏正结构时，非联合结构成语和联合结构成语字面义的语义判断错误率之间有显著差异，$t_{1(17)} = 3.59$，$p = 0.002$；当成语是主谓结构时，非联合结构成语和联合结构成语的语义判断错误率之间没有显著差异。

当判断成语比喻义时，结构对称性和语法结构错误率的交互作用显著，$F_1(2, 51) = 3.82$，$p = 0.028$，$\eta^2 = 0.130$，$F_2(2, 58) = 1.38$，$p = 0.259$，$\eta^2 = 0.046$。结构对称性错误率主效应不显著，$F_1(1, 51) = 2.06$，$p = 0.157$，$\eta^2 = 0.039$，$F_2(1, 58) = 0.68$，$p = 0.412$，$\eta^2 = 0.012$。成对比较结果显示，非联合结构和联合结构成语的比喻义语义判断错误率之间没有显著差异。语法结构错误率主效应不显著，即动宾、偏正和主谓结构成语语义判断错误率之间没有显著差异。配对样本 $t$ 检验表明，当成语是动宾结构时，非联合结构成语和联合结构成语比喻义的语义判断错误率之间没有显著差异，$t_{1(19)} = -1.56$，$p = 0.135$；当成语是偏正结构时，非联合结构成语和联合结构成语比喻义的语义判断错误率之间有显著差异，$t_{1(17)} = 3.03$，$p = 0.008$；当成语是主谓结构时，非联合结构成语和联合结构成语比喻义的语义判断错误率之间没有显著差异，$t_{1(15)} = 1.15$，$p = 0.269$。

表3—19　　联合和非联合结构成语反应时和错误率均值

| 语义 | VO | VOVO | SM | SMSM | SV | SVSV |
|---|---|---|---|---|---|---|
| 字面义 | 1261(0.209) | 1135(0.125) | 1198(0.220) | 1097(0.096) | 1051(0.182) | 1085(0.177) |
| 比喻义 | 1097(0.075) | 1077(0.115) | 1126(0.149) | 989(0.082) | 1046(0.156) | 1009(0.093) |

反应时（ms）和错误率（%，括号中）
VO = 非联合式动宾结构；SM = 非联合式偏正结构；SV = 非联合式主谓结构；VOVO = 联合式动宾结构；SMSM = 联合式偏正结构；SVSV = 联合式主谓结构；

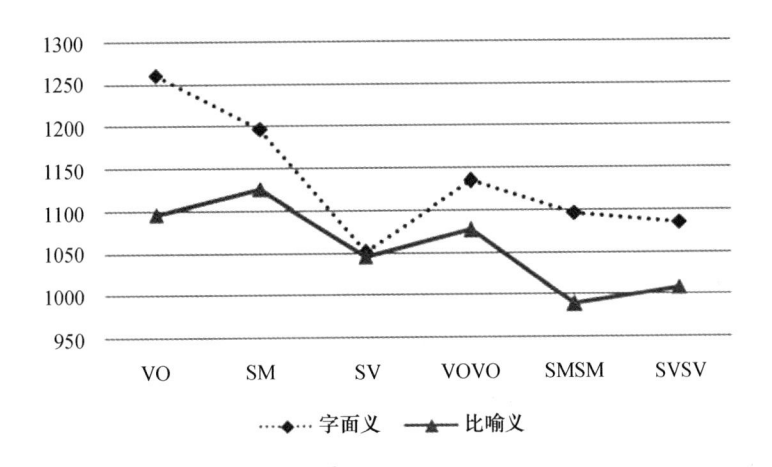

图3—6　联合和非联合结构成语按被试分析的反应时均值
VO = 非联合式动宾结构；SM = 非联合式偏正结构；SV = 非联合式主谓结构；VOVO = 联合式动宾结构；SMSM = 联合式偏正结构；SVSV = 联合式主谓结构

## 五　讨论

实验3的反应时数据显示，在成语的加工过程中，语法结构、结构对称性与语义都会影响成语的理解加工，研究发现动宾结构成语在字面义加工时结构对称性效应显著，在比喻义加工时，结构对称性效应不显著；偏正结构成语在字面义和比喻义加工时，结构对称性效应均显著；主谓结构成语在字面义和比喻义加工时，结构对称性效应均不显著。错误率数据分析结果与反应时数据分析结果一致。

实验 3 的研究发现，不同语法结构成语的结构对称性效应是有区别的。在字面义加工过程中，动宾和偏正结构成语的结构对称性效应显著；在比喻义加工过程中，偏正结构成语的结构对称性效应显著。联合结构成语的理解要快于非联合结构成语的理解。而主谓结构成语在字面义和比喻义加工过程中的结构对称性效应都不显著。"词汇分解模型" Morpheme Access Model，简称 MAM）强调词素表征的通达是词汇识别的前提，但受拼音文字特点的限制，人们没有考虑到词汇内部词素组合关系的特殊作用（Taft, Forster, 1975）；"整词表征与通达模型"（Augmented Addressed Morphology Model，简称 AAM）强调词汇的认知可以通过直接对整词的表征与通达来完成，但却忽视了词汇的内在结构方式对整词表征与通达的影响（Caramazza, Laudanna & Romani, 1988；彭聃龄等，1999）。Peng、Zhang、Liu（1993）和彭聃龄等（1996，1999，1997，2000）用不同的实验范式发现了汉语合成词加工中整词通达与词素分解存在两条通路，他们提出了基于整词和词素的"混合表征模型"（Inter and Intra Connection Model，简称 IIC）。该模型的最大特点是在承认整词和词素在同一层次表征的同时，更进一步强调了两种表征之间因词汇性质不同而形成的促进或抑制关系。研究表明合成词的表征受语义透明度的影响，透明词和不透明词的词素在心理词典中的表征关系是不同的，前者是一种兴奋性联结，词素的激活能够对整词识别产生促进；后者是一种抑制性联结，词素信息可能对整词识别产生干扰（彭聃龄等，1999）。彭聃龄和张必隐最先开始对汉语心理词典中的词汇表征进行研究，他们探讨了汉语合成词的表征方式，采用词汇判断任务，以联合结构（如"监察"）和偏正结构（如"疾驰"）合成词为实验材料，考察了高频词和低频词的反应时。结果表明，汉语的双字词表征是可分解的，但是词素之间有一个网络式联系，同时词频对词素表征有很强的影响。另外，受词汇语法结构的影响，词素之间的联结具有兴奋或抑制的不同性质。对于联合结构合成词，两个词素的功能与性质是相同的，二者形成兴奋性联结，因此在加工中相互促进，两个词素均得到激活。但在非联合结构合成词如偏正结构合成词中，两个词素的功能是不一致的，因此起主要作用的词素对另一个词素的激活形成抑制（彭聃龄，张必隐，1997）。他们研究的是汉语词汇，与成语在语法和语义上有很大的区别。现代汉语词汇学家更多地强调成语的结构定型化和意义整体化，但是未专门讨论成语的结构对称性。而成语这种特殊结构和词素组合关系，确是成语所具有并区别于西方字母文字的特征。

彭聃龄和张必隐论证了汉语词汇中存在结构对称性效应（1997）。实验3的数据结果显示，动宾和偏正结构成语也存在结构对称性效应，这与黄希庭等（1999）的研究结果一致。张必隐和彭聃龄（1997）提出的中文双字词储存模式的观点似乎更适合解释本研究结果：即词汇的表征与其所包含的字的表征方式之间存在着联系，它们之间的联结强度随着词汇的结构不同而不同。在结构对称性成语中，由于它前面两个字和后面两个字语义相同或叠音，相对独立，因而各自成为一个独具语义的结构单元，它大于词汇内的词素单元，却小于词汇整体。但是这一理论没有进一步探讨在成语加工中词素和整词的表征关系。Liu和Cheung（2014）通过对语义透明和语义模糊的成语的实验研究，发现语义模糊性对被试完成成语理解有影响；语法对称性对成语的理解有显著影响。他们的研究支持可分解性模型，强调在成语理解时，成语的字面义是可以分解的，并且有助于理解成语的比喻义。本研究依据超词条理论，较全面地探讨了语法结构对成语理解和表征的影响。

依据超词条理论，对于联合结构成语，可以看作是两组词素的功能与性质相同的合成词，二者形成兴奋性联结，因此在加工中相互促进；联合结构成语中，每组合成词内的两个词素均得到激活，两组语法结构相同的词素同时形成兴奋性联结，相同的语法结构加速了对超词条的激活，当超词条出现在被试的心里时，语法搭配自动出现，联合结构成语的语义通达时间就显著加快了。但在非联合结构成语中，每组合成词的词素的语法功能是不一致的，因此起主要作用的一组词素对另一组词素的激活形成抑制，同时在语法功能不一样的那组合成词中，一个词素对另一个词素的激活也形成抑制，因此，不同的语法结构抑制了被试对超词条的激活，非联合结构成语的语义通达就显著变慢了。实验3的数据结果表明，类似于汉语合成词的加工，具有不同语法结构性质的词素对成语超词条的表征有不同的影响，具有联合结构词素的成语快于具有非联合结构词素的成语的提取（见表3—19和图3—6）。

其次，实验3的反应时数据和错误率数据一致，结果显示，在理解成语的字面义和比喻义时，成语的结构对称性显著，联合结构成语显著快于非联合结构成语的反应时。另外，不同语法结构的成语语义效应也不同，非联合结构成语的动宾和偏正结构的语义效应显著；联合式偏正结构成语的语义效应有显著差异。这表明，成语的语义加工也与语法结构有关。

反应时和错误率数据结果也表明，在理解非联合结构成语时，非联合结构成语字面义的主谓结构显著快于非联合结构成语字面义的动宾结构的反应时。非联合结构成语比喻义的动宾、偏正和主谓结构的反应时之间没有显著差异。联合结构成语的字面义和比喻义在理解加工中，动宾、偏正和主谓结构成语之间的反应时没有差异。这表明联合结构成语的语义加工不受语法结构的影响。

将被试对非联合结构和联合结构成语的反应时数据合并后,动宾和偏正结构的成语语义主效应显著,而主谓结构的成语语义主效应不显著。研究发现语义总体加工反应时趋势是比喻义的加工快于字面义。非联合式和联合式动宾结构、偏正结构和主谓结构的语义错误率总的变化趋势是一致的,字面义错误率高于比喻义错误率。

反应时和错误率数据显示结构对称性与语义交互作用显著,语法结构与语义交互作用不显著,这表明成语的语义加工与结构对称性有关,与语法结构关系不大。研究发现非联合式不同语法结构成语字面义理解之间有显著差异,而比喻义理解之间没有有显著差异。联合式动宾结构、偏正结构和主谓结构成语的字面义和比喻义错误率没有显著差异。虽然语法结构对成语语义的加工影响不显著,数据结果提示我们,非联合结构和联合结构成语的语义表征是不同的。

成语意义的建构不像转喻和隐喻的意义建构那么明晰,这是因为成语具有复杂和长久的形成过程。Sprenger 等(2006)主张的超词条习语加工模型认为,超词条在心理词典中的出现有一个加工过程,这是成语的短语理解加工情况。如"斩钉截铁",人们一开始看到这个成语,可能会理解成为斩断钉子,截断钢铁。当人们意识到短语背后的比喻义,就开始在心理词典搜索该习语的隐含意义,如斩断钉子,截断钢铁令人联想到决断的动作。当成语比喻义被加工理解出来的时候,被试就明白了成语的语义。如"斩钉截铁"的比喻义是指说话或行事的果断、坚决。超词条理论预测,在理解成语时,成语某些字面义的激活对于成语中的超词条的激活和成语语义的提取是必须的。因此,超词条理论认为,在成语理解过程中,促进成语相关字串的字面义激活,会影响到成语比喻义的提取。

超词条理论认为,在加工理解成语时,字面义和比喻义在同一层次,字面义与比喻义表征是相互竞争的关系,通过超词条这个媒介，才能提取到成语的概念意义。实验3的结果发现，在成语的字面义理解过程中，动宾和偏正结构成语的结构对称性效应显著，而主谓结构的结构对称性不显著。在成语的比喻义理解过程中，偏正结构成语有结构对称性效应。这表明词素的语法结构性质对成语的字面义和比喻义的表征有不同的影响。具有不同语法结构性质的词素对超词条激活的具体作用在上面论述结构对称性效应时，已经做了详细说明，这里不再复述。之前的研究已经证实了习语的理解和表征会受到不同习语心理表征特点的影响。如语义可分析性、语义透明度等（Charteris-Black，2002；Cooper，1999；Irujo，1986；Kellerman，1979；Cacciari & Levorato，1998）；语境（Cacciari & Levorato，1989；Levorato & Cacciari，1999；Liontas，2002）；熟悉度（Levorato & Cacciari，1992；Liu，2003）；习得年龄（Cacciari & Levorato，1989；Nippold & Duthie，2003）。实验3的结果表明，成语的表征不同程度地受到结构对称性效应的影响。

最后反应时数据显示，结构对称性与语法结构交互作用显著（$p=0.001$，$\eta^2=0.251$），研究发现理解字面义时动宾和偏正结构的结构对称性效应显著；理解比喻义时偏正结构的结构对称性效应显著；主谓结构在字面义和比喻义加工时结构对称性效应均不显著。错误率数据显示，结构对称性与语法结构交互作用显著（$p=0.005$，$\eta^2=0.187$），错误率的发现结果与反应时结果一致。这表明成语不同语法结构之间的结构对称性效应显著。

实验3的结果与实验1和实验2的结果不同，实验1和实验2证明动宾结构成语比偏正结构成语易于理解加工，而实验3的结果却表明偏正结构成语比喻义和字面义的反应时都要快于动宾结构成语。这是因为实验1的自变量之一是成语心理表征特点，而实验3以及接下来的实验是平衡了成语心理表征特点这一变量之后，以语法结构作为自变量做的实验研究。因此出现了因为实验预测变量不同导致不同实验结果的现象。

最后，实验 3 的实验结果支持混合表征模型理论。成语既有整词加工也有词素加工模式，二者是平行加工关系，同时又有竞争关系，哪种模式有优势，就先行得到加工。依据之前的研究，成语的整词加工即直接通达模式快于词素加工即可分解模式。实验 3 的结果表明，偏正结构成语有结构对称性效应，联合结构成语的反应时显著快于非联合结构成语，因此我们假设被试可能会对联合式偏正结构成语倾向于整词表征模式。对于非联合式偏正结构成语，被试倾向于词素表征模式。

主谓结构成语结构对称性效应不显著，我们假设被试在加工主谓结构成语时，无论词素表征还是整词表征都没有占优势，也就是说，受到语法结构的影响，被试对联合式主谓和非联合式主谓结构成语加工时，整词表征与词素表征模式平分秋色，二者可能是平等加工关系。

我们将在实验 4 中进一步论证语法结构对称性效应，以及论证在成语混合表征模型中，成语相关字串中词素字面义表征的必要性。为了便于平衡实验用成语的词素频率、笔画数等这些在研究中必须控制的因素，实验 4 中采用成语逆序方式做实验。

## 第四节　实验 4 成语语法结构对称性实验 2

就成语整词和词素表征而言，成语是语言的一种特殊表达形式，它包含丰富的语言信息。成语是语言表达意义深刻，结构紧凑定型的习惯用语，是习语中较为典型同时语法结构相对固定的一种语言。同时，成语是比喻性词组的一种，是指意义不同于其词素组合意义的一种固定类型的短语。正是由于成语整词意义与词素语义的特殊关系，对成语心理表征机制的研究是当前研究的焦点。对于成语的认知识别模型目前主要有非建构观、建构观、混合观、关联理论以及超词条理论。

早期对成语理解机制的研究存在非建构和建构观之争，非建构观认为对成语的理解是一个整词提取过程，可以不经过词素而直接通达成语的意义；建构观认为词素在对成语的理解中发挥重要作用，对成语的理解是一个构造过程。当前研究主要停留在混合加工阶段。混合加工模型包括 Cutting 和 Bock（1997）提出的表征混合模型以及 Sprenger 等（2006）在一系列实验基础上对混合表征模型进行修正后提出的超词条模型。混合模型认为，成语有自己独立的实体表征，可以激活多个概念，同时又可以通过成分词条得到激活；因此，在同一时间内，成语既是可构造的，又是不可构造的。但是在混合模型中，语言产生和理解是不对等的过程，因此超词条模型对它进行修正。在超词条表征模式内，成语表征的选择和加工过程同普通词汇的加工过程相同。也就是说，超词条不仅激活某一个成语，也可能同时激活语义相同的其他成语。在成语表征内部，词条和词汇概念是一种互相竞争的过程，词与词之间是一种激活扩散的关系。在单个水平内，各个同时激活的节点之间存在竞争，得到最高激活的节点使成语的比喻义得到通达。但是，无论是混合表征模型还是超词条模型，都没有具体讨论词素信息（词条和词汇概念）对成语是如何发生影响的，以及不同词素成分在成语通达中发挥怎样不同的作用。另外，对于词素本身的性质如语法结构是如何影响成语加工的，也没有一个详细的解释。

实验 3 研究发现不同语法结构成语的语义加工反应时和结构对称性显著不一致；研究者将用成语逆序词实验来进一步论证结构对称性效应，以及具有不同语法结构成语的表征特点，考察哪种结构成语倾向于整词表征，哪种结构成语倾向于词素表征。

逆序词是汉语构词的一种特殊形式，其结构形式为 AB—BA，如"墨水"—"水墨"。逆序词的特点是，构成合成词的两个词素，其形状和读音完全相同或相近，只是它们的位置不同，因而引起词素或整词意义的变化。使用汉语逆序词进行词识别的研究有许多便利之处。首先，便于探讨词素与整词在词识别中的作用及关系；其次，便于探讨词素的位置信息在词语加工中的特点；第三，便于控制词素频率、笔画数等这些在研究中必须控制的因素（彭聃龄等，1999）。正字法表征是指符合书写和语法规范的词素表征。词素是相对于整个语言系统而言的，它是语言中最小意义的结合体，它可以是词素，也可以是词或词的组合（刘书新，2000）。本研究中的词素是指任何语言的最小意义结合体。

彭聃龄、丁国盛、王春茂、Taft、朱晓平（1999）做了汉语逆序词加工的实验，考察了词素在词加工中的作用。他们都是对汉语双字词的词序加工进行研究，目前还没有对成语逆序加工的实验。Chomsky（1965）谈论 *Aspects* 时提出，在语言系统中有两种语言行为，一是词汇，在象征和概念之间建构一系列为人熟知的语义联想；另一个是语法，有一套固有的规则，以便人们使用词汇时被操作。近年来，语言研究方法已经逐渐脱离了这种观点。较新的语言模型认为语言知识是人类认知系统和对语言使用时，个体经验的一种动态合作的结果（Bod，1998；Goldberg，1995，2006；Pierrehumbert，2001；Tomasello，2003）。因此我们注意到，成语既有分解的模糊性还有语法的灵活性。如成语"破釜沉舟"，表现出了深层的内在含义和固定的语法结构；而"千山万水"相对而言语言比较透明，语法结构可以改变，如"千山万水"也可以说成"万水千山"。

在实验3，通过对非联合式和联合式动宾、偏正、主谓结构成语的反应时实验，我们发现词素属性中的语法结构对成语的表征有很大影响，动宾和偏正结构成语的联合式快于非联合式成语，主谓结构没有结构对称性效应。实验 4 采用逆序词语义判断实验，实验 4 的目的之一是考察成语在逆序加工时，受具有不同语法结构性质的词素影响，不同语法结构的成语倾向于词素加工模式，还是整词加工模式。按照词素识别的观点，由于成语的刺激输入首先激活其词素表征，当"盖地铺天"呈现时，它将率先激活"盖地"和"铺天"两个词的词素表征，再由词素表征进一步激活与这些词素有联系的整词表征"形容来势凶猛"，因此逆序的成语表征将得到激活。而按照整词识别观点，当呈现一个逆序成语时（如"盖地铺天"），它将激活与其完全匹配的整词表征，即"盖地铺天"这个表征单元。由于其正字法形式"铺天盖地"的表征单元与刺激输入"盖地铺天"并不完全匹配，所以"铺天盖地"的表征单元不能直接由"盖地铺天"的刺激输入而得到激活（彭聃龄等，1999）。

逆序加工与正字法加工的结果呈现相反的趋势，即正字法加工反应时快的词组在逆序加工实验中会慢，而正字法加工反应时慢的词组在逆序加工实验中会快（彭聃龄等，1999）。据此，实验 4 的结果将与实验 3 的结果相比较，如果逆序加工过程快于实验 3 里正字法成语加工的反应时，那么实验结果表明逆序成语加工中，词素被逐个激活，倾向于词素表征加工；如果逆序加工过程慢于实验 3 里正字法成语的加工，那么实验结果表明逆序成语加工中，各词素没有被激活，倾向于整词表征假设。如果这两种结果都出现，实验 4 将支持成语混合加工模型。我们预测预期实验 4 结果与实验 3 结果一致。

同样，为了避免被试由于实验时间过长，而导致答题效果不好的结果，我们将实验 4 分为了实验 4A、4B 和 4C。实验 4A 是动宾结构逆序成语的实验，实验 4B 是偏正结构逆序成语的实验，实验 4C 是主谓结构逆序成语的实验。每个子实验时间约为 20 分钟。

## 一 实验 4A

在实验 3 中，动宾结构的成语有结构对称性效应，联合式动宾结构成语的反应时快于非联合式动宾结构成语。我们假设如果联合结构成语与非联合结构成语有不同的加工过程，那么在理解成语字面义和比喻义时，VOVO 逆序成语比正确成语加工时间要长，VO 逆序成语比正确成语加工时间要短。

实验采用二因素重复测量：2（结构对称性：VO 和 VOVO）×2（语义：字面义和比喻义）。以语法结构为自变量，反应时和错误率为因变量，通过成语语义判断实验，考察被试对 VO 和 VOVO 结构逆序成语的不同加工过程。

### （一）被试

15 名浙江大学本科学生。被试的裸视或矫正视力正常，智力水平正常，无阅读障碍，右利手。

### （二）材料

实验材料同实验 3A（见附录 4），只是将关键材料，即实验成语改为逆序成语。因为成语是四字短语，在颠倒词序时，将前后 2 个词顺序颠倒即可。如，不择手段—手段不择，铺天盖地—盖地铺天，打破常规—常规打破等（见表 3—20）。填充材料不变，成语定义有字面义和比喻义和干扰句。对成语字面义解释、比喻义解释和干扰句的长度进行控制。共计 88 个成语，88×3（3 种语义：字面义和比喻义、干扰句）=264 个句子，成语伪随机排序后，即实验用成语位于至少 10 个填充成语语义判断实验之后才开始测试；相同成语不会连续出现，相同种类语义判断的成语不会连续出现 3 次。

表 3—20　　　　　　　　　逆序成语示例

| 正字法成语 | 逆序成语 |
|---|---|
| 铺天盖地 | 盖地铺天 |

（三）过程

过程同实验 3 A（见图 3—7）。

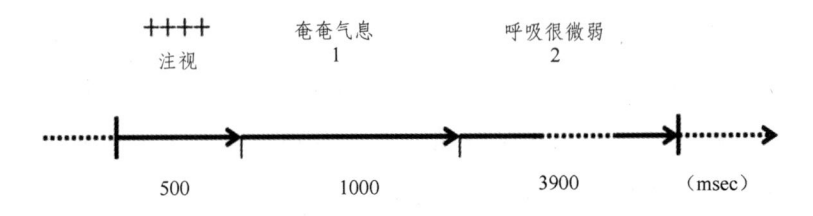

图 3—7　逆序联合和非联合式动宾结构成语反应时实验过程示例

## 二　实验 4B

我们假设如果联合结构成语与非联合结构成语有不同的加工过程，那么在理解成语字面义和比喻义时，SMSM 逆序成语比正确成语加工时间要长，SM 逆序成语比正确成语加工时间要短。

实验采用二因素重复测量：2（结构对称性：SM 和 SMSM）× 2（语义：字面义和比喻义）。以语法结构为自变量，反应时和错误率为因变量，通过成语语义判断实验，考察被试对 SM 和 SMSM 结构成语逆序的不同加工过程。

（一）被试

15 名浙江大学本科学生。被试的裸视或矫正视力正常，智力水平正常，无阅读障碍，右利手。

（二）材料

实验材料同实验 3B（见附录 4），只是将关键材料，即实验成语改为逆序。因为成语是四字短语，在颠倒词序时，将前后 2 个词顺序颠倒即可。如，蔚然成风—成风蔚然，狭路相逢—相逢狭路，优柔寡断—寡断优柔等。

（三）过程

过程同实验3B（见图3—7）。

## 三 实验4C

我们假设如果联合结构成语与非联合结构成语有不同的加工过程，那么在理解成语字面义和比喻义时，SVSV逆序成语比正确成语加工时间要长，SV逆序成语比正确成语加工时间要短。

实验采用二因素重复测量：2（结构对称性：SV和SVSV）×2（语义：字面义和比喻义）。以语法结构为自变量，反应时和错误率为因变量，通过成语语义判断实验，考察被试对SV和SVSV结构成语逆序的不同加工过程。

（一）被试

15名浙江大学本科学生。被试的裸视或矫正视力正常，智力水平正常，无阅读障碍，右利手。

（二）材料

实验材料同实验3C（见附录4），只是将关键材料，即实验成语改为逆序。因为成语是四字短语，在颠倒词序时，将前后2个词顺序颠倒即可。如，天旋地转—地转天旋，热血沸腾—沸腾热血，烟消云散—云散烟消等。

（三）过程

过程同实验3C（见图3—7）。

## 四 结果

3个子实验的数据筛选过程同实验3，数据剔除比率为0.7%。实验结果如表3—21所示。

表 3—21　　　　　　　逆序成语实验描述性统计结数据

|  |  |  | 反应时<br>($M \pm SD$) | 错误率<br>($M \pm SD$) |
|---|---|---|---|---|
| 实验 4A | 比喻义 | VO | 984 ± 181 | 0.06 ± 0.08 |
|  |  | VOVO | 1011 ± 217 | 0.11 ± 0.12 |
|  | 字面义 | VO | 1316 ± 283 | 0.28 ± 0.13 |
|  |  | VOVO | 1175 ± 246 | 0.19 ± 0.10 |
| 实验 4B | 比喻义 | SM | 1143 ± 225 | 0.06 ± 0.07 |
|  |  | SMSM | 995 ± 246 | 0.06 ± 0.08 |
|  | 字面义 | SM | 1194 ± 239 | 0.22 ± 0.15 |
|  |  | SMSM | 1132 ± 225 | 0.06 ± 0.08 |
| 实验 4C | 比喻义 | SV | 946 ± 183 | 0.17 ± 0.14 |
|  |  | SVSV | 1015 ± 249 | 0.11 ± 0.11 |
|  | 字面义 | SV | 1050 ± 178 | 0.19 ± 0.11 |
|  |  | SVSV | 1085 ± 226 | 0.19 ± 0.13 |

（一）三个子实验的反应时数据统计结果与分析

在对数据进行了分类汇总和重组后，对成语语义判断反应时做了重复测量方差检验。即对被试的成语语法结构、结构对称性和语义判断进行，结果表明，语法结构、结构对称性和语义反应时的交互作用显著（见图 3—8），$F_1$（4，94）= 4.09，$p = 0.004$，$\eta^2 = 0.148$；$F_2$（4，178）= 1.25，$p = 0.292$，$\eta^2 = 0.027$。接下来，我们做结构对称性与语义，语法结构与语义和结构对称性与语法结构的二因素交互作用分析。结构对称性与语义交互作用不显著，$F_1$（2，94）= 1.53，$p = 0.221$，$\eta^2 = 0.032$；$F_2$（2，178）= 0.163，$p = 0.850$，$\eta^2 = 0.002$。语法结构与语义交互作用显著，$F_1$（4，94）= 6.80，$p = 0.000$，$\eta^2 = 0.224$；$F_2$（4，178）= 1.95，$p = 0.104$，$\eta^2 = 0.042$。结构对称性与语法结构交互作用显著，$F_1$（2，47）= 5.26，$p = 0.009$，$\eta^2 = 0.183$；$F_2$（2，178）= 0.857，$p = $

$0.426$，$\eta^2 = 0.010$。成语语法结构、结构对称性和语义反应时重复变量测量数据结果显示，在成语的加工过程中，语法结构、结构对称性和语义会互相影响，作用于成语的理解。

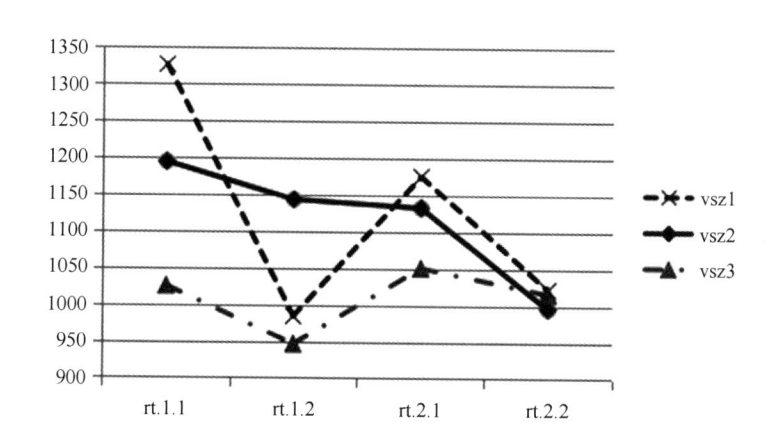

**图3—8 实验4成语语法结构、结构对称性与语义反应时交互**

rt = 反应时（1.1 = 非联合结构字面义；1.2 = 非联合结构比喻义；2.1 = 联合结构字面义；2.2 = 联合结构比喻义）

vsz = 语法结构（1 = 动宾结构；2 = 偏正结构；3 = 主谓结构）

## 1. 三种语法结构逆序成语的结构对称性与语义反应时关系

**表3—22　　逆序成语结构对称性与语义反应时差异显著性**

| 语法结构 | str*smn 的 p 值 | str 的 p 值 | smn 的 p 值 |
| --- | --- | --- | --- |
| 动宾 | 0.106 | 0.014 | 0.000 |
| 偏正 | 0.012 | 0.023 | 0.017 |
| 主谓 | 0.093 | 0.163 | 0.046 |

str = 结构对称性（1 = 非联合结构；2 = 联合结构）

smn = 语义（1 = 字面义；2 = 比喻义）

如表3—21和表3—22所示，将非联合结构和联合结构逆序成语分别合并后，得到非联合结构和联合结构逆序成语数据，独立样

本 $t$ 检验数据结果表明,当逆序成语是动宾结构成语时,逆序成语结构对称性效应显著, $t_{1(19)} = 2.70$, $p = 0.014$, 联合结构逆序成语的反应时(1080 + 43)显著快于非联合结构逆序成语(1135 + 43);当逆序成语是偏正结构成语时,逆序成语结构对称性效应显著, $t_{1(15)} = 2.53$, $p = 0.023$, 联合结构逆序成语的反应时(1061 + 48)显著快于非联合结构逆序成语(1122 + 48);当逆序成语是主谓结构成语时,逆序成语结构对称性效应不显著, $t_{1(13)} = -1.48$, $p = 0.163$, 联合结构逆序成语的反应时(1028 + 51)略慢于非联合结构逆序成语(988 + 52)。

将字面义和比喻义的非联合结构和联合结构逆序成语反应时分别合并后,独立样本 $t$ 检验结果显示,当逆序成语是动宾结构成语时,逆序成语的字面义与比喻义反应时有显著差异, $t_{1(19)} = 8.41$, $p = 0.000$, 逆序成语的字面义反应时(1245 + 47)显著慢于逆序成语的比喻义反应时(1003 + 46)。当逆序成语是偏正结构成语时,逆序成语的字面义与比喻义反应时有显著差异, $t_{1(15)} = 2.68$, $p = 0.017$, 逆序成语的比喻义反应时(1069 + 52)显著快于逆序成语的字面义反应时(1163 + 52)。当逆序成语是主谓结构成语时,逆序成语的字面义与比喻义反应时有显著差异, $t_{1(13)} = 2.20$, $p = 0.046$, 逆序成语的比喻义反应时(981 + 55)显著快于逆序成语的字面义反应时(1037 + 56)。

2. 联合和非联合结构逆序成语的语法结构与语义反应时关系

如表3—21和表3—23所示,当逆序成语是非联合结构成语时,逆序成语的字面义反应时与比喻义之间有显著差异, $t_{1(49)} = 6.07$, $p = 0.000$, 逆序成语的比喻义反应时(1024 + 30)显著快于逆序成语的字面义反应时(1195 + 38)。

表 3—23　　　　　逆序成语语义与语法结构反应时差异显著性

| 结构对称性 | smn*vsz 的 $p$ 值 | smn 的 $p$ 值 | vsz 的 $p$ 值 |
|---|---|---|---|
| 非联合 | 0.009 | 0.000 | 0.006 |
| 联合 | 0.651 | 0.000 | 0.943 |

smn = 语义（1 = 字面义；2 = 比喻义）

vsz = 语法结构（1 = 动宾结构；2 = 偏正结构；3 = 主谓结构）

当逆序成语是联合结构成语时，逆序成语的字面义反应时与比喻义之间有显著差异，$t_{1(49)} = 4.57$，$p = 0.000$，逆序成语的比喻义反应时（1011 + 34）显著快于逆序成语的字面义反应时（1126 + 32）。

Oneway ANOVA 方差分析结果显示，非联合式字面义逆序成语的语法结构效应有显著差异，$p = 0.006$。LSD 数据结果显示，非联合式逆序成语字面义的动宾结构和主谓结构之间有显著差异，$p = 0.001$，逆序主谓结构成语的反应时（1025 + 188）显著快于逆序动宾结构成语（1316 + 283）。非联合式比喻义逆序成语的语法结构效应有显著差异，$p = 0.017$。LSD 数据结果显示，非联合式逆序成语比喻义的动宾结构和偏正结构之间有显著差异，$p = 0.020$，逆序动宾结构成语的反应时（984 + 181）显著快于逆序偏正结构成语（1143 + 235）；非联合式逆序成语比喻义的偏正结构和主谓结构之间有显著差异，$p = 0.009$，逆序主谓结构成语的反应时（946 + 183）显著快于逆序偏正结构成语（1143 + 235）。

Oneway ANOVA 方差分析结果显示，联合式逆序成语字面义和比喻义的语法结构效应都没有显著差异，$p > 0.05$。数据结果显示，联合式逆序字面义成语主谓结构反应时最快（1050 + 178），偏正结构成语的反应时较快（1132 + 225），动宾结构成语的反应时最慢（1175 + 246）。联合式逆序比喻义成语偏正结构反应时最快（995 + 246），主谓结构成语的反应时较快（1015 + 249），动宾结构成语的反应时最慢（1021 + 218）。

3. 逆序成语字面义和比喻义的结构对称性与语法结构反应时关系

表3—24　逆序成语结构对称性与语法结构反应时差异显著性

| 语义 | str*vsz 的 p 值 | str 的 p 值 | vsz 的 p 值 |
| --- | --- | --- | --- |
| 字面义 | 0.089 | 0.055 | 0.023 |
| 比喻义 | 0.000 | 0.467 | 0.468 |

str = 结构对称性（1 = 非联合结构；2 = 联合结构）
vsz = 语法结构（1 = 动宾结构；2 = 偏正结构；3 = 主谓结构）

重复测量数据结果显示（见表3—21和表3—24），成语结构对称性和语法结构的交互作用显著，$F_1$（2，47）= 5.26，$p$ = 0.009，$\eta^2$ = 0.183，$F_2$（2，178）= 0.86，$p$ = 0.426，$\eta^2$ = 0.010。结构对称性主效应边缘显著，联合结构成语的语义判断反应时（1056 + 27）较高于非联合结构成语语义的判断反应时（1082 + 28），$F_1$（1，47）= 3.44，$p$ = 0.070，$\eta^2$ = 0.068，$F_2$（1，178）= 0.65，$p$ = 0.420，$\eta^2$ = 0.004。单因素方差分析结果显示，联合结构成语各语义内的语法结构反应时之间没有显著差异，说明联合结构成语的字面义和比喻义不受动宾、偏正和主谓结构的影响。非联合结构成语各语义的语法结构反应时之间边缘显著，$p$ = 0.077。非联合式动宾与主谓结构成语反应时之间的差异显著，$p$ = 0.034，主谓结构成语（1008 + 50）显著快于动宾结构成语（1108 + 42）。非联合式偏正与主谓结构成语反应时之间有显著差异，主谓结构成语（1008 + 50）较显著快于偏正结构成语（1091 + 47）。

重复测量方差分析结果显示，当成语语义判断是字面义时，结构对称性和语法结构反应时的交互作用不显著，$F_1$（2，47）= 2.55，$p$ = 0.089，$\eta^2$ = 0.098，$F_2$（2，58）= 0.37，$p$ = 0.690，$\eta^2$ = 0.013。结构对称性主效应边缘显著，$F_1$（1，47）= 3.86，

$p = 0.055$，$\eta^2 = 0.076$，$F_2 (1, 58) = 0.72$，$p = 0.401$，$\eta^2 = 0.012$。成对比较结果显示，非联合结构和联合结构成语的字面义语义判断反应时之间有显著差异，$t_{1(49)} = 2.25$，$p = 0.029$。联合结构成语的字面义语义判断（1126 + 32）显著快于非联合结构成语的字面义语义判断反应时（1195 + 38）。单因素方差分析数据结果显示，非联合成语字面义与语法结构显著差异，$p = 0.006$。非联合式成语的动宾和主谓结构反应时之间有显著差异，$p = 0.001$，非联合式主谓结构成语（1025 + 50）显著快于非联合式动宾结构成语（1316 + 63）。非联合式主谓和偏正结构成语反应时之间有显著差异，$p = 0.066$，非联合式主谓结构成语（1025 + 50）较显著快于非联合式偏正结构成语（1194 + 60）。联合结构成语字面义与语法结构没有显著差异。

配对样本 $t$ 检验表明，当成语是动宾结构时，非联合结构成语和联合结构成语字面义的语义判断反应时之间有显著差异，$t_{1(19)} = 2.66$，$p = 0.016$，联合结构成语（1175 + 55）显著快于非联合结构成语（1316 + 63）；当成语是偏正结构时，非联合结构成语和联合结构成语字面义的语义判断反应时之间有显著差异，$t_{1(15)} = 3.59$，$p = 0.002$；联合结构成语（1132 + 58）显著快于非联合结构成语（1194 + 72）；当成语是主谓结构时，非联合结构成语和联合结构成语的语义判断反应时之间没有显著差异，$t_{1(13)} = -0.69$，$p = 0.503$。

当成语语义判断是比喻义时，结构对称性和语法结构错误率的交互作用显著，$F_1 (2, 47) = 12.34$，$p = 0.000$，$\eta^2 = 0.344$，$F_2 (2, 60) = 2.77$，$p = 0.071$，$\eta^2 = 0.084$。结构对称性主效应不显著，$F_1 (1, 47) = 0.54$，$p = 0.467$，$\eta^2 = 0.011$，$F_2 (1, 60) = 0.04$，$p = 0.844$，$\eta^2 = 0.001$。成对比较结果显示，非联合结构和联合结构成语的比喻义语义判断反应时之间没有显著差异。语法结

构主效应不显著，即动宾、偏正和主谓结构成语语义判断错误率之间没有显著差异。配对样本 $t$ 检验表明，当成语是动宾结构时，非联合结构成语和联合结构成语比喻义的语义判断反应时之间没有显著差异，$t_{1(19)} = -1.39$，$p = 0.180$；当成语是偏正结构时，非联合结构成语和联合结构成语比喻义的语义判断反应时之间有显著差异，$t_{1(15)} = 5.50$，$p = 0.000$，联合结构成语比喻义的反应时（995 + 62）显著快于非联合结构成语（1143 + 56）；当成语是主谓结构时，非联合结构成语和联合结构成语比喻义的语义判断反应时之间没有显著差异，$t_{1(13)} = -1.50$，$p = 0.158$。

（二）三个子实验的错误率数据统计结果与分析

对逆序成语语义判断错误率做了三因素重复测量方差检验。汉语逆序成语的 3（语法结构：动宾、偏正和主谓）× 2（结构对称性：非联合和联合）× 2（语义：字面义和比喻义）重复测量方差结果表明，按照被试分析，语法结构、结构对称性和语义错误率的交互作用显著（见图 3—9），$F_1(4, 94) = 4.98$，$p = 0.001$，$\eta^2 = 0.175$；按照项目分析，语法结构、结构对称性和语义错误率的交互作用不显著，$F_2(4, 178) = 1.00$，$p = 0.409$，$\eta^2 = 0.022$。按照被试分析，结构对称性与语义错误率的交互作用显著，$F_1(2, 94) = 10.09$，$p = 0.000$，$\eta^2 = 0.177$；按照项目分析，结构对称性与语义错误率的交互作用不显著，$F_2(2, 178) = 1.71$，$p = 0.184$，$\eta^2 = 0.019$。按照被试分析，语法结构与语义错误率的交互作用显著，$F_1(4, 94) = 2.97$，$p = 0.023$，$\eta^2 = 0.112$；按照项目分析，语法结构与语义错误率的交互作用不显著，$F_2(4, 178) = 0.87$，$p = 0.482$，$\eta^2 = 0.019$。按照被试分析，结构对称性与语法结构错误率的交互作用显著，$F_1(2, 47) = 4.55$，$p = 0.016$，$\eta^2 = 0.162$；按照项目分析，结构对称性与语法结构错误率的交互作用不显著，$F_2(2, 178) = 0.97$，$p = 0.380$，$\eta^2 = 0.011$。因为三因素重复测量分析中，项目分析的数据结果显示，成语的语法结构、语义和结构对称性错误率的交互不显著；二因素重复测量分析中，项目分析的数据结果显示，成语的结构对称性和语义，语法结构和语义，结构对称性和语法结构错误率之间都没有显著差异，所以后面的数据分析中，各项目分析数据均被视为不显著。

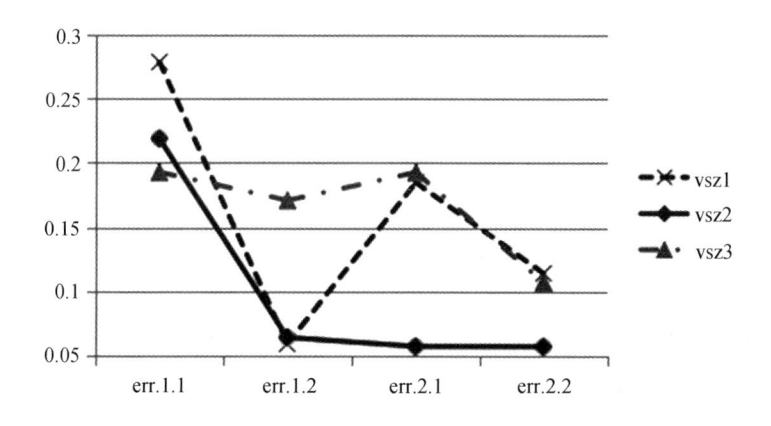

**图3—9　实验4成语语法结构、结构对称性与语义错误率交互**

err＝错误率（1.1＝非联合结构字面义；1.2＝非联合结构比喻义；2.1＝联合结构字面义；2.2＝联合结构比喻义）

vsz＝语法结构（1＝动宾结构；2＝偏正结构；3＝主谓结构）

## 1. 三种语法结构逆序成语的结构对称性与语义错误率关系

**表3—25　　逆序成语结构对称性与语义错误率差异显著性**

| 语法结构 | str*smn 的 $p$ 值 | str 的 $p$ 值 | smn 的 $p$ 值 |
| --- | --- | --- | --- |
| 动宾 | 0.065 | 0.896 | 0.000 |
| 偏正 | 0.031 | 0.000 | 0.021 |
| 主谓 | 0.204 | 0.538 | 0.079 |

str＝（1＝非联合结构；2＝联合结构）；smn＝（1＝字面义；2＝比喻义）

如表 3—21 和表 3—25 所示，当理解逆序动宾结构成语时，配对样本 $t$ 检验结果显示，非联合结构逆序成语和联合结构逆序成语的错误率没有显著差异，$t_{1(19)} = 0.13$，$p = 0.896$，联合结构逆序成语的错误率（0.118 + 0.011）略低于非联合结构逆序成语（0.120 + 0.012）。当理解逆序偏正结构成语时，配对样本 $t$ 检验结果显示，非联合结构逆序成语和联合结构逆序成语的错误率有显著差异，$t_{1(15)} = 4.69$，$p = 0.000$，联合结构逆序成语的错误率（0.042 + 0.011）显著低于非联合结构逆序成语（0.112 + 0.015）。当理解逆序主谓结构成语时，配对样本 $t$ 检验结果显示，非联合结构逆序成语和联合结构逆序成语的错误率没有显著差异，$t_{1(13)} = .63$，$p = 0.538$，联合结构逆序成语的错误率（0.114 + 0.019）略低于非联合结构逆序成语（0.129 + 0.020）。

动宾结构逆序成语（$p = 0.000$）和偏正结构逆序成语（$p = 0.021$）的语义有显著差异，比喻义显著快于字面义；主谓结构逆序成语（$p = 0.079$）的语义没有显著差异，比喻义略快于字面义。

2. 联合和非联合结构逆序成语的语法结构与语义错误率关系

表 3—26　　　　逆序成语语义与语法结构错误率差异显著性

| 结构对称性 | vsz*smn 的 $p$ 值 | smn 的 $p$ 值 | vsz 的 $p$ 值 |
| --- | --- | --- | --- |
| 非联合 | 0.186 | 0.000 | 0.004（比喻义） |
| 联合 | 0.798 | 0.014 | 0.001（字面义） |

vsz = 语法结构（1 = 动宾结构；2 = 偏正结构；3 = 主谓结构）；smn = 语义（1 = 字面义；2 = 比喻义）

其次，逆序成语语义错误率的变化如表 3—21 和表 3—26 所示，当理解逆序非联合结构成语时，逆序字面义和比喻义错误率有显著性差异，$t_{1(49)} = 5.66$，$p = 0.000$，逆序比喻义错误率（0.092 + 0.016）显著低于字面义错误率（0.236 + 0.019）。当理解逆序联合结构成语时，逆序字面义和比喻义错误率有显著性差异，$t_{1(49)}$ = 2.54，$p=0.014$，逆序比喻义错误率（0.094 + 0.015）显著低于字面义错误率（0.146 + 0.017）。

当理解逆序成语字面义时，非联合结构逆序成语和联合结构逆序成语的错误率有显著差异，$t_{1(49)}=4.44$，$p=0.000$，非联合结构逆序成语的错误率（0.236 + 0.019）显著高于联合结构逆序成语的错误率（0.146 + 0.017）。当理解逆序比喻义时，非联合结构逆序成语和联合结构逆序成语没有显著差异，$t_{1(49)}$ = -0.10，$p=0.925$，非联合结构逆序成语的错误率（0.094 + 0.015）略低于联合结构逆序成语的错误率（0.092 + 0.015）。

Oneway ANOVA 方差分析结果显示，按照被试分析，非联合式逆序成语字面义的动宾、偏正和主谓结构的错误率之间没有显著差异，非联合式逆序主谓结构成语错误率最低，非联合式偏正结构错误率较高，非联合式动宾结构错误率最高。非联合式逆序成语比喻义的动宾、偏正和主谓结构的错误率之间有显著差异，$F_2(2, 47)$ = 6.35，$p=0.004$。LSD 数据结果显示，非联合式逆序成语的动宾和主谓结构的比喻义错误率之间有显著差异，$p=0.002$，非联合式逆序动宾结构成语的错误率（0.060 + 0.018）显著低于非联合式主谓结构成语的错误率（0.092 + 0.015）；非联合式逆序偏正结构和主谓结构成语的错误率之间有显著差异，$p=0.004$，非联合式逆序偏正结构成语的错误率（0.064 + 0.017）显著低于非联合式主谓结构成语的错误率（0.092 + 0.015）。

联合结构逆序成语的字面义错误率的语法结构效应显著，$F_2$ (2, 47) =8.79，$p=0.001$。LSD 数据结果显示，联合式逆序动宾结构与偏正结构成语的字面义错误率之间有显著差异，$p=0.001$，联合式逆序偏正结构的字面义错误率（0.057 + 0.020）显著低于联合式逆序动宾结构的字面义错误率（0.185 + 0.097）；联合式逆序主谓结构与偏正结构成语的字面义错误率之间有显著差异，$p = 0.001$，联合式逆序偏正结构的字面义错误率（0.057 + 0.020）显著低于联合式逆序主谓结构的字面义错误率（0.193 + 0.035）。联合式逆序动宾结构、偏正结构与主谓结构成语的比喻义错误率之间没有显著差异，联合式逆序偏正结构成语的错误率低于联合式主谓结构和动宾结构成语的错误率。

3. 逆序成语字面义和比喻义的语法结构与结构对称性错误率关系

表3—27　　逆序成语结构对称性与语法结构错误率差异显著性

| 语义 | str*vsz 的 $p$ 值 | str 的 $p$ 值 | vsz 的 $p$ 值 |
| --- | --- | --- | --- |
| 字面义 | 0.006 | 0.000 | 0.025 |
| 比喻义 | 0.028 | 0.836 | 0.524 |

str = 结构对称性（1 = 非联合结构；2 = 联合结构）

vsz = 语法结构（1 = 动宾结构；2 = 偏正结构；3 = 主谓结构）

重复测量数据结果显示（见表3—21和表3—27），逆序成语结构对称性和语法结构错误率的交互作用显著，$F_1(2, 47) = 4.55$，$p = 0.016$，$\eta^2 = 0.162$，$F_2(2, 178) = 0.97$，$p = 0.380$，$\eta^2 = 0.011$。结构对称性错误率主效应显著，非联合结构逆序成语的语义判断错误率（0.123 + 0.015）显著高于联合结构逆序成语语义的判断错误率（0.092 + 0.015），$F_1(1, 47) = 8.31$，$p = 0.006$，$\eta^2 = 0.150$，$F_2(1, 178) = 2.25$，$p = 0.136$，$\eta^2 = 0.012$。单因素方差分析结果显示，联合结构逆序成语各语义内的语法结构错误率之间没有显著差异，说明联合结构成语的字面义和比喻义不受动宾、偏正和主谓语法结构的影响。逆序成语字面义与比喻义错误率之间有显著差异，$p = 0.000$，联合结构逆序成语的错误率（0.094 + 0.013）显著低于非联合结构逆序成语（0.188 + 0.027）。

重复测量方差分析结果显示,当成语语义判断是字面义时,结构对称性和语法结构错误率的交互作用显著,$F_1$(2,47)= 5.82,$p = 0.006$,$\eta^2 = 0.198$,$F_2$(2,58)= 0.78,$p = 0.463$,$\eta^2 = 0.026$。结构对称性主效应显著,非联合结构成语的语义判断错误率(0.230 + 0.019)显著高于联合结构成语的语义判断错误率(0.145 + 0.015),$F_1$(1,47)= 21.06,$p = 0.000$,$\eta^2 = 0.309$,$F_2$(1,58)= 2.56,$p = 0.115$,$\eta^2 = 0.042$。成对比较结果显示,非联合和联合结构成语的字面义语义判断错误率之间有显著差异,$t_{1(49)} = 2.57$,$p = 0.013$。非联合结构成语的字面义语义判断错误率(0.120 + 0.009)显著高于联合结构成语的字面义语义判断错误率(0.092 + 0.009)。单因素方差分析数据结果显示,非联合结构成语字面义与语法结构没有显著差异。联合结构成语字面义与语法结构有显著差异,$p = 0.000$。LSD 数据分析结果显示,联合式动宾和偏正结构成语错误率之间有显著差异,$p = 0.000$,联合式偏正结构成语的错误率(0.042 + 0.011)显著低于动宾结构成语(0.118 + 0.011);联合式偏正和主谓结构成语错误率之间有显著差异,联合式偏正结构成语的错误率(0.042 + 0.011)显著低于联合式主谓结构成语(0.114 + 0.019)。配对样本 $t$ 检验表明,当成语是动宾结构时,非联合结构成语和联合结构成语字面义的语义判断错误率之间没有显著差异,$t_{1(19)} = 0.13$,$p = 0.896$;当成语是偏正结构时,非联合结构成语和联合结构成语字面义的语义判断错误率之间有显著差异,$t_{1(15)} = 4.69$,$p = 0.000$,联合结构成语的错误率(0.042 + 0.044)显著低于非联合结构成语(0.112 + 0.015);当成语是主谓结构时,非联合结构成语和联合结构成语的语义判断错误率之间没有显著差异。

当成语语义判断是比喻义时,结构对称性和语法结构错误率的交互作用显著,$F_1$(2,51)= 3.82,$p = 0.028$,$\eta^2 = 0.130$,$F_2$

(2, 60) = 1.79, $p = 0.176$, $\eta^2 = 0.056$。结构对称性错误率主效应不显著，$F_1$ (1, 51) = 2.06, $p = 0.157$, $\eta^2 = 0.039$, $F_2$ (1, 60) = 0.04, $p = 0.836$, $\eta^2 = 0.001$。成对比较结果显示，非联合结构和联合结构成语的比喻义语义判断错误率之间没有显著差异。语法结构主效应不显著，即动宾、偏正和主谓结构成语语义判断错误率之间没有显著差异。配对样本 $t$ 检验表明，当成语是动宾结构时，非联合结构成语和联合结构成语比喻义的语义判断错误率之间有边缘显著差异，$t_{1(19)} = -2.04$, $p = 0.055$，非联合结构成语的错误率（0.059 + 0.017）较低于联合结构成语（0.114 + 0.026）；当成语是偏正结构时，非联合结构成语和联合结构成语比喻义的语义判断错误率之间没有显著差异，$t_{1(15)} = 0.26$, $p = 0.800$；当成语是主谓结构时，非联合结构成语和联合结构成语比喻义的语义判断错误率之间没有显著差异，$t_{1(13)} = 1.42$, $p = 0.179$。

独立样本 $t$ 检验数据结果显示，实验 3 和实验 4 中的 6 种语法结构成语的正字法成语启动和逆序成语启动的两种反应时之间没有显著差异。图 3—11 和表 3—28 显示，逆序成语对 6 种语法结构成语字面义和比喻义既有促进也有抑制作用。

表 3—28　　联合和非联合结构逆序成语反应时均值和错误率

| 语义 | VO | VOVO | SM | SMSM | SV | SVSV |
| --- | --- | --- | --- | --- | --- | --- |
| 字面义 | 1316(0.279) | 1175(0.185) | 1194(0.059) | 1132(0.114) | 1025(0.023) | 1050(0.056) |
| 比喻义 | 984(0.219) | 1021(0.057) | 1143(0.064) | 995(0.057) | 946(0.052) | 1015(0.011) |

反应时（ms）和错误率（%，括号中）

VO = 非联合式动宾结构；SM = 非联合式偏正结构；SV = 非联合式主谓结构；VOVO = 联合式动宾结构；SMSM = 联合式偏正结构；SVSV = 联合式主谓结构

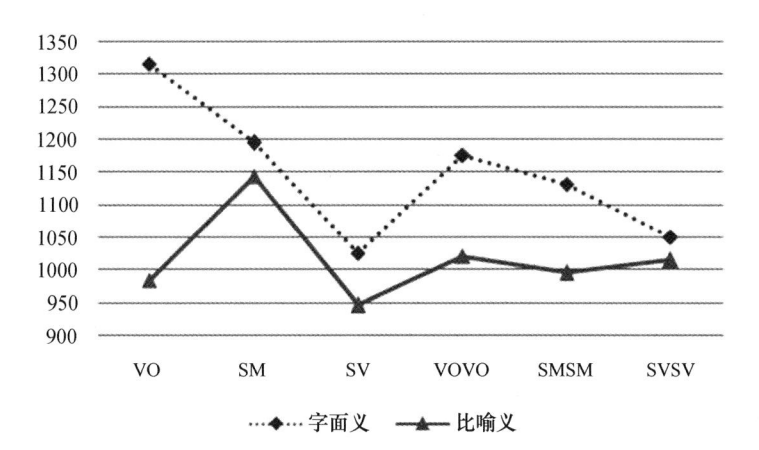

**图 3—10 联合和非联合结构逆序成语按被试分析的反应时均值**

VO = 非联合式动宾结构；SM = 非联合式偏正结构；SV = 非联合式主谓结构；VOVO = 联合式动宾结构；SMSM = 联合式偏正结构；SVSV = 联合式主谓结构

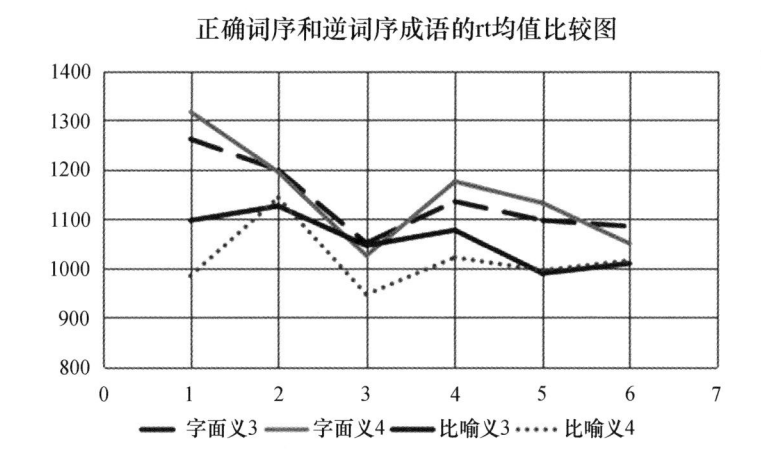

**图 3—11 实验 3 和实验 4 按被试分析的不同语法结构成语反应时均值**

1 = 非联合式动宾结构成语 VO；2 = 非联合式偏正结构成语 SM；3 = 非联合式主谓结构成语 SV；4 = 联合式动宾结构成语 VOVO；5 = 联合式偏正结构成语 SMSM；6 = 联合式主谓结构成语 SVSV

## 五 讨论

实验4的反应时数据显示,语法结构、结构对称性和语义都会作用于成语的理解。实验4的研究发现,不同语法结构成语的结构对称性效应是有区别的。动宾结构和偏正结构逆序成语的结构对称性效应显著,联合结构逆序成语的反应时显著快于非联合结构逆序成语的反应时;主谓结构逆序成语的结构对称性效应不显著(见图3—4)。这与实验3的结果一致。不过动宾、偏正和主谓结构逆序成语的字面义和比喻义加工都有显著性差异,比喻义显著快于字面义。这与实验3的结果不同。

错误率数据显示,语法结构、结构对称性和语义的交互作用边缘显著,错误率数据与反应时数据不太一样,反应时数据显示结构对称性与语义交互作用不显著,而错误率数据显示结构对称性与语义交互作用显著。这表明,动宾、偏正和主谓结构逆序成语的字面义和比喻义加工的错误率存在显著差异。就结构对称性而言,在成语的字面义理解过程中,动宾和偏正结构逆序成语的结构对称性效应显著,而主谓结构逆序成语的结构对称性不显著。在成语的比喻义理解过程中,只有偏正结构逆序成语有结构对称性效应。这与实验3的结果一致。

其次,如表3—26和图3—10所示,非联合结构和联合结构逆序成语的语义主效应显著,都是比喻义显著快于字面义。数据结果显示,非联合结构逆序成语的语法结构效应有显著差异,在比喻义和字面义理解上,逆序主谓结构成语的反应时显著快于逆序动宾结构成语。而联合结构逆序成语字面义和比喻义的语法结构效应都没有显著差异,即逆序动宾结构、偏正结构和主谓结构成语反应时之间没有显著差异。这与实验3的结果是一致的。

再者,如表3—28和图3—11所示,逆序联合式动宾和偏正结构成语的语义加工显著慢于正字法联合式动宾和偏正结构成语；逆序非联合式动宾和偏正结构成语的语义加工显著快于正字法非联合式动宾和偏正结构成语。这表明，联合式动宾和偏正结构逆序成语倾向于整词提取模式，非联合式动宾和偏正结构逆序成语倾向于词素提取模式。这也与实验 4 的假设一致。最后，实验 4 的数据表明，非联合结构逆序成语的语法结构有显著差异，而联合结构逆序成语的语法结构没有显著差异。这与实验 3 的结果一致，表明非联合结构成语与联合结构成语有不同的表征加工方式。

词汇认知是语义认知的基础，语言是由词汇构成的。研究成语从本质上讲也是一种词汇研究，要研究词汇，首先要了解什么是词素。词素是词或词干的直接组成成分，是一个词能够划分出的小于词的构词单位。词素是相对于整个语言系统而言的，它是语言中的最小意义结合体，它可以是词素，也可以是词或词的组合（刘书新，2000）。根据 Treisman（1960）关于心理词典的理论，具有言语和阅读能力的人都有一个心理词典，它有许多词条组成，这些词条具有不同的阈限，当一个词条的激活超过其阈限时，这个词就被认知了。一个词的认知过程就是在心理词典中找到与这个词相对应的词条，并使它的激活达到阈限所要求的水平。有关词汇通达表征主要有三种观点：词素表征、整词表征和混合表征。词素表征的通达认为，在通达表征层次中只有不可再分的词素，而没有彼此独立的词条，即词语是以词素分解形式存储在通达表征中。整词存储的通达表征认为，在通达表征中存储的都是整词，每一个字都有其独立的词条，词汇识别过程就是将看到的词汇与存储的整词词条相匹配。混合通达表征则认为词素和整词都可能是通达表征的单元，在词汇加工过程中，这两个表征受多种因素的影响，互相抑制和竞争（冯丽萍，2011）。一个词的词素表征、整词表征和混合表征认知过程类似于成语的建构、非建构和混合加工观点。

Sprenger 等（2006）提出了超词条理论，超词条理论认为习语的加工与普通短语的加工是一致的，即成语的加工与汉语合成词的加工没有不同，成语的加工不是特殊的表征过程。在超词条表征模式内，成语表征的选择和加工过程同普通词汇的加工过程相同。成语的比喻义在词条中得到表征，通过超词条被激活，超词条通达词汇概念层后，又激活了在成语表征内部的各个词条的语义。词条以及词汇概念整词是一种互相竞争的过程，词与词之间是一种激活扩散的关系（Sprenger et al., 2006）。这样超词条理论同时将成语的产出和理解的表征整合在了一起。

成语整词加工模型类似于成语非建构模型，成语是以整词的形式存储在大脑中，当被试识别到成语与大脑中存储的整词词条完全匹配时，立即将成语语义提取出来，这一过程不需要对成语的词素进行识别。这是绝对化的整词加工模式。整词提取模型预测，在理解成语时，只有整词加工阶段。因此，整词表征的激活，不以词素为中介，整词表征可以直接被激活，因此整词加工模型在时间进程上要快于词素加工模型。之前的心理实验表明，对于熟悉度高的成语采用整词提取模型，对于熟悉度低的成语采用词素加工模型；整词提取模型要快于词素加工模型（刘颖，1996）。与彭聃龄等（1999）的实验结果一致，实验4的数据结果表明，逆序成语的词素加工和整词加工在反应时上与正字法成语完全相反，即逆序成语的词素表征的加工模型反应时快于整词表征的加工模型。

实验4的结果支持超词条理论，不支持绝对化的整词加工模型。与实验4的预期假设一致，不同语法结构的逆序成语的加工和理解有慢于正字法成语理解的，也有快于正字法的加工理解的。如表3—28和图3—11所示，逆序对联合式主谓结构成语的字面义有较大的促进作用；逆序对联合式偏正和非联合式偏正结构成语的比喻义有抑制作用；对非联合式偏正结构成语的字面义略有促进作用；对联合式动宾和非联合式动宾结构成语和非联合式主谓结构成语的比喻义有较大的促进作用。逆序对联合式动宾和非联合式动宾结构成语和联合式偏正结构成语字面义的理解起到抑制作用。

虽然实验 4 数据结果显示，联合式逆序动宾结构和偏正结构成语反应时与正字法动宾结构和偏正结构成语反应时之间没有显著差异（见表 3—28 和图 3—11），但是逆序对联合式偏正结构成语在字面义和比喻义上都有抑制作用。实验 4 中联合式偏正结构成语的反应时仅仅略慢于实验 3 中联合式偏正的反应时，实验 3 的结果显示联合式偏正结构成语与其他结构成语的比喻义相比反应时是最快的，而实验 4 中，联合式偏正结构成语与其他结构成语的比喻义逆序加工反应时相比反应时显著变慢。依据实验 4 的实验预期，如果逆序加工过程快于或等于实验 3 里正字法成语加工的反应时，那么实验结果表明逆序成语加工中，词素被逐个激活，成语加工倾向于词素表征；如果逆序加工过程慢于实验 3 里正字法成语的加工，那么实验结果表明逆序成语加工中，各词素没有被激活，成语倾向于整词表征。由此我们认为，逆序联合式偏正结构成语加工中，各词素没有被激活，联合式偏正结构成语倾向于整词表征。由于联合式偏正结构逆序成语的字面义和比喻义加工都受到了抑制，我们假设联合式偏正结构成语的字面义和比喻义的加工倾向于整词表征模式。

实验 4 数据结果表明（见表 3—28 和图 3—11），被试对联合式偏正结构逆序成语字面义和比喻义的理解要慢于对联合式偏正结构正字法成语的理解，表明联合式偏正结构逆序成语受到正字法单元量方面的激活（正字法是政府确定正规使用的、书写和语法符合相关规范的文字）。识别系统将对激活后的信息做进一步的精细加工。在实验 3 中，联合式偏正结构成语的加工反应时最快，我们假设被试对联合式偏正结构成语倾向于整词加工模式。在实验 4 中，在逆序联合式偏正结构成语受到正字法单元量激活后，被试依然对逆序联合式偏正结构成语采用整词加工模式。但是，由于刺激输入与正字法的表征不完全匹配，所以逆序联合式偏正结构成语的表征单元的激活受到抑制，因而导致被试对联合式偏正逆序成语的激活量减少，结果反应时延长。因此，被试对联合式偏正结构逆序成语的激活水平低于对联合式偏正结构正字法成语的激活水平。对联合式偏正结构逆序成语字面义的理解要慢于对联合式偏正结构正字法成语的理解，我们认为，在逆序成语中，区别一对逆序词的唯一依据是词素的位置，在成语词汇激活阶段，词素的位置信息将发挥重要的作用。从实验 4 的结果可以推测，在加工联合式偏正逆序成语的字面义时，词素的位置信息是颠倒的，绝对整词加工模式无法解释逆序联合式偏正结构成语语义识别的任务过程，因而实验结果表明词素与整词表征在联合式偏正逆序成语字面义加工时都混合起了作用。在被试识别逆序成语的过程中，词素被激活，当识别系统检测到词素的位置信息后，整词表征的作用就明显加强，就可以激活超词条，通达成语的比喻义。

非联合式主谓结构成语的字面义和比喻义逆序启动均有显著的逆序启动效应，即逆序非联合式主谓结构成语快于正字法非联合式主谓结构成语的语义加工（见表 3—28 和图 3—11）。这一结果显然不支持整词识别的观点。按照整词识别的观点，一个逆序词的呈现只能激活与它完全匹配的表征单元，而它的逆序形式不会有相应的激活（彭聃龄等，1999）。但是实验数据结果显示，非联合式主谓的逆序成语的字面义和比喻义识别要快于非联合式主谓的正字法成语字面义和比喻义识别。因此，实验 4 的结果不支持绝对化的整词加工理论。那么有逆序启动效应的成语是如何被被试识别的呢？只有词素识别的观点可以解释我们的结果，即逆序成语中逆序词的呈现激活了构成这两个逆序词的四个词素单元，词素单元又进一步激活了相应的两个词表征的正字法单元,此时再激活整词表征单元,完成了对逆序非联合式主谓成语的语义加工。由此,我们可以看出对逆序非联合式主谓结构成语的激活水平显著高于对正字法非联合式主谓结构成语的激活水平,所以逆序非联合式主谓结构成语的反应时变快。由此我们假设被试对逆序非联合式主谓构成语倾向于词素加工模式。

实验4论证了词素位置在成语理解中的重要性。实验4的数据结果与彭聃龄等(1999)的实验结果一样,实验结果表明(见表3—28和图3—11),当一个逆序成语呈现时,不但与刺激成语完全匹配的词的表征单元得到了激活,它的逆序形式的表征单元也得到了激活。这一结果不支持绝对化的整词识别的理论。较为合理的解释是:在成语词汇识别系统内,有一个将正字法表征分解为词素单元的过程。有逆序关系的两组词单元与词素单元有联系,词素单元激活了词素的位置信息后,词素单元的激活可以进一步激活这两组词单元。词素位置的重要性使我们认识到,逆序形式的成语理解加工只能由词素单元表征开始,在超词条激活后,通达对成语概念层面的理解。实验3和4的数据结果一致,这表明,正字法成语和逆序成语在加工理解时,无论倾向于词素加工还是整词加工模型,都是从词素加工开始的。因此,我们可以得出结论:词素表征是成语加工的必经过程。

实验4具体讨论了词素的位置信息对成语是如何发生影响的,以及对于词素本身的性质如语法结构如何影响成语的加工做了一个详细的解释。实验4的结果支持混合表征模型和超词条理论,即成语通达过程中,整词表征与词素表征同时存在,对某些成语如联合式偏正结构成语倾向于整词加工模型,对某些成语如非联合式主谓结构成语倾向于词素加工模型。

实验3和实验4中,我们发现联合式偏正结构成语的反应时显著快于其他结构的成语。偏正结构成语的排列顺序是修饰语在前，中心语在后的排列顺序，这与其他汉语偏正结构的语序是一致的，即定语或状语在前，名词或动词在后的排序程序（马洪梅，1997）。参照物和目的物构成偏正关系结构的成语，就参照物和目的物的关系而言，目的物是核心成分，参照物是修饰语。根据汉语偏正结构中修饰语在前核心成分在后这种语序规则，也就决定了偏正结构中参照物在前而目的物在后的语序。如果说汉语表达中存在着参照物先于目的物的语序原则，那它不存在于主谓句式结构中，而是出现在定心式的句法结构中。这里我们讨论的是具有偏正结构的成语，这是汉语的句法结构，不是句子结构。

偏正结构成语是修饰语和中心语的关系。偏正结构成语由 Adj + N 或 Adv + V 构成，依据格式塔理论，修饰语可以看作是次要参照点，中心语是主要参照点，认知的过程有两种：（1）从次要参照点到主要参照点；（2）从主要参照点到次要参照点。汉语偏正成语的顺序是"修饰语 + 中心语"，这也表明了汉语句法中偏正关系的不可逆性，汉语很难找到"中心语 + 修饰语"这种相反关系的偏正结构短语。依据格式塔理论，偏正结构成语遵循图形先于背景的认知原则以及受其制约的先偏后正的语序，因此汉语的偏正结构的语言特征是：定语先于名词中心语；状语先于动词（刘宁生，1995）。

这在语序类型学中，使得汉语成为一种不规则的语言。一种语言的基本句法结构反映了使用该语言的人们观察世界的思维模式，即认知方式。人类对世界的认识、对客观对象的观察，在认知上大体上遵循两种策略：由外到内或是由内到外。由外到内的认知模式一般是采用由大到小的排列语序，由内到外的认知模式采用由小到大的排列语序。修饰语处于中心语左边的语言，比如汉语，操作上遵循一种由大到小逐渐过渡的程序，最后落在核心成分上；而修饰语在中心语右边的语言，比如英语，操作上遵循一种由小到大逐渐过渡的程序。偏正结构成语属于修饰语处于中心语左边的语言结构，在完成成语语义对错判断时间较长的任务时，被试对偏正结构成语的加工最快。

实验3和实验4的考察结构基本一致，有可能是因为实验3和实验4的实验任务完全一致，仅将实验用成语的语序变成逆序。为了排除这种因素，在考证了成语的结构对称性效应后，我们将缩小成语的语法结构范围，在实验5中对在实验3和实验4中语法结构效应不显著的联合式成语表征做进一步的考察。虽然在实验3和实验4中，联合式成语的语法结构效应不显著，在成语的理解加工中，不同语法结构对联合结构成语有影响吗？在实验5中将采用空格切分方式，考察联合式并列偏正结构成语、并列主谓结构成语和并列动宾结构成语是否存在不同的加工过程；在加工时，这些成语的词素与整词的表征是什么关系；词素表征是否是必须的加工过程。

## 第五节 实验5 联合结构成语的整词与词素关系实验

关于词汇表征的研究有两种对立的观点，整词观和词素观。前者认为多词素词在心理词典中是以整词形式表征的，没有单独的词素表征，词的识别过程是由刺激输入直接激活相应的词表征。而后者认为多词素词在心理词典中是以词素分解的方式表征的。在识别时，先分解词素单元，再通过词素表征完成整词表征。两种观点的根本分歧在于词素表征在词的识别中的作用，或者说词素表征的激活是否是词的识别的必经阶段（张智君，刘志方，赵亚军，季靖，2012）。成语理解主要由非建构观、建构观和混合观构成。非建构观认为对成语的理解是比喻义的直接提取；建构观认为词素对成语的理解发挥重要作用；混合观认为对成语的理解是寻求词素和整词最大程度的语义整合，词素发挥着重要的作用，超词条理论认为词素分解是成语理解必经的加工过程。

由于成语字面义与比喻义表面上的脱离，当前研究的焦点是成语的加工机制：在成语的理解过程中，词素发挥着怎样的作用。成语是汉语语汇的一种（温端政，2005）。它的语义表征不符合一般语言的加工规律，不是词素意义的简单组合，常常超越词素义来表征丰富的隐喻义。鉴于语法加工和语义分析矛盾性结论，成语成为比喻性语言理解研究的重要素材之一。同时，因为成语从更深的层面上反映了人对客观世界的认知，所以对成语加工机制的探讨有助于揭示人类思维的机制（Yang, Edens, Simpson & Krawczyk, 2009）。目前，国内外学者对成语的表征机制争议较大。争论的焦点是成语在心理词典中如何表征：究竟是整词表征，还是词素表征，或者两种表征同时存在？如果是词素表征，词素义又如何整合加工成整体语义？

非建构观认为，习语加工是直接提取，语素义在加工的早期并未被激活。习语在语义上不可预测，在语法上不可分析，对习语的储存和提取是整词单元表征（Caillies & Butcher, 2007）。但是，Papagno 和 Genoni（2003，2004）对语法能力受损、语义理解正常的失语症患者研究发现，在习语理解中涉及语法分析。Peterson、Burgess、Dell 和 Eberhard（2001）的研究表明，即使比喻义得到了通达，被试依然对习语进行语法分析，表明语法分析是自动地发生的。另外，词素性质和频率可以促进或者抑制对惯用语的理解（马利军，张积家，2008；张积家，马利军，2008）。

建构观认为，成语是语素义的整合或者是习语特殊性质的识别，词素义在加工的早期就被激活了。其中，构造假设认为，成语加工主要是识别"习语键（idiomatic key）"，语法分析和语义加工的目的均是识别成语的"抽象"本质。佘贤君、王莉、刘伟和张必隐（1998）认为，成语不是以单词的形式储存在心理词典中，而是以节点的形式储存的，成语理解是意义建构的过程。语义分解性假设（Semantic Decomposition Hypothesis）试图在词素和词汇之间建立起语义的等级性连接。语义可分解性是指成语的各词素语义对比喻义的贡献（Gibbs，Nayak，& Cutting，1989）。即成语的语义可分解性越高，语法越灵活，词素作为词汇成分被理解的机率就越大。通过强调字面义对语法加工的作用，语义分解性假设对成语的表征进行了区分，强调词素义与整词义的并列关系，而不是构造假设所强调的递进关系，即通过词素义的累积识别成语的隐喻本质（马利军，张积家，2014）。但建构观无法解释在语汇使用中成语语法行为的限制，如动宾结构成语不能够变换成被动结构（马利军，张积家，2012）。另外，支持建构观的研究也并未论述在成语的理解中词素义是如何表征的。Cutting 和 Bock（1997）提出了成语表征的混合模型，由于其语法与语义、词素与整词表征关系的不明确性，随后，Sprenger 等（2006）对混合模型进行了修正，提出超词条理论模型，认为在成语的语法层和概念层中均存在着整词表征和词素表征，它们互相制约，哪一种表征占优势取决于成语的性质和实验任务的要求。

对来自欧洲的语言如德语和荷兰语的研究表明，在语言的理解过程中，词汇的语法分类信息起着主要的作用（Liu，Li，Shu，Zhang，& Chen，2010）。马利军和张积家（2014）采用词切分范式研究了汉语动宾结构惯用语的理解机制，探讨在惯用语理解中加工的基本单元，揭示汉语动宾结构惯用语的表征方式。研究发现，词切分范式对可分解性不同的惯用语有不同的影响。在空格切分的形式下，词素切分和非词素切分抑制了对可分解性高的动宾结构惯用语的理解，却未影响对可分解性低的动宾结构惯用语的理解，并且均增加了对可分解性高的惯用语的错误率。整个研究表明，在汉语动宾结构惯用语的表征中，既存在词素单元，也存在整词单元，而且整词表征是汉语动宾结构惯用语加工的优势单元。

在中文文本中，字与字之间没有明确的词单位边界。李兴珊、刘萍萍和马国杰（2011）认为，理解语言首先需要对词进行切分。词切分在阅读中起着重要的作用，是词加工的首要环节。在中文阅读中，词是作为一个整体来加工的，证据主要来自四个方面：词优效应、词的加工与注意分布、词的属性对眼动模式的影响、字间空格与词间空格对阅读的影响。Rayner、Li和Pollatsek（2007）基于E-Z读者模型的模拟显示，词是中文阅读的基本单元。那么，成语的加工是以词素（也被称为亚词汇和单字）为基本单元，还是以整词为基本单元？非建构观认为整词表征是加工的基本单元；建构观认为语素表征是加工的基本单元。温端政（2005）认为，成语属于"语汇"，"语"是由词和词组合成、结构相对定型、具有多种功能的叙述性的语言单位。"语"的性质和作用有别于"词"，"语"不是"词的等价物"。按照中文词切分的研究结果，既然成语是"词"的组合，每个"词"都有自己独立的语义，因此词语加工的基本单元应该是"词"而不是"语"。本研究中成语的词素指构成成语的单个字。还有一种可能是，在成语的理解中，词素和整词两种加工单元都存在，符合词汇混合表征假设。词汇识别涉及由字到词和由词到字两条激活路径。张智君、刘志方、赵亚军和季靖（2012）证实，中文读者采用多重激活策略来完成词汇识别。首先，在不同切分条件下的眼动模式表明，读者最初采用整体加工的策略；其次，读者可以从字层面快速地进入词层面；在理解后期，读者必须抑制与文本理解无关的单字的激活。因此，词切分为语汇理解的研究提供了途径。Bai、Yan、Liversedge、Zang和Rayner

(2008) 研究表明，正确的词切分线索难以提高阅读效率，错误的词切分线索却严重地影响阅读。就包含两种意义的成语而言，如果仅仅采用整词作为加工的基本单元，那么，任何切分都不会影响成语"是否有意义"的判断；如果仅仅采用词素作为加工的基本单元，那么，在词素切分条件下的反应时应该不会慢于无切分条件，但"错误"的非词素切分会影响成语的识别；如果成语同时具有整词和词素两种表征方式，那么，切分会诱发被试采用词素义整合的方式来加工成语。同时，依据语义分解性假设，词切分还会受到成语词素心理表征特点——可分解性的影响（马利军，张积家，2014）。

实验1、实验2、实验3和实验4都表明，成语的理解受到结构对称性、语法结构和语义的影响。我们将在实验5对联合结构成语做空格切分实验，进一步考察被试在理解加工联合结构成语时，词素的具体性质如语法结构对成语理解加工的影响。

依据之前的研究结果（Bai等，2008；李兴珊等，2011；Liu等，2010；马利军等，2014），我们假设如果联合结构并列偏正、并列动宾和并列主谓结构成语有着不同的加工理解过程，那么它们的表征模式是不同的。如果成语倾向于整词表征，那么切分类型不会对成语识别产生影响；如果倾向于词素表征，那么无切分条件和词素切分的反应时应该最快。

采用二因素重复测量方差分析：5（切分类型：无切分、词素切分、首字切分、尾字切分和字间切分）×3（语法结构：VOVO，SMSM，SVSV）。采用逐字呈现范式，要求被试对看到的词语判断其是否有意义。

依据马利军等（2014）的实验结果，我们预期如果在几种切分条件下，反应时没有显著差异的成语倾向于整词表征；如果在无切分和词素切分条件下，某种语法结构成语的反应时最快，那么该结构成语倾向于词素表征。

## 一 被试

15名浙江大学本科学生。被试的裸视或矫正视力正常,智力水平正常,无阅读障碍,右利手。

## 二 材料

实验用关键成语同实验3,VOVO成语11个,SMSM成语11个,SVSV成语10个(见附录4),32个实验成语,再配置32个语义不搭配的成语,64×5=320个试次。每次切分中间空2个格。经过伪随机排序后,即实验用成语在10个填充成语语义判断任务完成后,才开始测试。相同切分条件下的成语不会连续出现3次。

表3—29　　　　　　　　成语空格切分类型举例

| 切分类型 | 无切分 | 词素切分 | 首字切分 | 尾字切分 | 字间切分 |
| --- | --- | --- | --- | --- | --- |
| 材料举例 | 斩钉截铁 | 斩钉　截铁 | 斩　钉截铁 | 斩钉截　铁 | 斩　钉　截　铁 |

## 三 过程

使用DMDX呈现刺激和记录被试的反应时和错误率。点击run后,电脑屏幕呈现指令,按空格键开始做实验。首先在屏幕的中央呈现红色注视点"＋＋＋＋"500 ms,接着随机呈现各种切分类型的成语及无意义四字词,在白色的屏幕上呈现黑色宋体的汉字组合,提示语用蓝色宋体,要求被试既快又准地判断"这四个字"是否有意义:如果有意义,按下"Z"键,如果无意义,按下"/"键,按键方式在被试间进行了平衡。用36号字体。总共包括320个试次。被试按键以后,刺激消失,进入500 ms的空屏缓冲,之后进入下一次试验。如果被试在3900 ms内未反应,自动进入下一个试次。实验约15分钟完成。计算机自动记录被试的反应时和反应时的正误。使用 SPSS 20.0 对数据进行处理。

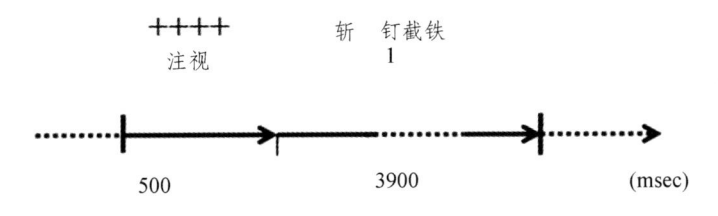

图 3—12 成语空格切分反应时实验过程示例

## 四 结果

实验收集了共计 2400 个反应时数据。没有小于 200ms 的反应时，根据对反应时 ±3SD（892 ± 3×401）计算，删除了 128 个反应时数据，删除比率是 5.33%。实验结果见表 3—30。

表 3—30　　　　　空格切分实验描述性统计数据

| 语法结构 | 切分类型 | 反应时（$M \pm SD$） | 错误率（$M \pm SD$） |
| --- | --- | --- | --- |
| VOVO | 无切分 | 882 ± 213 | 0.024 ± 0.042 |
|  | 词素切分 | 892 ± 199 | 0.115 ± 0.073 |
|  | 首字切分 | 918 ± 181 | 0.055 ± 0.067 |
|  | 尾字切分 | 1014 ± 196 | 0.117 ± 0.091 |
|  | 字间切分 | 870 ± 187 | 0.085 ± 0.010 |
| SMSM | 无切分 | 826 ± 162 | 0.012 ± 0.032 |
|  | 词素切分 | 899 ± 142 | 0.060 ± 0.101 |
|  | 首字切分 | 858 ± 110 | 0.026 ± 0.079 |
|  | 尾字切分 | 838 ± 144 | 0.067 ± 0.073 |
|  | 字间切分 | 874 ± 158 | 0.061 ± 0.082 |
| SVSV | 无切分 | 744 ± 149 | 0.020 ± 0.041 |
|  | 词素切分 | 826 ± 169 | 0.013 ± 0.035 |
|  | 首字切分 | 833 ± 216 | 0.033 ± 0.061 |
|  | 尾字切分 | 867 ± 152 | 0.000 ± 0.000 |
|  | 字间切分 | 862 ± 153 | 0.021 ± 0.043 |

如表 3—30 和图 3—13 所示，反应时的方差分析结果显示，切分类型与成语语法结构的交互作用显著，$F_1$（8，112）= 3.22，$p = 0.000$，$\eta^2 = 0.187$；$F_2$（8，145）= 0.52，$p = 0.844$，$\eta^2 = 0.028$。成语切分类型的主效应被试分析显著，$F_1$（4，56）= 6.07，$p = 0.000$，$\eta^2 = 0.303$；项目分析不显著，$F_2$（4，145）= 1.09，$p = 0.362$，$\eta^2 = 0.029$。成语语法的主效应被试分析显著，$F_1$（2，28）= 8.15，$p = 0.002$，$\eta^2 = 0.368$；项目分析显著，$F_2$（2，145）= 3.91，$p = 0.022$，$\eta^2 = 0.051$。

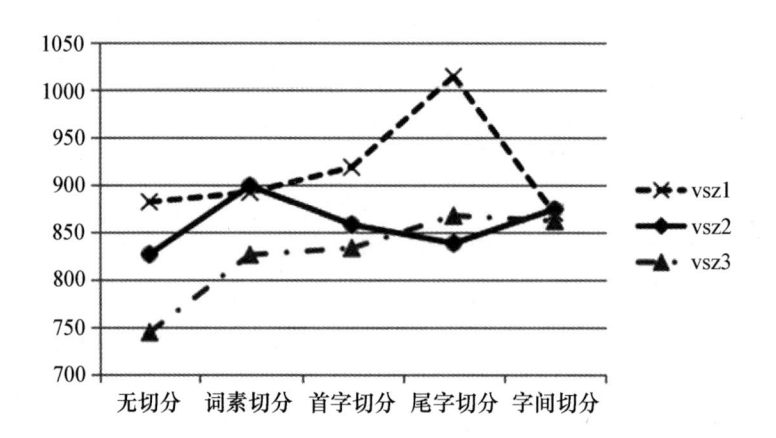

**图 3—13　实验 5 成语切分类型与语法结构反应时交互**

切分类型（无切分；词素切分；首字切分；尾字切分；字间切分）

vsz = 语法结构（1 = 联合式动宾结构；2 = 联合式偏正结构；3 = 联合式主谓结构）

## （一）成语切分实验反应时数据统计结果与分析

如表 3—30 和图 3—13 所示，当理解并列动宾结构成语时，配对样本 $t$ 检验结果显示，成语无切分和尾字切分条件下的反应时有显著差异，$t_{1(14)} = -4.03$，$p = 0.001$，并列动宾结构成语无切分的反应时（882 + 55）显著快于尾字切分（1014 + 51）的反应时。并列动宾结构成语词素切分和尾字切分条件下的反应时有显著差异，

$t_{1(14)} = -4.94$,$p = 0.000$,并列动宾结构成语词素切分的反应时（892 + 51）显著快于尾字切分（1014 + 51）的反应时。并列动宾结构成语首字切分和尾字切分条件下的反应时有显著差异，$t_{1(14)} = -4.27$,$p = 0.001$,并列动宾结构成语首字切分的反应时（918 + 47）显著快于尾字切分（1014 + 51）的反应时。并列动宾结构成语字间切分和尾字切分条件下的反应时有显著差异，$t_{1(14)} = 2.83$,$p = 0.013$,并列动宾结构成语字间切分的反应时（870 + 48）显著快于尾字切分（1014 + 51）的反应时。并列动宾结构成语的无切分和词素切分条件下的反应时没有显著差异；并列动宾结构成语的无切分和首字切分条件下的反应时没有显著差异；并列动宾结构成语的无切分和字间切分条件下的反应时没有显著差异；并列动宾结构成语的词素切分和首字切分条件下的反应时没有显著差异；并列动宾结构成语的词素切分和字间切分条件下的反应时没有显著差异；并列动宾结构成语的首字切分和字间切分条件下的反应时没有显著差异。

当理解并列偏正结构成语时，配对样本 $t$ 检验结果显示，并列偏正结构成语无切分和词素切分条件下的反应时有显著差异，$t_{1(14)} = -2.46$,$p = 0.027$,并列偏正结构成语无切分的反应时（826 + 45）显著快于词素切分（899 + 37）的反应时。并列偏正结构成语词素切分和尾字切分条件下的反应时有显著差异，$t_{1(14)} = 2.85$,$p = 0.013$,并列偏正结构成语词素切分的反应时（899 + 37）显著慢于尾字切分（838 + 37）的反应时。并列偏正结构成语的词素切分和首字切分条件下的反应时有边缘显著差异；$t_{1(14)} = 1.99$,$p = 0.067$,并列偏正结构成语词素切分的反应时（899 + 37）慢于首字切分（858 + 29）的反应时。并列偏正结构成语的无切分和首字切分条件下的反应时没有显著差异；并列偏正结构成语的无切分和尾字切分条件下的反应时没有显著差异；并列偏正结构成语的无切分和字间切分条件下的反应时没有显著差异；并列偏正结构成语的词素切分和字间切分条件下的反应时没有显著差异；并列偏正结构成语的首字切分和尾字切分条件下的反应时没有显著差异；并列偏正结构成语首字切分和字间切分条件下的反应时没有显著差异，并列偏正结构成语字间切分和尾字切分条件下的反应时没有显著差异。

当理解并列主谓结构成语时，配对样本 $t$ 检验结果显示，并列主谓结构成语无切分和词素切分条件下的反应时有显著差异，$t_{1(14)}$ = -2.38，$p$ = 0.032，并列主谓结构成语无切分的反应时（744 + 38）显著快于词素切分（826 + 44）的反应时。并列主谓结构成语无切分和首字切分条件下的反应时有显著差异，$t_{1(14)}$ = -2.31，$p$ = 0.037，并列主谓结构成语无切分条件下的反应时（744 + 38）显著快于首字切分（833 + 56）的反应时。并列主谓结构成语无切分和尾字切分条件下的反应时有显著差异，$t_{1(14)}$ = -3.85，$p$ = 0.002，并列主谓结构成语无切分的反应时（744 + 38）显著快于尾字切分（867 + 39）的反应时。并列主谓结构成语无切分和字间切分条件下的反应时有显著差异，$t_{1(14)}$ = -3.47，$p$ = 0.004，并列主谓结构成语无切分的反应时（744 + 38）显著快于字间切分（862 + 40）的反应时。并列主谓结构成语的词素切分和首字切分条件下的反应时没有显著差异；并列主谓结构成语的词素切分和尾字切分条件下的反应时没有显著差异；并列主谓结构成语的词素切分和字间切分条件下的反应时没有显著差异；并列主谓结构成语的首字切分和尾字切分条件下的反应时没有显著差异；并列主谓结构成语的首字切分和字间切分条件下的反应时没有显著差异；并列主谓结构成语的尾字切分和字间切分条件下的反应时没有显著差异。

当理解无切分成语时，并列动宾结构成语和并列主谓结构成语的无切分条件下的反应时有显著差异，$t_{1(14)}$ = 4.23，$p$ = 0.001，并列动宾成语无切分的反应时（882 + 55）显著慢于并列主谓结构成语

(744+38)的反应时;并列偏正结构成语和并列主谓结构成语无切分条件下的反应时有显著差异,$t_{1(14)}=2.64$,$p=0.020$,并列偏正成语无切分的反应时(826+42)显著慢于并列主谓结构成语(744+38)的反应时;并列动宾结构成语和并列偏正结构成语无切分条件下的反应时没有显著差异。当理解词素切分成语时,并列偏正结构成语和并列主谓结构成语词素切分条件下的反应时边缘显著差异,$t_{1(14)}=2.13$,$p=0.052$,并列偏正成语词素切分的反应时(899+37)显著慢于并列主谓结构成语(726+44)的反应时;并列动宾结构成语和并列偏正结构成语词素切分条件下的反应时没有显著差异;并列动宾结构成语和并列主谓结构成语词素切分条件下的反应时没有显著差异。当理解首字切分成语时,并列动宾结构成语和并列主谓结构成语首字切分条件下的反应时有显著差异,$t_{1(14)}=2.23$,$p=0.042$,并列动宾成语首字切分的反应时(918+47)显著慢于并列主谓结构成语(833+56)的反应时;并列动宾结构成语和并列偏正结构成语首字切分条件下的反应时没有显著差异;并列偏正结构成语和并列主谓结构成语首字切分条件下的反应时没有显著差异。当理解尾字切分成语时,并列动宾结构成语和并列偏正结构成语尾字切分条件下的反应时有显著差异,$t_{1(14)}=5.79$,$p=0.000$,并列动宾成语尾字切分的反应时(1014+51)显著慢于并列偏正结构成语(838+37)的反应时;并列动宾结构成语和并列主谓结构成语尾字切分条件下的反应时有显著差异,$t_{1(14)}=4.05$,$p=0.001$,并列动宾成语尾字切分的反应时(882+55)显著慢于并列主谓结构成语(867+39)的反应时。并列偏正结构成语和并列主谓结构成语尾字切分条件下的反应时没有显著差异。当理解字间切分成语时,并列动宾结构成语和并列偏正结构成语字间切分条件下的反应时没有显著差异;并列动宾结构成语和并列主谓结构成语字间切分条件下的反应时没有显著差异;并列偏正结构成语和并列主谓结构成语字间切分条件下的反应时没有显著差异。

(二) 成语切分实验错误率数据统计结果与分析

如表 3—30 和图 3—14 所示，错误率的方差分析结果显示，切分类型与成语语法结构的错误率交互作用显著，$F_1$ (8, 112) = 2.59, $p = 0.012$, $\eta^2 = 0.156$; $F_2$ (8, 145) = 0.70, $p = 0.688$, $\eta^2 = 0.037$。成语切分类型的错误率主效应被试分析显著，$F_1$ (4, 56) = 3.92, $p = 0.007$, $\eta^2 = 0.219$; 项目分析不显著，$F_2$ (4, 145) = 1.14, $p = 0.339$, $\eta^2 = 0.031$。成语语法结构的错误率主效应被试分析显著，$F_1$ (2, 28) = 15.35, $p = 0.000$, $\eta^2 = 0.523$; 项目分析显著，$F_2$ (2, 145) = 5.28, $p = 0.006$, $\eta^2 = 0.068$。

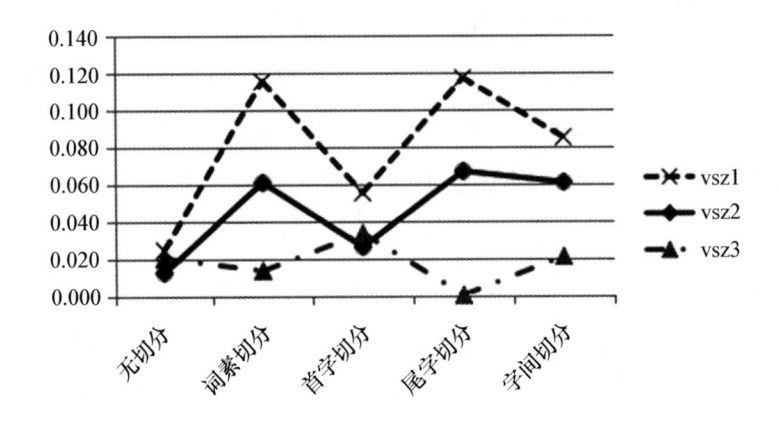

**图 3—14 实验 5 成语切分类型与语法结构错误率交互**

切分类型（无切分；词素切分；首字切分；尾字切分；字间切分）

vsz = 语法结构（1 = 并列动宾结构；2 = 并列偏正结构；3 = 并列主谓结构）

如表 3—30 和图 3—14 所示，当理解并列动宾结构成语时，配对样本 $t$ 检验结果显示，并列动宾结构成语无切分和尾字切分条件下的错误率有显著差异，$t_{1(14)} = -3.78$, $p = 0.002$，并列动宾结构成语无切分条件下的错误率（0.024 + 0.011）显著低于尾字切分

(0.117+0.024）的错误率。并列动宾结构成语无切分和词素切分条件下的错误率有显著差异，$t_{1(14)}$ = −5.12，$p$ = 0.000，并列动宾结构成语无切分条件下的错误率（0.024+0.011）显著低于词素切分条件下（0.116+0.119）的错误率。并列动宾结构成语首字切分和尾字切分条件下的错误率有显著差异，$t_{1(14)}$ = −2.33，$p$ = 0.035，并列动宾结构成语首字切分条件下的错误率（0.056+0.017）显著低于尾字切分条件下（0.117+0.024）的错误率。并列动宾结构成语的无切分和首字切分条件下的错误率没有显著差异；并列动宾结构成语的无切分和字间切分条件下的错误率没有显著差异；并列动宾结构成语的词素切分和首字切分条件下的错误率没有显著差异；并列动宾结构成语的词素切分和尾字切分条件下的错误率没有显著差异；并列动宾结构成语的词素切分和字间切分条件下的错误率没有显著差异；并列动宾结构成语的首字切分和字间切分条件下的错误率没有显著差异；并列动宾结构成语的尾字切分和字间切分条件下的错误率没有显著差异。

当理解并列偏正结构成语时，配对样本 $t$ 检验结果显示，并列偏正结构成语无切分和尾字切分条件下的错误率有显著差异，$t_{1(14)}$ = −2.81，$p$ = 0.014，并列偏正结构成语无切分条件下的错误率（0.012+0.008）显著低于尾字切分（0.067+0.019）的错误率。并列偏正结构成语无切分和字间切分条件下的错误率有显著差异，$t_{1(14)}$ = −2.48，$p$ = 0.027，并列偏正结构成语无切分的错误率（0.012+0.008）显著低于字间切分（0.061+0.021）的错误率。并列偏正结构成语的首字切分和字间切分条件下的错误率有显著差异，$t_{1(14)}$ = −2.26，$p$ = 0.040，并列偏正结构成语首字切分的错误率（0.026+0.020）显著低于字间切分（0.061+0.021）的错误率。并列偏正结构成语的无切分和词素切分条件下的错误率没有显著差异；并列偏正结构成语的无切分和首字切分条件下的错误率没有显著差异；并列偏正结构成语的词素切分和首字切分条件下的错误率没有显著差异；并列偏正结构成语的词素切分和尾字切分条件下的错误率没有显著差异；并列偏正结构成语的词素切分和字间切分条件下的错误率完全一样；并列偏正结构成语的首字切分和尾字切分条件下的错误率没有显著差异；并列偏正结构成语字间切分和尾字切分条件下的错误率没有显著差异。

当理解并列主谓结构成语时，配对样本 $t$ 检验结果显示，并列主谓结构成语首字切分和尾字切分条件下的错误率有边缘显著差异，$t_{1(14)}=2.09$，$p=0.055$，并列主谓结构成语首字切分的错误率（0.033+0.016）显著高于尾字切分（0.000+0.000）的错误率。并列主谓结构成语的无切分和词素切分条件下的错误率没有显著差异；并列主谓结构成语的无切分和首字切分条件下的错误率没有显著差异；并列主谓结构成语的无切分和尾字切分条件下的错误率没有显著差异；并列主谓结构成语的无切分和字间切分条件下的错误率没有显著差异；并列主谓结构成语的词素切分和首字切分条件下的错误率没有显著差异；并列主谓结构成语的词素切分和尾字切分条件下的错误率没有显著差异；并列主谓结构成语的词素切分和字间切分条件下的错误率没有显著差异；并列主谓结构成语的首字切分和字间切分条件下的错误率没有显著差异；并列主谓结构成语的尾字切分和字间切分条件下的错误率没有显著差异。

当理解无切分成语时，并列动宾、并列偏正和并列主谓结构成语无切分条件下的错误率之间没有显著差异，并列偏正结构成语的错误率最低，其次是并列主谓结构成语，并列动宾结构成语的错误率最高。当理解词素切分成语时，并列动宾结构成语和并列主谓结构成语的词素切分条件下的错误率有显著差异，$t_{1(14)}=5.13$，$p=0.000$，并列动宾成语词素切分的错误率（0.115+0.019）显著高于并列主谓结构成语（0.013+0.009）的错误率；并列偏正结构错误率居中，但是和并列动宾、并列主谓结构成语的错误率都没有显著差异。当理解首字切分成语时，并列动宾、并列偏正和并列主谓结构成语首字切分条件下的错误率之间没有显著差异，并列偏正结构成语的错误率最低，其次是并列主谓结构成语，并列动宾结构成语的错误率最高。当理解尾字切分成语时，并列动宾结构成语和并列偏正结构成语的尾字切分条件下，错误率有显著差异，$t_{1(14)}=2.09$，$p=0.055$，并列动宾成语尾字切分的错误率（0.117+0.024）显著高于并列偏正结构成语（0.067+0.019）的错误率；并列动宾结构成语和并列主谓结构成语的尾字切分条件下的错误率有显著差异，$t_{1(14)}=4.97$，$p=0.000$，并列动宾结构成语尾字切分的错误率（0.117+0.024）显著高于并列主谓结构成语（0.000+0.000）的错误率。并列偏正结构成语和并列主谓结构成语的尾字切分条件下的错误率有显著差异，$t_{1(14)}=3.56$，$p=0.003$，并列偏正结构成语字间切分的错误率（0.067+0.019）显著高于并列主谓结构成语（0.000+0.000）的错误率。当理解字间切分成语时，并列动宾结构成语和并列主谓结构成语的字间切分条件下的错误率有显著差异，$t_{1(14)}=2.33$，$p=0.035$，并列动宾成语尾字切分的错误率（0.085+0.026）显著高于并列主谓结构成语（0.021+0.011）的错误率。并列偏正结构成语的错误率居中，但是并列主谓结构成语和并列动宾结构成语字间切分的错误率没有显著差异。

## 五 讨论

依据马利军等（2014）的实验研究，实验5预期：如果在几种切分条件下，反应时没有显著差异的成语倾向于整词表征；如果在无切分和词素切分条件下，某种语法结构成语的反应时最快，那么该结构成语倾向于词素表征（马利军，张积家，2014）。

如表3—27所示，实验5发现，并列偏正、并列动宾和并列主谓结构成语有着不同的加工理解过程。实验3和实验5的结果显示，并列动宾结构成语的反应时是最慢的。当理解并列动宾结构成语时，首字切分和字间切分显著快于尾字切分，尾字切分显著慢于无切分反应时、词素切分。并列动宾结构成语的无切分反应时、词素切分反应时、首字切分反应时和字间切分反应时没有显著差异。它的5种切分类型之间有的有显著性差异，有的没有显著性差异。实验结果表明并列动宾结构成语的非词素切分条件的反应时显著慢于无切分条件和词素切分条件，证明非词素切分对于并列动宾结构成语来说均是不合适的切分方式。实验结果显示，切分类型对并列动宾结构成语识别产生了影响，这表明并列动宾结构成语没有倾向于整词表征方式。实验5的数据结果表明，并列动宾结构成语的无切分条件和词素切分条件的反应时最快，并列动宾结构成语的无切分和词素切分反应时没有显著差异。依据实验5的预期，即如果在无切分和词素切分条件下，某种语法结构成语的反应时最快，那么该结构成语倾向于词素表征模式。实验结果表明并列动宾结构成语倾向于词素表征模式。

当理解并列偏正结构成语时，首字切分和尾字切分显著快于词素切分，无切分显著快于词素切分。并列偏正结构成语的无切分、首字切分、尾字切分和字间切分反应时没有显著差异；并列偏正结构成语的词素切分和字间切分反应时没有显著差异。实验5的数据结果表明，并列偏正结构成语在3种非词素切分条件与无切分条件下不存在差异。依据实验5的预期，即如果在几种切分条件下，反应时没有显著差异的成语倾向于整词表征加工。实验结果表明，并列偏正结构成语倾向于整词提取模式。

当理解并列主谓结构成语时，无切分显著快于词素切分、首字切分、尾字切分和字间切分；成语的词素切分、首字切分、尾字切分、字间切分反应时没有显著差异。实验5的数据结果表明，并列主谓结构成语的无切分条件的反应时最快，这表明，并列主谓结构成语有词素表征加工。但是其他3种非词素切分和词素切分条件的反应时没有差异，这表明并列主谓结构成语也有整词表征加工。由于在非词素切分条件下，并列主谓结构成语与并列偏正结构成语的反应时之间没有显著差异；在词素切分条件下，并列主谓结构成语与并列动宾结构成语的反应时之间有显著差异；在无切分条件下，并列主谓、并列动宾和并列偏正结构成语之间没有显著差异，但是并列主谓结构成语的加工反应时最快。因此，依据实验5的预期，如果在几种切分条件下，反应时没有显著差异的成语倾向于整词表征；如果在无切分和词素切分条件下，某种语法结构成语的反应时最快，那么该结构成语倾向于词素表征。据此并列主谓结构成语更倾向于整词表征模式。

不同切分类型条件下，不同语法结构成语有不同的理解加工模式。无切分条件下，并列主谓结构成语显著快于并列偏正和并列动宾结构成语。与反应时一致的是，并列主谓结构成语的错误率显著低于并列动宾结构成语，并列偏正结构成语的错误率居中。并列偏正结构成语在实验3中的反应时最快，但是在实验5中，并列偏正结构成语的反应时不是最快的。这可能与实验任务的不同有关。实验3的任务是成语语义判断，实验5的任务是判断成语的对错。任务不同导致了不同的结果。词素切分条件下，并列主谓结构成语的反应时显著快于并列偏正和并列动宾结构成语。非词素切分条件下，首字切分条件和尾字切分条件下，不同语法结构成语的反应时是不一样的。首字切分条件下，并列主谓结构成语显著快于并列动宾结构成语，并列偏正结构成语的反应时居中。实验表明，无切分、词素切分和首字切分条件下，并列主谓结构成语的反应时最快，并列偏正结构成语的反应时居中，并列动宾结构成语的反应时最慢。这也表明，无切分、词素切分和首字切分条件下，并列主谓结构成语倾向于整词表征加工，并列偏正结构成语倾向于混合表征模式，并列动宾结构成语倾向于词素表征模式。

尾字切分条件下，并列偏正和并列主谓结构成语显著快于并列动宾结构成语，并列偏正结构成语的反应时最快。这可能是因为尾字切分的字间空格位于成语词素加工的后期，此时被试根据前面看到的成语的组成成分，已经激活了对成语的预测。被试对并列偏正和并列主谓结构成语倾向于整词表征模式，导致成语对错判断的反应时加快。被试对并列动宾结构成语这类成语倾向于词素表征模式，故这类成语判断的反应时变慢。

字间切分条件下，并列偏正、并列主谓和并列动宾结构成语之间没有显著差异。在字间切分条件下，切分的空间距离触发了词素义的激活，成语的整词表征需要词素义的整合，有可能3种语法结构成语都采用混合加工模式。被试对成语各组成成分进行独立的词素表征时，同时进行整词表征。这种相似的加工模式使得不同语法成语的反应时趋于一致。

无切分时，并列主谓结构成语的反应时最快；词素切分时，并列主谓结构成语的反应时最快；首字切分时，并列主谓结构成语的反应时最快；尾字切分时，并列偏正结构成语的反应时最快；字间切分时，没有显著差异。在无切分、词素切分、首字切分和字间切分条件下，并列动宾结构成语的反应时比并列偏正和并列主谓结构成语都慢。这说明并列动宾结构成语并未表现出加工优势，若词素切分触发了词素义的激活，采用词素义捆绑的方式通达了语义，那么，非词素切分条件和词素切分条件应该存在着差异。但是实验结果并没有证实这一点。由此推测并列动宾结构成语的整词表征和词素表征同时存在。并列动宾结构成语的词素可拆分程度高，词素之间的粘连程度低，词素义容易激活，存在着独立的表征。当对并列动宾结构成语进行词素或非词素切分时，切分的空间距离触发了词素义的激活，成语的整词表征需要词素义的整合，由此意义判断速度减慢。

如表3—30和图3—14所示，无切分和首字切分条件下，并列偏正结构成语的错误率最低，并列主谓结构错误率居中，并列动宾结构成语的错误率最高；在词素切分、尾字切分和字间切分条件下，并列主谓结构成语的错误率最低，并列偏正结构错误率居中，并列动宾结构成语的错误率最高。实验数据结果显示，无论在哪种切分条件下，并列动宾结构成语的反应时显著长于并列主谓和并列偏正结构成语，错误率也显著高于并列主谓和并列偏正结构成语。这表明，并列偏正和并列主谓结构成语倾向于整词表征，词素切分或非词素切分导致并列动宾结构成语对错判断错误率上升，暗示着并列动宾结构成语的词素义被激活，由于词素义粘连程度低造成错误率的上升。

实验5的结果支持超词条理论，语法结构数据的显著性差异让我们进一步认识到，无论是哪种语法结构的成语，都存在整词与词素混合表征模式，如并列动宾结构成语可能更倾向于词素表征模式；并列偏正和并列主谓结构成语可能更倾向于整词表征模式。这一结果证明成语加工模式中没有绝对化的整词表征或绝对化的词素表征模式。首字切分属于错误切分，虽然数据结果与无切分和词素切分条件下的数据结果趋于一致，这说明首字切分发生在成语词素加工的早期，被试对首字切分中的词素表征加工与无切分和词素切分一样，即被试在对词单元表征加工时，首先激活了组成词的词素表征加工，再激活词单元，同时激活整词表征。尾词切分实验结果显示，对成语部分组成成分的识别可以激活成语的整词表征，这表明整词表征是以词素表征为中介的。

20世纪20年代,格式塔心理学提出图形背景理论,该理论认为,在特定的知觉范围内,知觉对象并不是同等重要。有些对象轮廓分明,凸显出明显被感知的图形;而另一些对象则退居次要地位,成为图形的背景。依据格式塔理论中的图形与背景原理,任何知觉场中的对象都是由图形和背景两部分组成的。在具有一定配置的场内,有些凸显出来的对象形成图形,有些不凸显的对象退居到衬托地位而成为背景。一般说来,图形与背景的区分度越大,图形就越可突出而成为我们的知觉对象。例如,我们在寂静中比较容易听到清脆的钟声,在绿叶中比较容易发现红花。反之,图形与背景的区分度越小,就越是难以把图形与背景分开。需要指出的是,这些特征不是物理刺激物的特性,而是心理场的特性。一个物体,例如一块冰,就物理意义而言,具有轮廓、硬度、高度,以及其他一些特性,但如果此物没有成为注意的中心,它就不会成为图形,而只能成为背景,从而在观察者的心理场内缺乏轮廓、硬度、高度等。一俟它成为观察者的注意中心,便又成为图形,呈现轮廓、硬度、高度等。这一理论源于心理学,但是也可以用于解释许多语言现象。

凸显度是格式塔心理学的一个基本概念,指容易识别、处理和记忆的事物(沈家煊,1999)。一般说来,在知觉场中,对象所处的位置、颜色、动静对比、大小对比、复杂性、抽象度、依赖性、熟悉度等都是区分图形与背景的因素。图形往往更容易被识别、引起注意、让人记住;而背景则相对模糊、更容易被人们忽略和忘记。在心理语言学研究中,被试理解句子时,被优先加工的成分如主语可以看作是图形,其他成分可以看作是背景,因为主语往往首先得到读者的注意,成为了信息加工中心。Talmy率先将格式塔心理学的图形背景理论引入到认知语言学的研究中。他认为,知觉场被分为图形和背景两个部分,图形有高度的结构,能引起知觉者的注意；而背景与图形相对，不易引起知觉者的注意（Talmy，1978）。Langacker 使用"射体"和"界标"术语来表达与 Talmy 同样的意义（Langacker，1987）。Langacker（1993）认为主语与宾语都是一个动词所指动作或活动的参与者，但主语是射体，是主要认知参照点，宾语是次要参照点或焦点目标。依据格式塔理论，主语是图形信息，宾语是背景信息。图形信息由于其凸显性质优先得到了读者的加工。袁毓林（1994）认为汉语语法研究的任务就是要找出汉语在表达意义时对语言形式做出各种安排的规律，如主语名词往往可以激活其他意义蕴含成分如谓语动词。据此我们认为读者一般会先加工比较凸显的主语，然后再加工背景信息中的谓语、宾语、定语和状语等成分。Soloukhina 等（2017）采用反应时实验、Philipp 等（2017）采用 ERP 实验证实了一般语言中的动词加工比名词加工复杂，反应时间要长（Soloukhina & Ivanova, 2017；Philipp, Graf, Kretzschmar & Primus, 2017）。

从语法结构分析，主谓结构短语是 N + V，N 是主语，V 是谓语；动宾结构短语是 V + N，V 是谓语，N 是宾语。按照认知语言学的观点，语言形式的选用直接受制于主观意象，而不是客观场景。主观意象是指包含着说话人的认知因素的景象，是说话人在客观场景的基础上，依照不同的语言视点所构建的景象。语言结构是一个有机整体，整体与部分及部分与部分之间不仅有相互配合、相互制约的依存关系，而且有相互影响、相互调整的互动关系，结构成分的意义和功能正是在这种依存和互动关系的作用下得到实现的。以"图形—背景"形式进行概念整合也是理解成语的重要认知方式。我们不难认识到语言加工过程中的规律：主语快于宾语，其中名词加工快于动词加工。

## 第六节 实验 6 联合和非联合结构成语的语法与语义关系实验

有研究表明,对成语语法分析导致其字面义的通达,对成语语义分析导致其比喻义的通达,这两种加工观点是矛盾的。语法和语义在加工时是否是分离的,成为语言学家、心理语言学家、神经语言学家近 20 年来关注的焦点问题(Frazier & Rayner, 1982; Friederici, 1995; Hagoort, 2003; Kaan, Harris, Gibson & Holcomb, 2000; MacDonald, Pearlmutter & Seidenberg, 1994; Trueswell & Tanenhaus, 1994; Friederici & Weissenborn, 2007)。

语法和语义是语言学理论的研究基础。Chomsky(1957)指出,可以有语法正确,但是语义不合理的句子。从语言学的角度,不同的语言对语法和语义研究的侧重点不一致。在印欧语系中,语法形态很重要,语法形态在句子主谓宾之间,标记性、数、格和人称。近期许多的实证研究也论证了语法类型学。

印欧语系里的英语和其他语言,它们的语法相对独立于语义。此外,神经认知实验进一步证明,语法比语义有优先加工优势。Friederici(2002)和 Bornkessel 和 Schlesewsky(2008)提出的 the Extended Argument Dependency Model(EADM)认为,语法的优先加工优势表明,首先,人们对句子理解的最初心理建构仅限于语法加工;其次,如果语法加工失败会阻碍后面的语义加工。西方字母文字研究表明,句子在加工时语法独立于语义之外,语法有优势效应(Friederici, 2002; Bornkessel 和 Schlesewsky, 2008)。

但是这种语法优势假设(the primacy of syntax hypothesis)是否适合于汉语呢,从语言学的角度来看,不同的语言对语法和语义关注的力度是不一样的,如印欧语系的大多数语言中,语法形态学占有重要地位，而汉语中形态学在语法研究中所占比重较少（Liu et al.，2010）。在语法手段较少的语言中，如英语，它的词序在语法中起到重要的作用（Bates & MacWhinney，1982，1987）。这种语言类型上的不同对语言的表征机制有重大影响（Li，Tan，Bates & Tzeng，2006；Li & Shu，2010）。

汉语标注词性（如动词、名词、形容词、副词等）的形态变化，以及在时态、性、数、格和人称方面的形态变化较少。成语的语法，如主谓和动宾，与现代汉语句子的语法结构一致，这种语法特征可以让我们建构语义干扰或语法干扰的实验成语，就如同在句子语境中一样，即独立的成语可以构建完整语境。（1）成语的结构更加简洁紧凑，语义更加完整。95.57%的成语是4字格，大多数成语的字序不能调换。（2）成语所表达的比喻义远远超过了4个字的字面义。成语的这些特点，让我们想知道它的语法和语义加工是否与字母文字习语的语法和语义加工一样，还是有自己独特的加工机制。早期的汉语研究发现了N400效应和很小的P600；但是对于语法混合和语义干扰的句子，没有发现ELAN（P600）效应，表明汉语即使语法错误的句子，语义也可以得到加工（Ye，Luo，Friederici & Zhou，2006；Yu & Zhang，2008）。之前的ERP研究表明汉语与其他语言采用不同类型的加工过程（Liu et al.，2010；Zhou，Zhou & Chen，2004；Ye et al.，2006；Yu et al.，2008）。这表明汉语不像印欧语系语言，其语义整合不依赖于完整的语法结构。

Sprenger等（2006）提出超词条理论，认为具有语法功能的超词条，提供预先激活的短语构造，与其他语义相关的词素竞争，激活习语。有学者认为，超词条模型很好地解释了为什么在进行一些语法生成变换后，习语加工的整体性质不变（张积家，马利军，2008）。依据超词条模型，对成语超词条的提取已经限定了成分词素的语法位置，因此，即使存在语法变换和语义变换，成语依然得到正确加工。作为有固定形式和特殊语义表达的成语，在语法结构的影响下，成语的语义和语法表征是否也有这种语法加工优势呢，它们的表征关系是怎么样的？这将是本节研究的重点。实验3和实验4论证了成语加工支持混合表征模型和超词条理论加工模型，实验5进一步论证了成语加工中词素表征是必须加工的过程，实验6也将论证在成语理解加工中，成语各词素的字面义是否会先得到加工。

超词条理论为成语多样化的理解本质提供了一个详细明确的成语理解加工的表征机制。但是这种成语加工表征的精确性也受到了语言学家的质疑（Tabossi, Wolf, Koterle, 2009）。超词条理论没有解释超词条在习语从字面义理解到比喻义理解的过程中是如何具体运作的。如"the bucket was kicked"，一种解释，这个短语的语法结构不符合习语结构，这阻碍了习语概念层面的通达，所以不可能被当作习语理解，这是弱超词条理论解释；另一种解释，任何部分超词条表征被激活，都可以扩展到比喻义层面，即使语法结构是矛盾的，语义是不合理的，它的比喻义也可以被激活，这是强超词条理论解释（Holsinger, 2013）。

根据弱超词条理论，我们假设，被试对于语法结构和语义正确的成语可以辨认出，会有语义和语法加工；对于语法或语义不正确的成语，语义加工受到阻碍，因此不会有成语加工。根据强超词条理论，我们预测即使是语法结构或语义错误的成语，其比喻义也可以被表征，正确成语的反应时快于不正确条件下的成语。

为了避免被试由于实验时间过长，而导致答题效果不好的结果，我们将实验6分为了实验6A、6B和6C共计3个子实验，每个子实验时间约为20分钟。实验6A是动宾结构成语的实验，实验6B是偏正结构成语的实验，实验6C是主谓结构成语的实验。

## 一 实验6A

我们假设 VO 和 VOVO 结构成语，被试对于正确成语可以辨认出，会有语义和语法加工；对于语法或语义不正确的句子，不确定是否会有成语加工。

实验 6A 有 2 个被试内自变量：2（语法结构：VO 和 VOVO）×4（语法语义：正确成语、同义词成语、语义不相关成语、语义和语法混合干扰成语）。实验任务是"词汇判断"，要求被试对呈现的四个字是否是成语，尽快做出判断。因变量是反应时和错误率。

### （一）被试

15 名浙江大学本科学生。被试的裸视或矫正视力正常，智力水平正常，无阅读障碍，右利手。

### （二）材料

实验成语材料同实验 3A 的关键成语，11 个 VO 成语，11 个 VOVO 成语，共计 22 个成语（见附录 4）。每个成语有 4 种情况（见表 3—31），（1）正确成语（2）同义词成语（3）语义不相关成语（4）语义和语法混合干扰成语（即语义和语法不相关成语）。15 个被试的预实验任务是做一个语义相关评定前测。语义相关问卷就是采用 5 点量表对以上 3 种成语（2 - 4）的最后一个字，做相关评定。同义词的分数是 4.27，不相关的是 1.43，混合干扰的是 1.42。有 88（22×4）个实验成语，另有 22 个不一致的成语（即同义词成语、语义不相关成语和语义和语法混合干扰成语）和 66 个一致成语（即正确成语）作为填充材料，共计 88 + 22 + 66 = 176 个试次，一致和不一致的成语按照 1：1 出现在实验材料里。经过伪随机排序后，即实验用 4 字词在填充材料四字词语义判断任务完成后，才开始测试。相同条件下的成语不会连续出现 3 次。实验在

20分钟以内完成。

表3—31　　　　　　　　　成语和非成语举例

| 正确成语 | 奉公守法 |
| --- | --- |
| 同义词成语 | 奉公守制 |
| 语义不相关成语 | 奉公守财 |
| 语法和语义混合干扰成语 | 奉公守挤 |

(三) 过程

使用DMDX呈现刺激和记录被试的反应时和错误率。点击run后，电脑屏幕呈现指令，用的是蓝色宋体，按空格键开始做实验。首先在屏幕中央出现红色的"+"注视符号，注视时间持续300 ms，空屏200 ms，四个字里的每个字逐个呈现在屏幕中央，蓝色宋体，36号字体。第一个字呈现300 ms，之后200 ms的空屏，从前一个词的止点到后一个词的起点是200 ms，也就是说，从前一个词的起点到后一个词的起点为500 ms。逐字呈现成语。最后一个是"？"号，呈现300 ms。一个成语与后一个成语的ITI是1000 ms。如果3900 ms之内没有应答，自动进行下一个试次。本实验的任务是让被试判断这四个字是否是成语。被试认为"是"就按"Z"键，"不是"就按"/"键（见图3—15）。

二　实验6B

我们假设SM和SMSM结构成语，被试对于正确成语可以辨认出，会有语义和语法加工；对于语法或语义不正确的句子，不确定是否会有成语加工。

实验6B有2个被试内自变量：2（语法结构：SM和SMSM）×4（语法语义：正确成语、同义词成语、语义不相关成语、语义和语

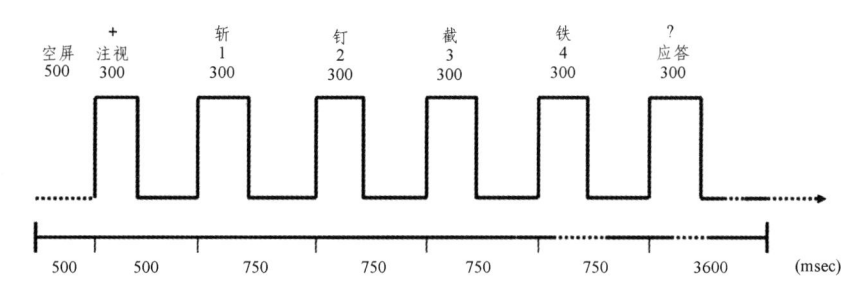

图 3—15　成语和非成语反应时实验过程示例

法混合干扰成语)。实验任务是"词汇判断",要求被试对呈现的四个字是否是成语,尽快做出判断。因变量是反应时和错误率。

(一) 被试

15 名浙江大学本科学生。被试的裸视或矫正视力正常,智力水平正常,无阅读障碍,右利手。

(二) 材料

实验成语材料同实验 3B 的关键成语,11 个 SM 成语,11 个 SMSM 成语,共计 22 个成语(见附录 4)。有 88 (22×4) 个实验成语,另有 22 个不一致的成语(即同义词成语、语义不相关成语和语义和语法混合干扰成语)和 66 个一致成语(即正确成语)作为填充材料,共计 88 + 22 + 66 = 176 个试次。填充材料选择方法、排列方法同实验 6A。

(三) 过程

过程同实验 6A(见图 3—15)。

### 三　实验 6C

我们假设 SV 和 SVSV 结构成语,被试对于正确成语可以辨认出,会有语义和语法加工;对于语法或语义不正确的句子,不确定是否会有成语加工。

实验6C有2个被试内自变量：2（语法结构：SV和SVSV）×4（语法语义：正确成语、同义词成语、语义不相关成语、语义和语法混合干扰成语）。实验任务是"词汇判断"，要求被试对呈现的四个字是否是成语，尽快做出判断。因变量是反应时和错误率。

（一）被试

15名浙江大学本科学生。被试的裸视或矫正视力正常，智力水平正常，无阅读障碍，右利手。

（二）材料

实验成语材料同实验3C的关键成语，10个SV语，10个SVSV成语，共计20个成语（见附录4）。有80（20×4）个实验成语，另有20个不一致的成语（即同义词成语、语义不相关成语和语义和语法混合干扰成语）和60个一致成语（即正确成语）作为填充材料，共计80+20+60=160个试次。填充材料选择方法、排列方法同实验6A。

（三）过程

过程同实验6A（见图3—15）。

## 四 结果

将3次子实验的数据合并在一个表格里，做基础删除后，共计3840个，RT<80 ms的删除108个，RT>3000 ms的删除1个，$M=433$，$SD=243$，RT<=M+3SD，删除69个，删除率是854/3840=22.2%。

表 3—32　　　　成语语法与语义关系实验的描述性统计数据

| 实验条件 | 6A/6B/6C 语法结构 | 反应时 ($M \pm SD$) | 错误率 ($M \pm SD$) |
| --- | --- | --- | --- |
| cor | VO | 348 ± 73 | 0.025 ± 0.044 |
|  | VOVO | 309 ± 69 | 0.107 ± 0.069 |
|  | SM | 325 ± 61 | 0.096 ± 0.130 |
|  | SMSM | 361 ± 81 | 0.075 ± 0.080 |
|  | SV | 321 ± 92 | 0.065 ± 0.055 |
|  | SVSV | 328 ± 120 | 0.021 ± 0.044 |
| syn | VO | 428 ± 102 | 0.063 ± 0.058 |
|  | VOVO | 443 ± 90 | 0.105 ± 0.061 |
|  | SM | 440 ± 84 | 0.058 ± 0.081 |
|  | SMSM | 433 ± 98 | 0.115 ± 0.076 |
|  | SV | 445 ± 98 | 0.085 ± 0.169 |
|  | SVSV | 438 ± 109 | 0.075 ± 0.089 |
| nonsyn | VO | 408 ± 92 | 0.006 ± 0.023 |
|  | VOVO | 417 ± 92 | 0.013 ± 0.034 |
|  | SM | 429 ± 78 | 0.051 ± 0.061 |
|  | SMSM | 430 ± 99 | 0.049 ± 0.068 |
|  | SV | 434 ± 102 | 0.020 ± 0.041 |
|  | SVSV | 445 ± 109 | 0.015 ± 0.039 |
| sng | VO | 415 ± 96 | 0.007 ± 0.026 |
|  | VOVO | 395 ± 88 | 0.000 ± 0.000 |
|  | SM | 433 ± 83 | 0.013 ± 0.014 |
|  | SMSM | 440 ± 74 | 0.032 ± 0.060 |
|  | SV | 458 ± 114 | 0.044 ± 0.070 |
|  | SVSV | 426 ± 88 | 0.013 ± 0.035 |

实验条件：cor = 正确成语；syn = 同义词成语；nonsyn = 语义不相关成语；sng = 语义与语法混合干扰成语

然后在对数据进行了分类汇总和重组后，对成语对错判断反应时做了三因素重复测量方差检验。即对被试的成语语法结构、结构对称性和成语对错判断进行3（语法结构：动宾、偏正和主谓）×2（结构对称性：非联合和联合）×4（语法语义：正确成语、同义词成语、语义不相关成语、语义和语法混合干扰成语）重复测量方差分析，结果表明（见图3—16），语法结构、结构对称性和语法语义反应时的交互作用显著，$F_1（6，126）=2.28，p=0.040，\eta^2=0.098$；$F_2（4，174）=0.50，p=0.740，\eta^2=0.011$。结构对称性与语法语义反应时的交互作用不显著，$F_1（3，126）=1.05，p=0.375，\eta^2=0.024$；$F_2（3，231）=0.53，p=0.660，\eta^2=0.007$。语法结构与语法语义反应时的交互作用不显著，$F_1（6，126）=1.14，p=0.343，\eta^2=0.052$；$F_2（6，231）=.94，p=0.470，\eta^2=0.003$。结构对称性与语法结构反应时的交互作用不显著，$F_1（2，42）=1.75，p=0.186，\eta^2=0.251$；$F_2（2，231）=0.68，p=0.510，\eta^2=0.006$。

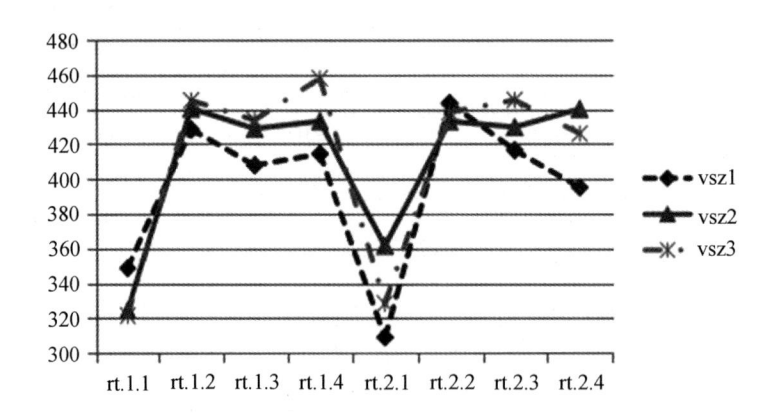

**图3—16 实验6成语语法语义、结构对称性与不同实验条件下反应时交互**

rt=反应时（1.1=非联合结构正确成语；1.2=非联合结构同义词成语；1.3=非联合结构语义不相关成语；1.4=非联合结构语义与语法混合干扰成语；2.1=联合结构正确成语；2.2=联合结构同义词成语；2.3=联合结构语义不相关成语；2.4=联合结构语义与语法混合干扰成语）

vsz=语法结构（1=动宾结构；2=偏正结构；3=主谓结构）

## (一) 三个子实验反应时的数据统计结果与分析

### 1. 三种语法结构成语的结构对称性与语法语义反应时关系

表 3—33　　　　　　结构对称性与语法语义反应时差异显著性

| 语法结构 | str * smnGrm 的 $p$ 值 | str 的 $p$ 值 | smnGrm 的 $p$ 值 |
| --- | --- | --- | --- |
| 动宾结构 | 0.068 | 0.273 | 0.000 |
| 偏正结构 | 0.189 | 0.275 | 0.000 |
| 主谓结构 | 0.257 | 0.371 | 0.000 |

str = 结构对称性（1 = 非联合结构；2 = 联合结构）

smnGrm = 语法语义（1 = 正确成语；2 = 同义词成语；3 = 语义不相关成语；4 = 语法与语义混合干扰成语）

如表 3—32 和表 3—33 所示，当成语是动宾结构时，按照被试分析，结构对称性与语义反应时的交互作用不显著，$F_1$（3，42）= 2.56，$p = 0.068$，$\eta^2 = 0.154$；$F_2$（3，79）= 1.69，$p = 0.176$，$\eta^2 = 0.060$。结构对称性反应时主效应不显著，非联合结构成语的判断反应时（400 + 21）略慢于联合结构成语的判断反应时（391 + 20）。$F_1$（1，14）= 1.30，$p = 0.273$，$\eta^2 = 0.085$；$F_2$（1，79）= 0.18，$p = 0.669$，$\eta^2 = 0.002$。语法语义反应时主效应显著，$F_1$（1，14）= 16.18，$p = 0.000$，$\eta^2 = 0.536$，$F_2$（3，79）= 16.98，$p = 0.000$，$\eta^2 = 0.392$。将非联合结构和联合结构动宾结构成语合并平均后，得到正确成语、同义词成语、语义不相关成语和语法和语义混合干扰成语 4 组数据，配对样本 $t$ 值检验结果表明，动宾结构正确成语和同义词成语对错判断反应时有显著差异，$t_{1(14)}$ = -6.84，$p = 0.000$，正确成语反应时（329 + 16）显著快于同义词成语（436 + 24）。动宾结构正确成语和语义不相关成语对错判断反应时有显著差异，$t_{1(14)}$ = -5.09，$p = 0.000$，正确成语反应时

(329+16) 显著快于语义不相关成语 (412+23)。动宾结构的正确成语与语义和语法混合干扰成语对错判断反应时有显著差异，$t_{1(14)} = -4.73$，$p = 0.000$，正确成语反应时 (329+16) 显著快于语义和语法混合干扰成语 (405+22)。动宾结构同义词成语与语义不相关成语对错判断反应时有显著差异，$t_{1(14)} = 2.25$，$p = 0.041$，语义不相关成语反应时 (412+23) 显著快于同义词成语 (436+24)。动宾结构同义词成语与语义和语法混合干扰成语对错判断反应时有显著差异，$t_{1(14)} = 2.72$，$p = 0.017$，语义和语法混合干扰成语反应时 (405+22) 显著快于同义词成语 (436+24)。动宾结构语义不相关成语与语义和语法混合干扰成语对错判断反应时没有显著差异，语义和语法混合干扰成语反应时 (405+22) 略快于语义不相关成语 (412+23)。

当成语是偏正结构时，对称结构与语义反应时的交互作用不显著，$F_1(3, 42) = 1.67$，$p = 0.189$，$\eta^2 = 0.106$；$F_2(2, 60) = 1.03$，$p = 0.364$，$\eta^2 = 0.033$。结构对称性主效应不显著。$F_1(1, 14) = 1.29$，$p = 0.275$，$\eta^2 = 0.085$；$F_2(1, 80) = 0.86$，$p = 0.358$，$\eta^2 = 0.011$。语法语义主效应显著，$F_1(3, 42) = 16.77$，$p = 0.000$，$\eta^2 = 0.545$；$F_2(3, 80) = 13.98$，$p = 0.000$，$\eta^2 = 0.344$。将非联合结构和联合结构偏正结构成语合并平均后，得到正确成语、同义词成语、语义不相关成语和语法和语义混合干扰成语4组数据，配对样本 $t$ 值检验结果表明，偏正结构正确成语和同义词成语对错判断反应时有显著差异，$t_{1(14)} = -4.69$，$p = 0.000$，正确成语反应时 (343+15) 显著快于同义词成语 (437+23)。偏正结构正确成语和语义不相关成语对错判断反应时有显著差异，$t_{1(14)} = -4.19$，$p = 0.001$，正确成语反应时 (343+15) 显著快于语义不相关成语 (429+22)。偏正结构正确成语与语义和语法混合干扰成语对错判断反应时有显著差异，$t_{1(14)} = -5.35$，$p = 0.000$，正确成语反应时（343+15）显著快于语义和语法混合干扰成语（437+19）。偏正结构同义词成语与语义不相关成语对错判断反应时没有显著差异，语义不相关成语反应时（429+22）略快于同义词成语（437+23）。偏正结构同义词成语与语义和语法混合干扰成语对错判断反应时没有显著差异，语义和语法混合干扰成语反应时（437+19）等同于同义词成语（437+23）。偏正结构的语义不相关成语与语义和语法混合干扰成语对错判断反应时没有显著差异，语义不相关成语（429+22）略快于语义和语法混合干扰成语反应时（437+19）。

当成语是主谓结构时，对称结构与语义反应时的交互作用不显著，$F_1$（3，42）=1.40，$p=0.257$，$\eta^2=0.091$；$F_2$（3，72）=0.69，$p=0.559$，$\eta^2=0.028$。结构对称性反应时主效应不显著，$F_1$（1，14）=0.85，$p=0.371$，$\eta^2=0.057$；$F_2$（1，72）=0.21，$p=0.645$，$\eta^2=0.003$。语法语义反应时主效应显著 $F_1$（3，42）=42.34，$p=0.000$，$\eta^2=0.751$；$F_2$（3，72）=25.99，$p=0.000$，$\eta^2=0.520$。将非联合结构和联合结构主谓结构成语合并平均后，得到正确成语、同义词成语、语义不相关成语和语法和语义混合干扰成语4组数据，配对样本 $t$ 值检验结果表明，主谓结构正确成语和同义词成语对错判断反应时有显著差异，$t_{1(14)}=-9.64$，$p=0.000$，正确成语反应时（325+26）显著快于同义词成语（442+25）。主谓结构正确成语和语义不相关成语对错判断反应时有显著差异，$t_{1(14)}=-7.20$，$p=0.000$，正确成语反应时（325+26）显著快于语义不相关成语（440+26）。主谓结构正确成语与语义和语法混合干扰成语对错判断反应时有显著差异，$t_{1(14)}=-6.59$，$p=0.000$，正确成语反应时（325+26）显著快于语义和语法混合干扰成语（442+25）。主谓结构同义词成语与语义不相关成语对错判断反应时没有显著差异，语义不相关成语反应时（440+26）略快于同义词成语（442+25）。主谓结构同义词成语与语义和语法混合干扰成语对错判断反应时没有显著差异，语义和语法混合干扰成语反应时（442+25）等同于同义词成语（(442+25)）。主谓结构语义不相关成语与语义和语法混合干扰成语对错判断反应时没有显著差异，语义不相关成语（440+26）略快于语义和语法混合干扰成语反应时（442+25）。

2. 联合和非联合结构成语的语法结构与语法语义反应时关系

表3—34　　　　　语法结构与语法语义反应时差异显著性

| 语法结构 | vsz*smnGrm 的 $p$ 值 | vsz 的 $p$ 值 | smnGrm 的 $p$ 值 |
| --- | --- | --- | --- |
| 非联合 | 0.141 | 0.880 | 0.000 |
| 联合 | 0.175 | 0.697 | 0.000 |

vsz = 语法结构（1 = 动宾结构；2 = 偏正结构；3 = 主谓结构）

smnGrm = 语法语义（1 = 正确成语；2 = 同义词成语；3 = 语义不相关成语；4 = 语法与语义混合干扰成语）

如表3—32和表3—34所示，当成语是非联合结构时，语法结构和语法语义反应时交互作用不显著，$F_1(6, 126) = 1.64$，$p = 0.141$，$\eta^2 = 0.073$；$F_2(6, 115) = 1.20$，$p = 0.313$，$\eta^2 = 0.059$。语法语义反应时主效应显著，$F_1(3, 126) = 51.61$，$p = 0.000$，$\eta^2 = 0.551$；$F_2(3, 115) = 29.98$，$p = 0.000$，$\eta^2 = 0.439$。按照被试分析，成对比较数据结果显示，非联合式动宾、偏正和主谓结构成语在不同语法语义条件下反应时没有显著差异。配对样本 $t$ 值检验数据结果显示，非联合结构正确成语与同义词成语对错判断的反应时有显著差异，$t_{1(44)} = -9.46$，$p = 0.000$，非联合结构正确成语反应时（331+11）显著快于同义词成语（438+13）。非联合结构正确成语与语义不相关成语对错判断的反应时有显著差异，$t_{1(44)} = -9.46$，$p = 0.000$，非联合结构正确成语反应时（331+11）

显著快于语义不相关成语（424+13）。非联合结构正确成语与语法和语义混合干扰成语对错判断的反应时有显著差异，$t_{1(44)} = -8.17$，$p = 0.000$，非联合结构正确成语反应时（331+11）显著快于语法和语义混合干扰成语（435+15）。非联合结构同义词成语和语义不相关成语对错判断的反应时有显著差异，$t_{1(44)} = 2.58$，$p = 0.013$，非联合结构同义词成语反应时（(438+13）显著慢于语义不相关成语（424+13）。非联合结构同义词成语与语法和语义混合干扰成语对错判断的反应时没有显著差异，非联合结构同义词成语反应时（438+13）略快于语法和语义混合干扰成语（435+15）。非联合结构语义不相关成语与语法和语义混合干扰成语对错判断的反应时没有显著差异，非联合结构语义不相关成语反应时（424+13）略快于语法和语义混合干扰成语（435+15）。

当非联合结构成语是正确成语时，成语语法结构之间没有显著差异，$F_1(2, 42) = 0.56$，$p = 0.576$。非联合式动宾结构成语的反应时最慢（348+19），非联合式偏正结构成语的反应时居中（325+16），非联合式主谓结构成语的反应时最快（321+24）。当非联合成语是同义词成语时，成语语法结构反应时之间没有显著差异，$F_1(2, 42) = 0.14$，$p = 0.876$。非联合式动宾结构成语的反应时最快（428+26），非联合式偏正结构成语的反应时较慢（440+22），非联合式主谓结构成语的反应时最慢（445+23）。当非联合结构成语是语义不相关成语时，成语语法结构之间没有显著差异，$F_1(2, 42) = 0.34$，$p = 0.711$。非联合式动宾结构成语的反应时最快（408+24），非联合式偏正结构成语的反应时较慢（429+20），非联合式主谓结构成语的反应时最慢（434+26）。当非联合结构成语是语法和语义混合干扰成语时，成语语法结构反应时之间没有显著差异，$F_1(2, 42) = 0.73$，$p = 0.488$。非联合式动宾结构成语的反应时最快（415+25），非联合式偏正结构成语的反应时较慢（432 + 22），非联合式主谓结构成语的反应时最慢（458 + 29）。

当成语是联合结构时，语法结构和语法语义反应时的交互作用不显著，$F_1$（6, 126）= 1.53, $p$ = 0.175, $\eta^2$ = 0.068；$F_2$（6, 116）= 0.80, $p$ = 0.569, $\eta^2$ = 0.040。语法语义主效应显著，$F_1$（3, 126）= 41.49, $p$ = 0.000, $\eta^2$ = 0.497；$F_2$（3, 116）= 25.63, $p$ = 0.000, $\eta^2$ = 0.399。按照被试分析，成对比较数据结果显示，联合式动宾、偏正和主谓结构成语在不同语法语义条件下反应时没有显著差异。配对样本 $t$ 值检验数据结果显示，联合结构正确成语与同义词成语对错判断的反应时有显著差异，$t_{1(44)}$ = -8.74, $p$ = 0.000，联合结构正确成语反应时（333 + 14）显著快于同义词成语（438 + 14）。联合结构正确成语与语义不相关成语对错判断的反应时有显著差异，$t_{1(44)}$ = -7.64, $p$ = 0.000，联合结构正确成语反应时（333 + 14）显著快于语义不相关成语（431 + 15）。联合结构正确成语与语法和语义混合干扰成语对错判断的反应时有显著差异，$t_{1(44)}$ = -7.09, $p$ = 0.000，联合结构正确成语反应时（333 + 14）显著快于语法和语义混合干扰成语（421 + 13）。联合结构同义词成语和语义不相关成语对错判断的反应时没有显著差异，联合结构同义词成语反应时（（438 + 14）略慢于语义不相关成语（431 + 15）。联合结构同义词成语与语法和语义混合干扰成语对错判断的反应时没有显著差异，联合结构同义词成语反应时（438 + 14）慢于语法和语义混合干扰成语（421 + 13）。联合结构语义不相关成语与语法和语义混合干扰成语对错判断的反应时没有显著差异，联合结构语义不相关成语反应时（431 + 15）略慢于语法和语义混合干扰成语（421 + 13）。

当联合结构成语是正确成语时，成语语法结构反应时之间没有显著差异，$F_1$（2, 42）= 1.23, $p$ = 0.302。联合式动宾结构成语的反应时最快（309+18），联合式主谓结构成语的反应时较慢（328+31），联合式偏正结构成语的反应时最慢（361+21）。当联合结构成语是同义词成语时，成语语法结构反应时之间没有显著差异，$F_1$（2，42）=0.04，$p=0.959$。联合式偏正结构成语的反应时最快（433+25），联合式主谓结构成语的反应时较快（438+28），联合式动宾结构成语的反应时最慢（443+24）。当联合结构成语是语义不相关成语时，成语语法结构反应时之间没有显著差异，$F_1$（2，42）=0.31，$p=0.738$。联合式动宾结构成语的反应时最快（417+24），联合式偏正结构成语的反应时较慢（430+26），联合式主谓结构成语的反应时最慢（445+28）。当联合结构成语是语法和语义混合干扰成语时，成语语法结构反应时之间没有显著差异，$F_1$（2，42）=1.13，$p=0.331$。联合式动宾结构成语的反应时最快（395+23），联合式主谓结构成语的反应时较慢（426+23），联合式偏正结构成语的反应时最慢（440+19）。

3. 不同实验条件下成语的结构对称性与语法结构反应时关系

表 3—35　　　　语法结构与结构对称性反应时差异显著性

| 实验条件 | vsz * str 的 $p$ 值 | vsz 的 $p$ 值 | str 的 $p$ 值 |
| --- | --- | --- | --- |
| cor | 0.027 | 0.895 | 0.790 |
| syn | 0.360 | 0.983 | 0.954 |
| nonsyn | 0.816 | 0.720 | 0.334 |
| sng | 0.245 | 0.447 | 0.128 |

str = 结构对称性（1 = 非联合结构；2 = 联合结构）

smnGrm = 语法语义（cor = 正确成语；syn = 同义词成语；nonsyn = 语义不相关成语；sng = 语法与语义混合干扰成语）

vsz = 语法结构（1 = 动宾结构；2 = 偏正结构；3 = 主谓结构）

如表 3—32 和表 3—35 所示，当理解正确成语时，按照被试分析，二因素重复测量方差分析结果显示，成语结构对称性和语法结构反应时的交互作用显著，$F_1$（2，42） = 3.95，$p = 0.027$，$\eta^2 = 0.158$；$F_2$（2，57） = 2.51，$p = 0.090$，$\eta^2 = 0.081$。结构对称性主效应不显著，$F_1$（1，42） = 0.017，$p = 0.895$，$\eta^2 = 0.000$；$F_2$（1，57） = 0.01，$p = 0.947$，$\eta^2 = 0.000$。配对样本 $t$ 值检验结果显示，非联合式与联合式动宾结构成语反应时有显著差异，$t_{1(14)} = 2.28$，$p = 0.039$，联合式动宾结构成语的反应时（309 + 18）显著快于非联合式动宾结构成语（348 + 19）。非联合式与联合式偏正结构成语反应时没有显著差异，联合式偏正结构成语的反应时（361 + 21）略慢于非联合式偏正结构成语（325 + 16）。非联合式与联合式主谓结构成语反应时没有显著差异，联合式主谓结构成语的反应时（328 + 31）略慢于非联合式主谓结构成语（321 + 24）。

当理解同义词成语时，按照被试分析，二因素重复测量方差分析结果显示，成语结构对称性和语法结构反应时的交互作用不显著，$F_1$（2，42） = 1.05，$p = 0.360$，$\eta^2 = 0.047$；$F_2$（2，58） = 0.54，$p = 0.587$，$\eta^2 = 0.018$。结构对称性主效应不显著，$F_1$（1，42） = 0.003，$p = 0.954$，$\eta^2 = 0.000$；$F_2$（1，58） = 0.56，$p = 0.457$，$\eta^2 = 0.010$。配对样本 $t$ 值检验结果显示，非联合与联合式动宾结构成语反应时没有显著差异，联合式动宾结构成语的反应时（443 + 23）略快于非联合式动宾结构成语（428 + 26）。非联合式与联合式偏正结构成语反应时没有显著差异，联合式偏正结构成语的反应时（433 + 25）略快于非联合式偏正结构成语（440 + 22）。非联合式与联合式主谓结构成语没有显著差异，联合式主谓结构成语的反应时（438 + 28）略慢于非联合式主谓结构成语（445 + 23）。

当理解语义不相关成语时，按照被试分析，二因素重复测量方差分析结果显示，成语结构对称性和语法结构反应时的交互作用不显著，$F_1$（2，42） = 0.20，$p = 0.816$，$\eta^2 = 0.010$；$F_2$（2，58）

$=0.09$，$p=0.914$，$\eta^2=0.003$。结构对称性主效应不显著，$F_1$（1，42）$=0.96$，$p=0.334$，$\eta^2=0.022$；$F_2$（1，58）$=0.16$，$p=0.694$，$\eta^2=0.003$。配对样本 $t$ 值检验结果显示，非联合与联合式动宾结构成语反应时之间没有显著差异，联合式动宾结构成语的反应时（317+24）略慢于非联合式动宾结构成语（408+24）。非联合式与联合式偏正结构成语反应时之间没有显著差异，联合式偏正结构成语的反应时（430+26）略慢于非联合式偏正结构成语（429+20）。非联合式与联合式主谓结构成语反应时之间没有显著差异，联合式主谓结构成语的反应时（445+28）略慢于非联合式主谓结构成语（434+26）。

当理解语法和语义混合干扰成语时，按照被试分析，二因素重复测量方差分析结果显示，成语结构对称性和语法结构反应时的交互作用不显著，$F_1$（2，42）$=1.46$，$p=0.245$，$\eta^2=0.065$；$F_2$（1，58）$=0.75$，$p=0.479$，$\eta^2=0.025$。结构对称性主效应不显著，$F_1$（1，42）$=2.42$，$p=0.128$，$\eta^2=0.054$；$F_2$（1，58）$=0.82$，$p=0.370$，$\eta^2=0.014$。配对样本 $t$ 检验结果显示，非联合式与联合式动宾结构成语反应时之间没有显著差异，联合式动宾结构成语的反应时（395+23）略快于非联合式动宾结构成语（415+25）。非联合式与联合式偏正结构成语反应时之间没有显著差异，联合式偏正结构成语的反应时（440+19）略慢于非联合式偏正结构成语（433+22）。非联合式与联合式主谓结构成语反应时之间有显著差异，$t_{1(14)}=2.17$，$p=0.047$，联合式主谓结构成语的反应时（426+23）显著快于非联合式主谓结构成语（458+29）。

（二）三个子实验错误率的数据统计结果与分析

在对数据进行了分类汇总和重组后，对成语对错判断错误率做了三因素重复测量方差检验，即 3（语法结构：动宾、偏正和主谓）× 2（结构对称性：非联合和联合）× 4（语法语义：正确成语、同义词成语、语义不相关成语、语义和语法混合干扰成语）三因素重复测量方差分析，结果表明（见图3—17），语法结构、结构对称性和语法语义错误率的交互作用显著，$F_1$（6，126）= 2.93，$p = 0.010$，$\eta^2 = 0.123$；$F_2$（6，231）= 0.43，$p = 0.859$，$\eta^2 = 0.011$。结构对称性与语法语义错误率的交互作用不显著，$F_1$（3，126）= 1.08，$p = 0.136$，$\eta^2 = 0.043$；$F_2$（3，231）= 0.34，$p = 0.800$，$\eta^2 = 0.004$。语法结构与语法语义错误率的交互作用不显著，$F_1$（6，126）= 1.28，$p = 0.270$，$\eta^2 = 0.052$；$F_2$（6，231）= 0.33，$p = 0.920$，$\eta^2 = 0.009$。结构对称性与语法结构错误率的交互作用显著，$F_1$（2，42）= 9.53，$p = 0.000$，$\eta^2 = 0.312$；$F_2$（2，231）= 1.20，$p = 0.304$，$\eta^2 = 0.010$。

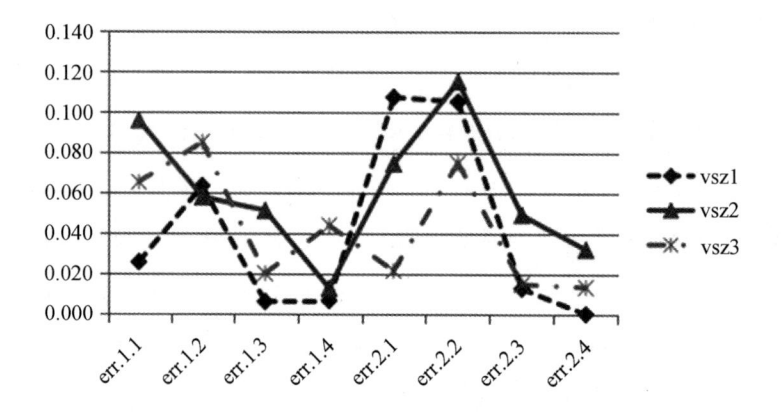

**图3—17 实验6成语语法语义、结构对称性与不同实验条件下错误率交互**

vsz = 语法结构（1 = 动宾结构；2 = 偏正结构；3 = 主谓结构）

err = 语法结构（1.1 = 非联合结构正确成语；1.2 = 非联合结构同义词成语；1.3 = 非联合结构语义不相关成语；1.4 = 非联合结构语义与语法混合干扰成语；2.1 = 联合结构正确成语；2.2 = 联合结构同义词成语；2.3 = 联合结构语义不相关成语；2.4 = 联合结构语义与语法混合干扰成语）

## 1. 三种语法结构成语的结构对称性与语法语义错误率关系

表 3—36　　　　　结构对称性与语法语义错误率差异显著性

| 语法结构 | str*smnGrm 的 $p$ 值 | str 的 $p$ 值 | smnGrm 的 $p$ 值 |
| --- | --- | --- | --- |
| 动宾结构 | 0.000 | 0.001 | 0.000 |
| 偏正结构 | 0.081 | 0.154 | 0.004 |
| 主谓结构 | 0.599 | 0.036 | 0.020 |

str = 结构对称性（1 = 非联合结构；2 = 联合结构）

smnGrm = 语法语义（1 = 正确成语；2 = 同义词成语；3 = 语义不相关成语；4 = 语法与语义混合干扰成语）

如表 3—32 和表 3—36 所示，当成语是动宾结构时，按照被试分析，结构对称性与语义错误率交互作用显著，$F_1$（3，42）= 8.22，$p = 0.000$，$\eta^2 = 0.370$；$F_2$（3，79）= 0.53，$p = 0.662$，$\eta^2 = 0.020$。结构对称性的错误率主效应显著，$F_1$（1，14）= 15.77，$p = 0.001$，$\eta^2 = 0.530$；$F_2$（1，79）= 1.32，$p = 0.255$，$\eta^2 = 0.016$。非联合结构成语的判断错误率（0.025 + 0.007）显著低于联合结构成语的判断错误率（0.056 + 0.007）。语法语义的错误率主效应显著，$F_1$（3，42）= 25.07，$p = 0.000$，$\eta^2 = 0.642$，$F_2$（3，79）= 2.83，$p = 0.044$，$\eta^2 = 0.097$。将非联合结构和联合结构动宾结构成语错误率合并平均后，得到正确成语、同义词成语、语义不相关成语和语法和语义混合干扰成语 4 组数据，配对样本 $t$ 值检验结果表明，动宾结构正确成语和同义词成语对错判断错误率没有显著差异，动宾结构正确成语错误率（0.066 + 0.012）略低于同义词成语（0.084 + 0.012）。动宾结构正确成语和语义不相关成语对错判断错误率有显著差异，$t_{1(14)} = 4.36$，$p = 0.001$，动宾结构正确成语错误率（0.066 + 0.012）显著高于语义不相关成语（0.009 + 0.005）。动宾结构正确成语与语义和语法混合干扰成语对错判断错误率有显著差异，$t_{1(14)} = 5.82$，$p = 0.000$，动宾结构正确成语错误率（0.066+0.012）显著高于语义和语法混合干扰成语（0.003+0.003）。动宾结构同义词成语与语义不相关成语对错判断错误率有显著差异，$t_{1(14)} = 6.51$，$p = 0.000$，动宾结构语义不相关成语错误率（0.009+0.005）显著低于同义词成语（0.084+0.012）。动宾结构同义词成语与语义和语法混合干扰成语对错判断错误率有显著差异，$t_{1(14)} = 7.19$，$p = 0.000$，动宾结构语义和语法混合干扰成语错误率（0.003+0.003）显著低于同义词成语（0.084+0.012）。动宾结构语义不相关成语与语义和语法混合干扰成语对错判断错误率没有显著差异，动宾结构语义和语法混合干扰成语错误率（0.003+0.003）略低于语义不相关成语（0.009+0.005）。

当成语是偏正结构时，按照被试分析，结构对称性与语义错误率的交互作用不显著，$F_1(3, 42) = 2.40$，$p = 0.081$，$\eta^2 = 0.146$；$F_2(3, 80) = 0.48$，$p = 0.700$，$\eta^2 = 0.018$。结构对称性的错误率主效应不显著，$F_1(1, 14) = 2.27$，$p = 0.154$，$\eta^2 = 0.140$；$F_2(1, 80) = 0.38$，$p = 0.537$，$\eta^2 = 0.005$。非联合结构成语的判断错误率（0.025+0.007）略低于联合结构成语的判断错误率（0.056+0.007）。语法语义的错误率主效应显著，$F_1(3, 42) = 5.15$，$p = 0.004$，$\eta^2 = 0.269$，$F_2(3, 80) = 1.51$，$p = 0.220$，$\eta^2 = 0.053$。将非联合和联合偏正结构成语错误率合并平均后，得到正确成语、同义词成语、语义不相关成语和语法和语义混合干扰成语4组数据，配对样本 $t$ 值检验结果表明，偏正结构正确成语和同义词成语对错判断错误率没有显著差异，偏正结构正确成语错误率（0.085+0.026）略低于同义词成语（0.087+0.017）。偏正结构正确成语和语义不相关成语对错判断错误率没有显著差异，偏正结构正确成语错误率（0.085+0.026）略高于语义不相关成语（0.050+0.012）。偏正结构正确成语与语义和语法混合干扰成语对错判断错误率没有显著差异，偏正结构正确成语错误率（0.085+0.026）略高于语义和语法混合干扰成语（0.022+0.009）。偏正结构同义词成语与语义不相关成语对错判断错误率有显著差异，$t_{1(14)}=2.50$，$p=0.026$，偏正结构语义不相关成语错误率（0.050+0.012）显著低于同义词成语（0.087+0.017）。偏正结构同义词成语与语义和语法混合干扰成语对错判断错误率有显著差异，$t_{1(14)}=5.59$，$p=0.000$，偏正结构语义和语法混合干扰成语错误率（0.022+0.009）显著低于同义词成语（0.087+0.017）。偏正结构语义不相关成语与语义和语法混合干扰成语对错判断错误率有边缘显著差异，$t_{1(14)}=2.09$，$p=0.056$，偏正结构语义和语法混合干扰成语错误率（0.022+0.009）显著低于语义不相关成语（0.050+0.012）。

当成语是主谓结构时，按照被试分析，结构对称性与语义错误率交互作用不显著，$F_1(3,42)=0.63$，$p=0.599$，$\eta^2=0.043$；$F_2(3,72)=0.13$，$p=0.943$，$\eta^2=0.005$。结构对称性错误率主效应显著，$F_1(1,14)=5.38$，$p=0.036$，$\eta^2=0.278$；$F_2(1,72)=1.11$，$p=0.296$，$\eta^2=0.015$。非联合结构成语的判断错误率（0.054+0.015）显著高于联合结构成语的判断错误率（0.031+0.010）。语法语义的错误率主效应不显著，$F_1(3,72)=1.51$，$p=0.219$，$\eta^2=0.059$。将非联合结构和联合结构主谓结构成语错误率合并平均后，得到正确成语、同义词成语、语义不相关成语和语法和语义混合干扰成语4组数据，配对样本$t$值检验结果表明，主谓结构正确成语和同义词成语对错判断错误率没有显著差异，主谓结构正确成语错误率（0.043+0.009）略低于同义词成语（0.080+0.030）。主谓结构正确成语和语义不相关成语对错判断错误率有显著差异，$t_{1(14)}=2.28$，$p=0.039$，主谓结构正确成语错误率（0.043+0.009）显著高于语义不相关成语（0.017+0.007）。主谓结构正确成语与语义和语法混合干扰成语对错判断错误率没有显著差异，主谓结构正确成语错误率（0.043+0.009）略高于语义和语法混合干扰成语（0.029+0.012）。主谓结构同义词成语与语义不相关成语对错判断错误率有显著差异，$t_{1(14)} = 1.17$，$p = 0.048$，主谓结构语义不相关成语错误率（0.017+0.007）显著低于同义词成语（0.080+0.030）。主谓结构同义词成语与语义和语法混合干扰成语对错判断错误率有显著差异，$t_{1(14)} = 2.23$，$p = 0.043$，主谓结构语义和语法混合干扰成语错误率（0.029+0.012）显著低于同义词成语（0.080+0.030）。动宾结构的语义不相关成语与语义和语法混合干扰成语对错判断错误率没有显著差异，主谓结构语义和语法混合干扰成语错误率（0.029+0.012）略高于语义不相关成语（0.017+0.007）。

2. 联合和非联合结构成语的语法结构与语法语义错误率关系

表 3—37　　　　　　　语法结构与语法语义错误率差异显著性

| 语法结构 | vsz * smnGrm 的 $p$ 值 | vsz 的 $p$ 值 | smnGrm 的 $p$ 值 |
|---|---|---|---|
| 非联合 | 0.270 | 0.341 | 0.000 |
| 联合 | 0.175 | 0.798 | 0.000 |

vsz = 语法结构（1 = 动宾结构；2 = 偏正结构；3 = 主谓结构）

smnGrm = 语法语义（1 = 正确成语；2 = 同义词成语；3 = 语义不相关成语；4 = 语法与语义混合干扰成语）

如表 3—32 和表 3—37 所示，当成语是非联合结构时，语法结构和语法语义错误率的交互作用不显著，$F_1(6, 126) = 1.28$，$p = 0.270$，$\eta^2 = 0.058$；$F_2(6, 115) = 0.39$，$p = 0.882$，$\eta^2 = 0.020$。语法语义的错误率主效应显著，$F_1(3, 126) = 19.52$，$p = 0.000$，$\eta^2 = 0.317$；$F_2(3, 115) = 1.89$，$p = 0.136$，$\eta^2 = 0.047$。按照被试

分析，成对比较数据结果显示，非联合式动宾、偏正和主谓结构成语在不同语法语义条件下的错误率没有显著差异。配对样本 $t$ 值检验数据结果显示，非联合结构正确成语与同义词成语对错判断的错误率没有显著差异，非联合结构正确成语错误率（0.062 + 0.013）略低于同义词成语（0.069 + 0.017）。非联合结构正确成语与语义不相关成语对错判断的错误率有显著差异，$t_{1(44)} = 2.65$，$p = 0.011$，非联合结构正确成语错误率（0.062 + 0.013）显著高于语义不相关成语（0.026 + 0.007）。非联合结构正确成语与语法和语义混合干扰成语对错判断的错误率有显著差异，$t_{1(44)} = 2.77$，$p = 0.008$，非联合结构正确成语错误率（0.062 + 0.013）显著高于语法和语义混合干扰成语（0.021 + 0.007）。非联合结构同义词成语和语义不相关成语对错判断的错误率有显著差异，$t_{1(44)} = 2.46$，$p = 0.018$，非联合结构同义词成语反应时（0.069 + 0.017）显著高于语义不相关成语（0.026 + 0.007）。非联合结构同义词成语与语法和语义混合干扰成语对错判断的错误率有显著差异，$t_{1(44)} = 3.52$，$p = 0.001$，非联合结构同义词成语错误率（0.069 + 0.017）显著高于语法和语义混合干扰成语（0.021 + 0.007）。非联合结构语义不相关成语与语法和语义混合干扰成语对错判断的错误率没有显著差异，非联合结构语义不相关成语反应时（0.026 + 0.007）略高于语法和语义混合干扰成语（0.021 + 0.007）。

当非联合结构成语是正确成语时，成语语法结构错误率之间没有显著差异，$F_1(2, 42) = 2.56$，$p = 0.090$。LSD 数据分析显示，非联合式动宾结构成语和非联合式偏正结构成语错误率之间有显著差异，$p = 0.029$，非联合式动宾结构成语的错误率（0.025 + 0.011）显著低于非联合式偏正结构成语（0.096 + 0.034）；非联合式偏正、非联合式动宾结构成语和非联合式主谓结构成语的错误率之间没有显著差异，非联合式主谓结构成语的错误率居中。当非联合成语是同义词成语时，成语语法结构错误率之间没有显著差异，$F_1(2, 42) = 0.25$，$p = 0.783$。非联合式偏正结构成语的错误率最低（0.058 + 0.021），非联合式动宾结构成语的错误率较高（0.063 + 0.015），非联合式主谓结构成语的错误率最高（0.085 + 0.044）。当非联合结构成语是语义不相关成语时，成语语法结构错误率之间有显著差异，$F_1(2, 42) = 4.04$，$p = 0.025$。非联合式动宾结构成语的错误率（0.006 + 0.006）显著低于非联合式偏正结构成语的错误率（0.051 + 0.016），非联合式偏正与非联合式主谓结构成语的错误率有边缘显著差异，$p = 0.062$。非联合式主谓结构成语的错误率（0.020 + 0.011）较低于非联合式偏正结构成语（0.051 + 0.016）。非联合式动宾和非联合式主谓结构错误率之间没有显著差异，非联合式主谓结构成语的错误率（0.020 + 0.011）略高于非联合式动宾结构成语的错误率（0.006 + 0.006）。当非联合结构成语是语法和语义混合干扰成语时，成语语法结构错误率之间没有显著差异，$F_1(2, 42) = 2.68$，$p = 0.080$。非联合式动宾结构成语的错误率最低（0.007 + 0.007），非联合式偏正结构成语的错误率较高（0.013 + 0.009），非联合式主谓结构成语的错误率最高（0.044 + 0.018）。

  实验数据结果表明，当成语是联合结构时，语法结构和语法语义错误率的交互作用不显著，$F_1(6, 126) = 1.53$，$p = 0.175$，$\eta^2 = 0.068$；$F_2(6, 116) = 0.38$，$p = 0.892$，$\eta^2 = 0.019$。语法语义的错误率主效应显著，$F_1(3, 126) = 41.49$，$p = 0.000$，$\eta^2 = 0.497$；$F_2(3, 116) = 3.38$，$p = 0.021$，$\eta^2 = 0.080$。按照被试分析，成对比较数据结果显示，联合式动宾、偏正和主谓结构成语在不同语法语义条件下没有显著差异。配对样本$t$值检验数据结果显示，联合结构正确成语与同义词成语对错判断的错误率有显著差异，$t_{1(44)} = -2.70$，$p = 0.010$，联合结构正确成语错误率

(0.068+0.011) 显著低于同义词成语 (0.099+0.011) 的错误率。联合结构正确成语与语义不相关成语对错判断的反应时有显著差异，$t_{1(44)}$ = 3.80，$p$ = 0.000，联合结构正确成语的错误率 (0.068+0.011) 显著低于语义不相关成语 (0.026+0.008) 的错误率。联合结构正确成语与语法和语义混合干扰成语对错判断的反应时有显著差异，$t_{1(44)}$ = 4.40，$p$ = 0.000，联合结构正确成语错误率 (0.068+0.011) 显著低于语法和语义混合干扰成语 (0.015+0.006) 的错误率。联合结构同义词成语和语义不相关成语对错判断的错误率有显著差异，$t_{1(44)}$ = 7.47，$p$ = 0.000，联合结构同义词成语的错误率 (0.099+0.011) 显著高于语义不相关成语 (0.026+0.008) 的错误率。联合结构同义词成语与语法和语义混合干扰成语对错判断的错误率有显著差异，$t_{1(44)}$ = 7.52，$p$ = 0.000，联合结构同义词成语的错误率 (0.099+0.011) 显著高于语法和语义混合干扰成语 (0.015+0.006)。联合结构语义不相关成语与语法和语义混合干扰成语对错判断的错误率没有显著差异，联合结构语义不相关成语的错误率 (0.026+0.008) 略高于语法和语义混合干扰成语 (0.015+0.006)。

当联合结构成语是正确成语时，成语语法结构错误率之间有显著差异，$F_1$ (2, 42) = 6.41，$p$ = 0.004。LSD 数据结果显示，联合式动宾和联合式主谓结构成语的错误率有显著差异，$p$ = 0.001，联合式主谓结构成语的错误率 (0.021+0.011) 显著低于联合式动宾结构成语 (0.107+0.108)，联合式偏正结构成语的错误率居中 (0.075+0.021)。当联合结构成语是同义词成语时，成语语法结构的错误率之间没有显著差异，$F_1$ (2, 42) = 1.14，$p$ = 0.330。联合式主谓结构成语的错误率最低 (0.075+0.023)，联合式动宾结构成语的错误率较高 (0.105+0.016)，联合式偏正结构成语的错误率最高 (0.115+0.020)。当联合结构成语是语义不相关成语时，成语语法结构错误率之间没有显著差异，$F_1$（2，42）= 2.58，$p$ = 0.088。联合式动宾结构成语的错误率最低（0.013 + 0.009），联合式动宾主谓结构成语的错误率略高（0.015 + 0.010），联合式偏正结构成语的错误率最高（0.049 + 0.018）。当联合结构成语是语法和语义混合干扰成语时，成语语法结构错误率之间没有显著差异，$F_1$（2，42）= 2.40，$p$ = 0.103。联合式动宾结构成语的错误率最低（0.000 + 0.000），联合式主谓结构成语的错误率略高（0.013 + 0.009），联合式偏正结构成语的错误率最高（0.032 + 0.016）。

3. 不同实验条件下成语的结构对称性与语法结构错误率关系

表 3—38　　　　语法结构与结构对称性错误率的差异显著性

| 实验条件 | vsz * str 的 $p$ 值 | vsz 的 $p$ 值 | str 的 $p$ 值 |
| --- | --- | --- | --- |
| cor | 0.000 | 0.236 | 0.618 |
| syn | 0.139 | 0.977 | 0.043 |
| nonsyn | 0.880 | 0.004 | 0.984 |
| sng | 0.056 | 0.121 | 0.473 |

str = 结构对称性（1 = 非联合结构；2 = 联合结构）

smnGrm = 语法语义（cor = 正确成语；syn = 同义词成语；nonsyn = 语义不相关成语；sng = 语法与语义混合干扰成语）

vsz = 语法结构（1 = 动宾结构；2 = 偏正结构；3 = 主谓结构）

如表 3—32 和表 3—38 所示，当理解正确成语时，按照被试分析，二因素重复测量方差分析结果显示，成语结构对称性和语法结构的错误率交互作用显著，$F_1$（2，42）= 11.71，$p$ = 0.000，$\eta^2$ = 0.358；$F_2$（2，57）= 1.37，$p$ = 0.264，$\eta^2$ = 0.046。结构对称性的错误率主效应不显著，$F_1$（1，42）= 0.025，$p$ = 0.618，$\eta^2$ = 0.006；$F_2$（1，57）= 0.02，$p$ = 0.885，$\eta^2$ = 0.000。配对样本 $t$ 值检验结果显示，非联合式与联合式动宾结构成语的错误率有显著差

异，$t_{1(14)} = -4.52$，$p = 0.000$，联合式动宾结构成语的错误率（0.107 + 0.018）显著高于非联合式动宾结构成语（0.025 + 0.011）。非联合式与联合式偏正结构成语的错误率没有显著差异，联合式偏正结构成语的错误率（0.075 + 0.021）略低于非联合式偏正结构成语（0.096 + 0.034）。非联合式与联合式主谓结构成语错误率有显著差异，$t_{1(14)} = 2.47$，$p = 0.027$，联合式主谓结构成语的错误率（0.021 + 0.011）显著低于非联合式主谓结构成语（0.065 + 0.014）。

当理解同义词成语时，按照被试分析，二因素重复测量方差分析结果显示，成语结构对称性和语法结构的错误率交互作用不显著，$F_1(2, 42) = 2.07$，$p = 0.139$，$\eta^2 = 0.090$；$F_2(2, 58) = 0.24$，$p = 0.784$，$\eta^2 = 0.008$。结构对称性的错误率主效应显著，$F_1(1, 42) = 4.38$，$p = 0.043$，$\eta^2 = 0.094$；$F_2(1, 58) = 0.53$，$p = 0.471$，$\eta^2 = 0.009$。配对样本$t$值检验结果显示，非联合式与联合式动宾结构成语错误率有显著差异，$t_{1(14)} = -2.34$，$p = 0.035$，联合式动宾结构成语的错误率（0.105 + 0.016）显著高于非联合式动宾结构成语（0.063 + 0.015）。非联合式与联合式偏正结构成语错误率有显著差异，$t_{1(14)} = -2.72$，$p = 0.016$，联合式偏正结构成语的错误率（0.115 + 0.020）显著高于非联合式偏正结构成语（0.058 + 0.021）。非联合式与联合式主谓结构成语错误率没有显著差异，联合式主谓结构成语的错误率（0.075 + 0.023）略低于非联合式主谓结构成语（0.085 + 0.044）。

当理解语义不相关成语时，按照被试分析，二因素重复测量方差分析结果显示，成语结构对称性和语法结构的错误率交互作用不显著，$F_1(2, 42) = 0.13$，$p = 0.880$，$\eta^2 = 0.000$；$F_2(2, 58) = 0.09$，$p = 0.919$，$\eta^2 = 0.003$。结构对称性的错误率主效应不显著，$F_1(1, 42) = 0.00$，$p = 0.984$，$\eta^2 = 0.000$；$F_2(1, 58) = 0.01$，

$p=0.936$，$\eta^2=0.000$。配对样本 $t$ 值检验结果显示，非联合式与联合式动宾结构成语的错误率没有显著差异，联合式动宾结构成语的错误率（0.013+0.009）略高于非联合式动宾结构成语（0.006+0.023）。非联合式与联合式偏正结构成语的错误率没有显著差异，联合式偏正结构成语的错误率（0.049+0.018）略低于非联合式偏正结构成语（0.051+0.016）。非联合式与联合式主谓结构成语的错误率没有显著差异，联合式主谓结构成语的错误率（0.015+0.010）略低于非联合式主谓结构成语（0.020+0.011）。

当理解语法和语义混合干扰成语时，按照被试分析，二因素重复测量方差分析结果显示，成语结构对称性和语法结构的错误率交互作用边缘显著，$F_1$（2，42）=3.09，$p=0.056$，$\eta^2=0.012$；$F_2$（2，58）=1.69，$p=0.194$，$\eta^2=0.055$。结构对称性错误率的主效应不显著，$F_1$（1，42）=0.52，$p=0.473$，$\eta^2=0.012$；$F_2$（1，58）=0.27，$p=0.606$，$\eta^2=0.005$。配对样本 $t$ 值检验结果显示，非联合式与联合式动宾结构成语的错误率没有显著差异，联合式动宾结构成语的错误率（0.000+0.000）略低于非联合式动宾结构成语（0.007+0.007）。非联合式与联合式偏正结构成语的错误率没有显著差异，联合式偏正结构成语的错误率（0.032+0.016）略高于非联合式偏正结构成语 0.013+0.009）。非联合式与联合式主谓结构成语的错误率有显著差异，$t_{1(14)}=2.17$，$p=0.047$，联合式主谓结构成语的错误率（0.013+0.009）显著低于非联合式主谓结构成语（0.044+0.018）。

### 五 讨论

之前的研究结果强调合成词或短语词组的语法结构，认为语法结构是语言理解加工中自动出现的加工过程（Friederici & Weissenborn, 2007），语法结构具有优先加工效应，即习语理解加工中，语法结构会先于语义得到加工。但是这种实验论证多来自于语法形态丰富的印欧语系的语言，如德语和荷兰语等。而成语类似于一个词组存储在人的心理词典里，对于成语被试没有必要对每一个词分配语法加工任务。一方面，成语的每一个词都是独立的语义单位；另一方面，成语在语法结构和语义上是完整的。实验6的数据结果表明，即使语法和语义是错误的，成语依然存在语义加工。结果表明，语法结构或语义不合理的字并不能阻止被试对成语的理解，实验结果表明成语加工具有语义优先优势。Holsinger（2013）对英语习语的实验也验证了这一结果。他用实验论证了语法结构矛盾的习语不会影响习语的理解。Liu等（2010）采用ERP实验成语的语法和语义加工关系，也发现成语加工时有语义优先加工效应，语法对成语的影响较小，所以他们论证成语是以整词形式存储在心理词典里的，因为大多数成语源自历史事件或传说，结构固定，所以成语的理解过程类似于固定短语或是语法完整的短句。这一结论虽然证实了成语的语义加工优势，但是没有进一步论证成语整词表征的加工模型。

实验6的结果显示，结构对称性与语义交互作用不显著，结构对称性主效应不显著，语法语义主效应显著。无论联合结构还是非联合结构成语，语法结构和语法语义交互作用不显著，语法结构主效应不显著，语法语义主效应显著，实验结果表明，3种不同语法结构成语的反应时，正确成语反应时显著快于其他条件下的成语，语义不相关成语与语法语义混合干扰成语反应时之间没有显著差异，同义词成语反应时最慢。

出现这种反应时的数据结果，可能是因为成语有固定的语法结构，即同义词成语、语义不相关成语和语法语义混合干扰成语，在日常生活的语言使用中很少出现这种词组。被试对于同义词成语加工要显著慢于对语义不相关以及语法语义混合干扰成语的加工，语义不相关成语与语义和语法混合干扰成语判断的反应时之间没有显著差异。这说明，被试更容易加工语义不相关成语与语义和语法混合干扰成语，而同义词成语的加工难度最高。这一结果与 Liu 等（2010）对成语的语法和语义的 ERP 认知实验结果一致。

　　实验 6 发现在正确成语条件下，被试的反应时最快，表明正确成语的加工在语法和语义上有一个竞争关系，正确的语法有助于成语比喻义通达。然而语法和语义混合干扰的条件下，成语的加工反应时也比较快。根据强超词条理论，从字面义到比喻义的加工，超词条的作用过于强大，即使语法结构不正确，被试还是激活了超词条，并由超词条引发成语的比喻义加工。部分超词条表征可以激活成语概念层的语义加工，如"奉公守"的表征可以通达超词条"奉公守法"。"奉公守挤"，"挤"错误的语法结构对成语的理解加工影响较小，因此错误的语法结构有可能没有被激活，被试直接对成语的语义进行加工。使得被试在成语理解加工过程中出现较少的激活单元，所以语法和语义混合干扰成语的加工反应时较快。语义不相关的条件下，被试的反应时与语法语义混合干扰条件下的反应时没有显著差异，依据超词条理论，错误的语义理解加工不同于错误的语法结构的理解加工过程。被试在进行成语的语义加工时，有一个语义期待值，超词条如同理解成语的一个阈限，成语部分词素字面义的加工有可能激活了对超词条的表征，超词条在激活概念层后，依据超词条理论，又反过来激活成语各个字面义的语义。超词条激活成语概念与语义不相关的词素字面义存在竞争关系，如"奉公守法"与"奉公守财"，"法"与"财"的语义完全不匹配，被试用较少的激活单元，就可以分辨出"法"与"财"的差异，对语义不相关成语的加工进行较快的对错判断加工。同义词成语的反应时最慢，依据超词条理论，在语义加工时，"奉公守"激活了超词条"奉公守法"。"法"与"制"语义形成一种竞争关系，然而，被试发现刺激成语"法"与心理词典中的目标成语"制"语义相似，必须使用较多的激活单元，才可以辨别"法"与"制"的不同语义，所以同义词成语的加工时间显著变慢。

超词条理论预测，在理解成语时，成语某些字面义的激活对于成语中的超词条的激活和成语语义的提取是必须的。在成语理解过程中，促进成语相关字串的字面义的激活会影响到成语比喻义的提取。在加工理解成语时，成语各组成成分的字面义必须先得到加工，然后通过超词条这个媒介，才能提取到成语的概念意义（如"斩钉截铁"）。实验6的数据结果证明被试对成语的理解是从成语词素的字面义开始加工的。即使是以整词形式存储在心理词典的成语，被试通过激活部分成语词素字面义，就可以激活超词条，由于实验任务很简单，只要求被试判断看到的四个字是否是成语，因此被试未必等到四个字完整呈现，才判断出看到的四个字是否是一个成语。根据语义期待值，一旦超词条激活了存储在心理词典里的成语，被试就依据心理存储的成语形式，对看到的四个字做出它是否是成语的判断了。

实验结果表明，无论在语法或语义正确还是不正确条件下，被试首先对成语的字面义进行加工。由于实验过程中，成语里的每个字是逐个呈现的，被试不可能对看到的成语做整词加工，但是实验结果与Holsinger（2013）完整呈现习语的实验结果是一致的。Holsinger的实验结果支持混合表征和并行模型（Cutting & Bock，1997；Sprenger et al.，2006；Swinney & Cutler，1979），他们发现被试在早期的时间窗口对习语有字面义加工，这表明被试对习语的字面义加工发生在早期，在习语理解晚期，这种字面义加工消失了。混合模型和超词条理论认为，无论在何种语境下，习语的字面义加工是必须的。并行模型认为字面义和比喻义是并行加工的。

实验6的数据结果证实，不同语法结构对成语的理解有不同的影响。当理解正确成语，同义词成语、语义不相关成语和语法和语义混合干扰成语时，虽然成语结构对称性和语法结构的交互作用不显著，结构对称性主效应不显著，但是理解正确成语时，联合式动宾结构成语的反应时显著快于非联合式动宾结构成语；当理解语法和语义混合干扰成语时，联合式主谓结构成语的反应时显著快于非联合式主谓结构成语。数据表明在不同语法语义条件下，某些语法结构的成语存在结构对称性效应。

实验6的数据结果与实验3、实验4的结果不一致。实验3和实验4发现，理解字面义时，正字法和逆序动宾结构成语有结构对称性效应；理解字面义和比喻义时，正字法和逆序偏正结构成语有结构对称性效应；正字法和逆序主谓结构成语在理解字面义和比喻义时，都没有结构对称性效应。实验6发现，正确成语条件下，动宾结构成语有结构对称性效应；语法和语义混合干扰条件下，主谓结构成语有结构对称性效应。这一研究结果使我们意识到，即使对成语语法结构做了较全面细致的分类，由于实验任务不同，将会导致不同结构成语出现结构对称性效应。这也解释了为什么之前关于成语结构对称性效应的实验研究结果会不一致，即有的实验证明成语有结构对称性效应，而有的却证明没有结构对称性效应。因为这些实验没有对成语语法结构做细致的分类，其研究结果将更加多样化和复杂化。

实验6的数据结果显示，在不同语法语义条件下，某些语法结构的成语存在结构对称性效应，以及不同语法结构的成语的反应时有显著差异。这说明成语虽然有语义加工优势，但是词素的具体性质如语法结构依然影响成语的加工表征机制。

实验6的数据结果支持强超词条表征理论，成语的字面义首先得到加工，语法结构影响习语的加工。但是错误语义或语法结构没有阻止对成语比喻义的加工，这与弱超词条理论不符，说明在成语理解中，超词条不是一个超强过滤网，过滤掉一切不符合成语规范的内容。因此，需要对超词条理论做一些修订：如果错误的语法结构对成语语义影响不是很大，那么，被试不需要消耗太多的加工资源去建构语法结构正确的成语；如果是语义错误，在成语产出时，超词条理论可以起一个更直接的作用。实验表明，语法表征和概念内容直接相互作用，超词条多少与某一语法，概念和启动表征有关。

格式塔心理学认为好的格式塔是在坚持"整体性原则"的基础上，遵循相关的格式塔规律。(1) 就近原则。人们倾向于以距离较近的"碎片"为集合来建构格式塔。(2) 相似原则。人们倾向于选取相似的"碎片"来建构格式塔。(3) 连贯原则。人们倾向于选取连续自然的形态建构格式塔。(4) 求简原则。人们倾向于在复杂中求取简单的格式塔。(5) 闭合原则。面对不规则、不完满的状态，人们倾向于弥补缺陷，建构完整的格式塔。(6) 图形—背景原则。图形、背景并不局限于可见事物，凡被关注的知觉对象均可称为图形，起衬托作用的知觉对象均可称为背景。当我们面对广泛的信息时，会选取特定的信息作为图形，自动地把其他信息作为背景。在认知过程中，图形的凸显度高于背景。

在成语语法语义判断实验中，实验 6 中动宾结构成语的"图形—背景原则"不显著，因为成语的语法结构的反应时差异不显著（$p > 0.05$）。对于语义不相关成语和语义语法混合干扰成语，被试运用了格式塔心理学的"闭合原则"，对有语义或语法错误的成语构建出了正确的成语。对于同义词成语，被试采用了"求简原则"和"闭合原则"，因为他们要在语义相近的词语中选出正确的词语，由于受到"相似原则"的干扰，在采用正确成语条件下用"闭合原则"进行成语语义整合过程时增加了加工时间。

# 第四章

# 总 讨 论

　　非建构观认为，习语加工是直接提取的，词素义在加工的早期并未被激活。但是 Peterson 等（2001）的研究表明，即使比喻义得到了通达，被试依然对习语进行语法分析。建构观中的构造假设认为，成语加工主要是识别"习语键"，语法分析和语义加工的目的均是识别习语的"抽象"本质。但建构观无法解释在语汇使用中成语语法行为的限制（马利军，张积家，2012），也没有论述在成语的理解中词素义是如何表征的。Cutting 和 Bock（1997）提出了混合表征模式，认为习语是作为有语法结构和有比喻义的词串直接被表征的。但是混合表征模式没有明确说明整词与词素的表征关系。混合模式认为从词素到词素概念有语义和语法两个加工方向。这种加工模式也违反了习语加工没有特殊性这一理论。Sprenger 等（2006）对混合表征模式做了修订，提出了超词条理论。习语加工的混合表征被体现出来，习语的语义和语法加工都被限制在了词素加工阶段，即它们是同时被加工的，在产出习语时，一旦超词条出现在人的心理词汇中，语法搭配会自动出现。超词条模型通过引入超词条节点，体现了习语语法特征，并与词条连接，词素与整词加工是处于同一层次，两者随着刺激输入同时得到加工，词素与整词存在能量之间的竞争、激活与抑制，但整词的激活也为词素的激活做好准备，各词素之间存在能量竞争，对习语整词作用大的词素或者和语境相一致的词素将得到优先激活。总之，习语与短语加工模式是一致的。

然而，在习语理解过程中，从激活习语各组成词素字面义开始到激活习语的比喻义，超词条在这一过程中的作用不是很清楚。本研究以成语的语法结构为词素的具体性质，对语法结构对成语的心理表征特点和理解加工机制做了详细的论述。本研究的 6 个实验论证了成语加工符合混合表征模型和超词条理论。实验结果发现整词表征与词素表征同时存在于成语加工中，是一种并行竞争的关系，哪种表征有优势，哪种表征就得到优先加工。成语的加工以超词条为中介，成语字串中各词素字面义的表征是必经的加工过程。语法结构影响成语的心理表征特点和理解加工机制。

## 第一节 语法结构对成语心理表征特点的影响

实验 1 的研究结果发现成语心理表征特点如成语知识、熟悉度、主观频率、字面义合理度和可分解性，对成语的理解加工有不同的影响。实验 1 采用问卷调查方法，分析数据结果表明，350 个成语在 7 种语法结构条件下（动宾结构、偏正结构、主谓结构、连动结构、联合式动宾结构、联合式偏正结构和联合式主谓结构）的 7 种特征（熟悉度、成语知识、可预测性、习得年龄、主观频率、字面义合理度和可分解性）具有完全不同的理解加工趋势。其中可预测性和习得年龄在 7 种语法结构条件下，问卷分值没有显著差异，故忽略不计。实验 1 发现成语知识、熟悉度、可预测性、习得年龄和主观频率是与成语整词表征有关的成语心理表征特点；字面义合理度和可分解性是与成语词素表征有关的成语心理表征特点。成语语法结构对成语心理表征特点的这种影响模式，意味着不同语法结构的超词条对成语理解有不同的影响。毫无疑问，成语的 5 种特征和 7 种语法结构在帮助实验者做成语理解和表征实验时，具有重大的意义。

与 Bonin 等（2013）的实验结果一致的是，实验 2 发现成语习得年龄是预测成语语义判断的可信度最高的因素。实验 2 发现与整词表征有关的成语心理表征特点对成语的加工反应时可预测性较大；与词素表征有关的成语心理表征特点对成语的加工反应时可预测性较小。

## 第二节　语法结构对成语理解的影响

Sprenger 等（2006）提出超词条模型，超词条模型详细解释了成语加工中整词与词素表征的关系，语法与语义表征的关系，字面义与比喻义表征的关系，但是没有具体讨论词素本身的性质（如语法结构）对成语是如何产生影响的，以及词条和超词条在成语通达中发挥怎样不同的作用。实验 3 至实验 6 主要研究联合式动宾结构、联合式偏正结构、联合式主谓结构、非联合式动宾结构、非联合式偏正结构、非联合式主谓结构这 6 种语法结构对成语理解和加工表征的不同影响。

实验 3 通过成语语义判断任务，实验 4 采用逆序成语语义判断任务，对非联合式和联合式成语的动宾、偏正和主谓结构成语做了较全面的结构对称性研究。实验 3 和实验 4 的结果发现，动宾和偏正结构的成语有结构对称性效应，主谓结构的成语对称性效应不显著。这说明不同语法结构成语的结构对称性效应不同，不可以一概而论。

成语独有的四字结构和固定的语法特征是成语特有的语言形式，不同于西方字母文字。实验 3、实验 4 和实验 6 的结果都发现，某些语法结构的成语有结构对称性效应，因此，我们发现不同语法结构性质的词素对超词条的激活有不同的作用。根据实验结果，联合式动宾和偏正结构成语的词素对超词条的加工有促进作用，非联合式动宾和偏正结构成语的词素对超词条有抑制作用。主谓结构成语的结构对称性效应虽然不显著，但是联合式主谓结构成语比喻义的反应时略快于非联合式主谓结构成语。我们的实验结果进一步补充完善了超词条理论，对词素的具体性质如语法结构在成语加工中的作用做了较详细的解释（见图4—1和图4—2）。本研究的实验结果证明，动宾结构成语无论在反应时均值在1000 ms左右的实验（如实验3和实验4）或反应时均值在350 ms左右的实验（如实验6）中都有结构对称性效应。所以，图4—1和图4—2选作示例的成语是动宾结构成语。依据Friederici（2002）的实验，300—500 ms是对词汇语义的理解阶段；500—1000 ms是对不同信息进行语法和语义整合的阶段。因此，我们得出结论：无论是在成语语义理解阶段，还是在语法和语义整合阶段，词素的具体性质如语法结构都会影响成语的理解加工机制。

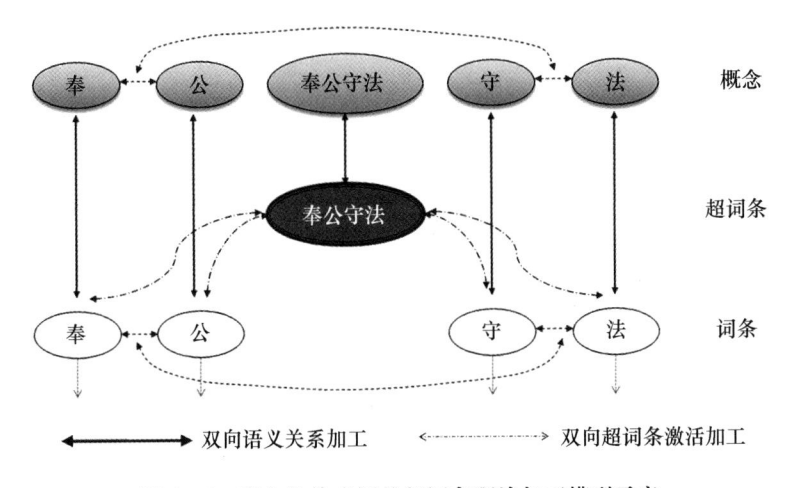

图4—1 联合结构成语的超词条理论加工模型示意

168 / 语法结构对成语表征影响的实验研究

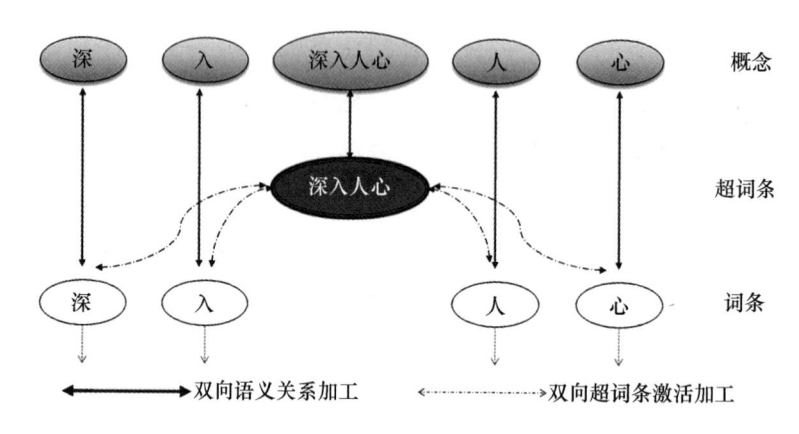

图4—2 非联合结构成语的超词条理论加工模型示意

对于联合结构成语（见图4—1），如"奉公守法"，动词性质的词素"奉"和名词性质的词素"公"在加工时与动词性质的词素"守"和名词性质的词素"法"语法结构一致，"奉"和"公"之间以及"守"和"法"之间由于都是动词和名词之间的加工，两组合成词的各个词素之间形成了兴奋性联结。同时"奉公"和"守法"两组合成词都是动宾结构，两组语法结构相同的词组"奉公"和"守法"之间也可以形成兴奋性联结，来自于两组合成词的这种兴奋性联结加速了对超词条"奉公守法"的激活，当超词条出现后，语法搭配自动出现，联合结构成语的语义通达就显著加快了。依据超词条理论，字面义和比喻义是双向通达的，在比喻义通达后，由于结构一致性导致的这种兴奋性联结，结构对称性效应依然存在，在成语理解中，促进了其比喻义对各个词素的激活加工。因此，被试在做语义判断或成语对错判断时反应时加快。但在非联合结构成语中（见图4—2），如"深入人心"，由于是两组语法功能不同的合成词，起主要作用的一组动词性质的词组"深入"对另一组名词词性的词组"人心"的激活形成抑制；同时在"深入"这组合成词中，一个副词性质的词素"深"对另一个动词性质的词素"人"的激活也形成抑制;在"人心"这组合成词中,一个形容词性质的词素"人"对另一个名词性质的词素"心"的激活也形成抑制。由此我们得出结论:"深入人心"这个成语中,有副词、动词、形容词和名词四种不同语法性质的词素,因此,"深"和"入"以及"人"和"心"之间都没有形成兴奋性联结,反而由于各个词素不同的语法性质,产生了相互抑制的作用。同时动词性质的词组"深入"对另一组名词词性的词组"人心"的激活也形成抑制。这种词素之间的抑制与合成词之间的抑制共同抑制了被试对超词条的激活,导致非联合结构成语的语义通达显著慢于联合结构成语。实验3、实验4和实验6的结果充分证实,结构对称性是成语理解加工中的表征特征之一,具有联合结构性质的词素对成语的理解加工起到促进作用,而具有非联合结构性质的词素对成语的理解加工起到抑制作用。

另外,实验5的数据发现,即使在统一的联合结构条件下,不同语法结构成语倾向于不同的表征模式。实验6的数据结果发现,在正确的成语条件下,动宾结构成语有结构对称性效应;在语法和语义混合干扰条件下,主谓结构成语有结构对称性效应。这表明在语言的理解过程中,词素的语法结构分类信息起着主要的作用(Liu et al., 2010)。

实验1、实验2、实验3、实验4、实验5和实验6的结果是一致的。因此本研究通过不同的实验任务都表明成语的理解和加工在不同程度上受到语法结构的影响。实验结果表明,在成语的熟悉度、可预测性、主观频率、成语知识、习得年龄、可分解性和字面义合理度被平衡的条件下,语法结构作为因变量对成语的整词与词素表征、语法与语义表征、字面义和比喻义表征都有不同程度的影响。

## 第三节　整词与词素表征关系

成语混合加工的中心问题是词素与整词的加工是否处于同一层次。Cutting和Bock（1997）的混合表征模型认为，词素与整词分属不同层次，整词表征是在对词素充分理解的基础上完成的，这与多层次激活模型（Taft，1994；Zhou & Marslen，1995）的观点相似，它们共同认为整词表征滞后于词素表征，词素在整词通达中发挥重要作用。超词条模型与AAM（Caramazza et al.，1988）和IIC模型（彭聃龄等，1999）观点一致，认为整词与词素处在同一层次，两者随着刺激输入同时得到加工，词素与整词之间存在能量的竞争、激活和抑制，但整词（超词条）的激活也为词素激活做好准备，各成分词素之间同样存在能量竞争。对成语整词作用大的词素或者和语境相一致的词素将得到优先激活（刘志方，闫国利，张智君，潘运，杨桂芳，2013）。

实验1、实验2、实验3、实验4、实验5和实验6支持成语混合表征模式和超词条理论。成语在理解加工中，词素和整词都有可能成为成语表征中的单元（Cutting & Bock，1997；Sprenger et al.，2006）。实验1发现在字面义合理度与可分解性上存在相关关系，这与Libben和Titone（2008）以及Bonin等（2013）的研究发现相反，而Tabossi等（2011）没有发现字面义合理度与可分解性之间存在相关关系。这表明比起字母语言，汉语的表达方式在视觉上比较显而易见（Zhang & Peng，2013）。成语具有独特的理解特征，它的完整语义更有可能从构成成语的各字中推断出来。因此，这一结果证实了超词条理论，即成语的各组成部分可以预测成语的完整语义（Sprenger等，2006）。

与本研究实验研究结果一致的是，Cacciari、Tabossi（1988）

以及 Titone 和 Connine（1999）等人的结果表明，在成语理解过程中词素意义得到加工；而且 Cutting 和 Bock（1997）的研究中发现，字面义相似的成语和非成语在词汇产生任务中出现更多错误，这表明词素意义得到了激活。Sprenger 等（2006）在实验中发现，在产生习语和匹配词组时，两类刺激同时启动词素意义的加工，而且习语的启动量更大。这是因为习语词素之间粘连强度比匹配词组词素之间粘连强度要大，所以提供更多线索，易化词素加工。这些研究论证了词素义在习语中的存在。张积家和马利军（2008）研究了词素性质如词素义倾向对惯用语理解的影响。研究发现词素存在比喻义使惯用语的加工更快速；词素是否具有比喻义影响惯用语整词的加工。词素在惯用语加工中发挥作用，同时是一种真实的心理表征。

本研究的实验结果论证了成语的加工遵循混合加工和超词条理论的观点，词素和整词都有可能成为成语表征的单元，两者加工存在资源竞争，哪个占主导依赖于词素自身的性质如语法结构和整词语境效应。实验 3 和实验 4 对结构对称性效应的研究发现，当词素的语法结构一致时，词素单元易于形成一种兴奋联结，促进了超词条的激活，加快了对成语的理解。当词素的语法结构不一致时，词素单元相互抑制，阻碍了对成语超词条的激活。实验 3 和实验 4 的结果表明联合结构和非联合结构成语倾向于不同的表征模型。实验 4 的结果显示，在逆序成语加工中，非联合式主谓结构成语的词素被逐个激活，表明非联合式主谓结构成语倾向于词素加工模式，而联合式偏正结构成语的词素粘连度高，所以联合式偏正结构成语倾向于整词表征。

实验 5 采用空格切分实验方法，实验 5 发现即使在统一的联合结构条件下，并列偏正、并列动宾和并列主谓结构成语倾向于不同的加工理解过程。成语包含两种意义，如果成语同时具有整词和词素两种表征方式，那么，切分会诱发被试采用词素义整合的方式来加工成语。实验5数据结果显示，并列动宾结构成语的无切分条件和词素切分条件的反应时最快，它们之间的反应时没有显著差异。这说明并列动宾结构成语的词素可拆分程度高，词素之间的粘连程度低，词素义容易被激活，存在独立的表征，由此我们推测并列动宾结构成语倾向于词素表征。并列偏正结构成语的3种非词素切分条件与无切分条件不存在差异，无切分显著快于词素切分，说明并列偏正结构成语各词素间的粘连度高，词素义较难被激活。因此，并列偏正结构成语倾向于整词表征加工模式。并列主谓结构成语的无切分条件的反应时最快，其他3种非词素切分的反应时与并列偏正结构成语没有差异，这表明，并列主谓结构成语倾向于整词表征加工方式。

实验5中，不同语法结构成语在不同空格切分条件下的不同反应时数据结果说明，成语词素的性质如语法结构会影响成语的加工和理解。实验5的结果支持超词条理论，成语加工没有绝对化的整词加工模型，也没有绝对化的词素加工模型。研究结果发现，无论倾向于整词表征还是词素表征，词素表征是不可或缺的，整词表征之间是以词素表征为中介的。

实验6中同义词成语的反应时最慢，表明成语的词素意义得到了激活，这与Cutting和Bock（1997）的实验结果一致。实验6逐词呈现范式的实验结果进一步论证了成语的理解开始于词素的字面义加工。这表明，成语的加工与一般短语的加工是一致的，这符合超词条理论的研究发现。

实验4和实验6的结果也与Sprenger等的（2006）研究结果一致（实验2）。他们使用与词素语义相关的启动词来启动习语，结果表明，习语得到了激活。同时实验4和实验6的结果证明这种语义相关是双向的，即部分成语词素义的激活可以通达整词表征（超词条），在成语产生中，词素义也得到了激活。

与张积家和马利军（2008）的实验结果一致，实验6的结果表明，正确成语的加工快于语法或语义不正确成语的加工。实验6还表明，词素语法和语义的差异会影响成语的理解；同时，依据超词条理论，对词素同时包含字面义和比喻义的成语而言，成语存在整词表征单元，这种整词创设的语境会影响词素语义的加工，整词单元表征与词素单元表征一致时（如正确成语），互相激活，整词单元表征与词素单元表征不一致时（如同义词成语、语义相关成语、语法和语义混合干扰成语），互相抑制。依据建构观，如果成语不存在整词表征单元，而是词素充分加工后整合成整词，那么，在不同启动刺激条件下，成语对错判断反应时应该不会存在差异，因为词素的充分激活，直至习语键出现，整词表征才会被通达，因此对成语整词的加工必然促进词素义表征的加工过程，然而这与实验结果不符。实验6的结果显示，在整词正确的语境条件下，由于整词与词素作为表征单元在心理词典中是一种互相促进的激活，所以被试对词素的比喻义加工较快。在整词不合理的语境条件下，由于两类表征单元的语义是一种互相抑制的关系，被试对词素的比喻义加工较慢。实验6的结果表明词素义与整词义相一致时，促进成语的加工，不一致时则抑制成语的加工。这一结果也证实了超词条理论，即习语的各组成部分可以预测习语的完整语义（Sprenger等，2006）。

依据非建构观，成语词素的性质将不会影响成语整词的加工，词素是否具有不同的语法结构对整词的加工处理没有影响，这显然与研究结果不一致。依据建构观，成语的加工依次经历词素表征和整词表征，整词的通达依赖于对词素的充分加工，那么词素的性质如语法结构将不会影响到对整词的加工，即词素的充分加工对整词的处理产生同样的效果。也就是说，如果词素的加工早于整词的加工,那么词素本身的性质如语法结构将不会对整词的加工产生影响。但是,实验1、实验2、实验3、实验4、实验5和实验6都表明词素的具体性质如语法结构影响了成语整词的加工。本研究的实验结果证明,在成语的加工中,整词与词素表征处在同一层次,也就是说,本研究结果支持超词条模型,即无论在语法加工还是概念语义水平加工中,成语的整词和词素都处在同一加工层次。

## 第四节 比喻义与字面义表征关系

本研究的实验结果与 Rommers 等的（2013）实验结果不一致,Rommers 等发现语义相关成语和语义不相关成语没有显著差异,表明字面义没有被激活。可能是因为他们用了很多模糊习语,导致语义相关成语和语义不相关成语没有显著差异。

实验3和实验4的研究结果与 Holsinger（2013）的实验结果一致,支持混合表征和超词条理论中的并行模式（Cutting & Bock,1997；Sprenger 等,2006；Swinney & Cutler,1979）,实验3和实验4发现成语比喻义判断的反应时显著快于字面义判断的反应时。实验3和实验4发现,成语字面义理解过程中,动宾结构和偏正结构成语有结构对称性效应；在比喻义理解过程中,结构对称性效应不显著,只有偏正结构成语有结构对称性效应。结构对称性效应对超词条的激活作用在前文已经做了论述,这里不再重复说明了。联合式和非联合式动宾结构、偏正结构和主谓结构成语的比喻义都快于字面义。成语含有字面义与比喻义两种语义,当在比喻义语义条件下理解成语时,由于呈现的比喻义句子与被试心理词典中的成语概念一致,促进了成语理解的反应时。在理解成语比喻义句子的过程中,成语的字面义也被激活了。因为依据超词条理论,是成语的字面义激活了超词条。如果字面义没有得到加工,那么被试在看到呈现的目标成语时，超词条无法被激活，被试在心理如果没有激活成语的概念义，对所看到的成语语义是无法做出判断的。而当在字面义条件下理解成语时，成语各词素的字面义被激活，由于呈现的字面义句子与被试心理词典中的成语比喻义相互矛盾，抑制了对成语比喻义的加工，加长了判断反应时间。这表明，在理解成语的字面义句子时，成语的比喻义也被激活了。因此，实验3和实验4的结果支持超词条理论提出的并行模型，即字面义和比喻义在成语的理解过程中是并行加工的。

实验6中的四个字是掩蔽式逐字呈现的，实验结果与成语完整呈现的结果一致（Holsinger，2013），论证了成语从字面义到比喻义的通达过程中，成语各组成成分的字面义加工和激活是不可缺少的。超词条理论预测，在理解成语时，成语某些字面义的激活对于成语中的超词条的激活和成语概念义的提取是必须的。因此，超词条理论认为，在成语理解过程中，促进成语相关字串的字面义的激活会影响到成语比喻义的提取。依据超词条理论，被试在对成语相关字串的词素字面义进行加工时，部分词素字面义的激活导致超词条出现，激活了成语的比喻义。同时，成语比喻义的通达又反过来激活了成语各组成成分，即各个词素。如图4—1和图4—2所示，字面义单元表征到比喻义单元表征是一种自下而上的过程，比喻义单元表征到字面义单元表征是一种自上而下的过程，成语的理解过程是字面义单元表征和比喻义单元表征混合加工的过程。依据超词条理论，字面义和比喻义表征是并行相互竞争的关系，同时存在在成语理解加工的过程中，哪种表征优先，取决于词素本身的性质如语法结构、整词语境、词素语义倾向等因素。

## 第五节　语法与语义表征关系

西方字母文字研究表明，句子在加工时有语法独立于语义之外，语法有优势效应（Friederici，2002；Bornkessel & Schlesewsky，2008）。印欧语系的大多数语言中，语法形态学占有重要地位，而汉语中形态学在语法研究中所占比重较少（Liu 等，2010）。之前的 ERP 研究表明汉语与其他语言采用不同类型的加工过程（Liu 等，2010；Zhou，Zhou & Chen，2004；Ye，Luo，Friederici & Zhou，2006；Yu & Zhang，2008）。实验结果表明，汉语，不像字母文字，其语义整合不依赖于完整的语法结构。

依据超词条模型（Sprenger 等，2006），对成语超词条的提取已经限定了成分单词的语法位置，因此，即使存在语法变换和语义变换，成语依然得到正确加工。超词条理论为成语多样化的理解本质，提供了一个详细明确的成语理解和表征机制。但是超词条理论没有解释超词条在习语从字面义理解到比喻义理解的过程中，是如何具体运作的（Tabossi，Wolf & Koterle，2009）。

实验 6 的数据结果推翻了弱超词条理论，支持强超词条理论。实验结果表明，即使是语法结构错误的成语，其比喻义也可以被通达。实验 6 的数据结果与之前研究汉语语法的实验结果是一致的（Liu 等，2010；Zhou，Zhou & Chen，2004；Ye，Luo，Friederici & Zhou，2006；Yu & Zhang，2008），实验 6 表明，成语没有语法加工优势，成语在理解加工中存在语义优势。

实验 6 的数据结果与 Holsinger（2013）的实验结果一致，依据 Holsinger 对超词条理论提出的修订意见，如果一个习语的语法结构或语义不合理，利用超词条理论，会有两种解释。一种解释，这个短语的语法结构不符合习语结构，语义相互矛盾，这阻碍了习语概念层面的通达，所以不可能被当作习语理解，这是一种弱超词条理论解释（见图 4—3）；另一种解释，任何部分超词条表征被激活，都可以扩展到比喻义层面，即使语法结构是矛盾的，它的比喻义也可以被激活，这是一种强超词条理论解释（见图 4—4）。

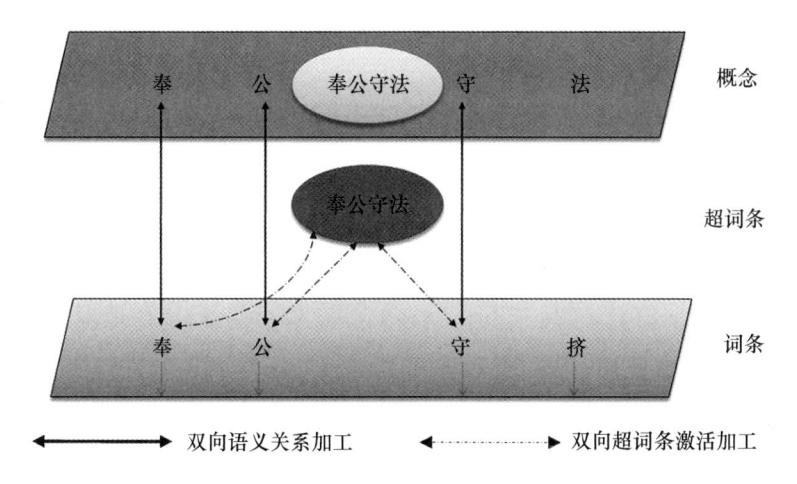

**图 4—3　成语弱超词条理论模型示意**

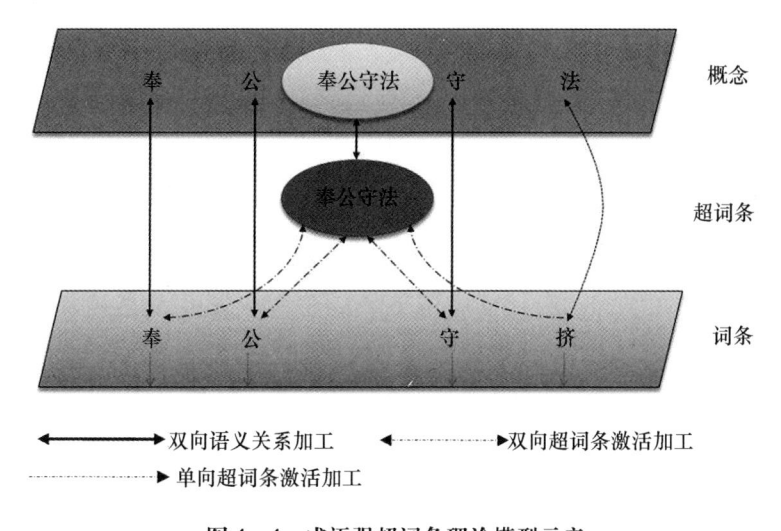

**图 4—4　成语强超词条理论模型示意**

超词条理论没有系统地解释超词条在成语从词条到概念层的激活过程中起到一个怎样的作用。实验 6 的结果是对超词条理论的一种补充说明。依据弱超词条理论，如果超词条是一个超强过滤网，对于错误语法结构和语义的成语应该没有理解和加工。如图 4—3 所示，"奉公守挤"由于"挤"与"奉公守法"的"法"语法结构和语义不一致,"挤"在通达"法"时受到了阻碍,导致超词条"奉公守法"没有被激活。超词条如同通达成语概念层的一个阈限,过滤掉了"挤"这个语法和语义混合干扰的词素,所以当被试看到"奉公守挤"后,不可能加工出成语"奉公守法"。因为超词条不具备将词条映射到语法结构或语义不匹配的成语构成词素上的功能。一旦"奉公守法"超词条由于语法语义混合干扰的词素"挤"没有被激活,"法"与"挤"这两个词素的语义没有被双向通达,被试因此很难通达"奉公守挤"的整词表征"奉公守法"。然而,实验结果显示,被试对于错误语法结构和语义的成语做出判断的反应时仅仅略慢于正确成语的判断时间。实验6的结果说明超词条不是一个超强过滤网,过滤掉一切不符合成语规范的内容。这说明语法结构或语义不合理并不能阻止被试对习语的理解,因此推翻了弱超词条理论的假设。

　　依据强超词条理论,如同普通短语一样,超词条参与到了从字面义到比喻义理解的激活过程中。这样一来,任何超词条的部分表征的激活都会通达成语的概念层。如果是这样的话,我们假设,在成语的理解过程中,不合理的语法结构不足以阻止对成语比喻义的通达。但是,语义错误与语法结构不合理的加工过程不同,受语义期待值的驱动,被试对成语的比喻义或字面义会产生一种预测。这种语义期待对于被试如何理解成语词条,会有与错误语法结构不同的影响。如图4—4所示,在激活超词条过程中,被试可能没有对"奉公守挤"里"挤"的错误语法结构进行加工,而是直接对成语的语义进行加工。由图可知,虽然成语词条中的"挤"没有激活超词条里的"法",但是,被试由于对"奉公守挤"里"奉公守"这三个字的字面义的理解加工,激活了超词条"奉公守法",从而实现了对该成语的比喻义的通达。成语的概念层(超词条)同时也激活了成语的各个组成词素。这与超词条对成语词条字面义的假设是一致的，即在成语的理解过程中，成语词条的字面义加工是不可或缺的，成语的比喻义是通过对字面义的理解通达的，这是一种自下而上的加工；同时成语比喻义从概念层采用自上而下的加工模式，激活成语各词素的字面义，这是一种自上而下的加工。实验6的结果表明，即使是成语一部分的词条字面义的表征加工，也可以激活超词条。被试一旦激活超词条"奉公守法"，通达了成语"奉公守挤"的比喻义，被试在心理词典中提取到该成语的正确语言形式"奉公守法"，同时察觉出"挤"与正确成语里的"法"的语义表征相差很大，用较快的时间判断出"奉公守挤"不是成语"奉公守法"。对于语义不相关成语"奉公守财"，由于"财"与"法"的语法结构一致，被试对该成语直接进行语义加工。因为"财"与"法"的语义差异较大，被试同样较快地识别出"守财"与"守法"的语义差异，判断出"奉公守财"不是成语"奉公守法"。而同义词成语"奉公守制"，由于"制"与"法"的语义比较接近，"守制"对"守法"的语义加工形成较大的干扰，"守制"与"守法"在语义判断竞争时，抑制了对"守法"的激活，被试要用较长的时间识别"守制"与"守法"的语义不同之处，所以对同义词条件下的"奉公守制"四个字的加工时间最长。如果词素的语义性质对成语加工没有影响，那么语义不相关、语法语义混合干扰和同义词成语的理解加工应该没有差异，这与实验结果不符。实验6说明，不同语义的词素对超词条激活的影响不同，语义不相关的词素和语法语义混合干扰词素对成语超词条激活时间的影响较小，而同义词词素对成语超词条激活时间的影响较大。实验6的结果表明，对语法结构或语义不合理的成语，在理解加工过程中，不同语义倾向词素的字面义对超词条的激活有不同的影响；任何部分超词条表征被激活，都可以扩展到比喻义层面，即使语法结构或语义是矛盾的，它的比喻义也可以被激活。

实验 6 的数据结果支持强超词条理论。超词条理论对正确成语加工中，激活超词条的各因素关系进行了较为详细的解释，然而没有对语法结构或语义错误成语的加工做出详细的解释。图 4—4 较为明确地说明了语法结构或语义错误成语的加工过程，指出对于语法结构不合理的成语，被试有可能忽略对语法结构进行加工，直接对成语的语义进行加工。对于语义错误的成语，部分词素表征的激活可以激活超词条，通达成语的整词表征。实验 6 的结果补充和完善了超词条在语法或语义不合理的成语中所起到的作用。实验表明，不合理的语法结构不能阻止对成语比喻义的通达；任何部分超词条表征被激活，都可以扩展到成语概念层面，即使语义是矛盾的，它的整词表征也可以被激活。

实验 6 的结果证实，由于存在语义期待值，部分成语词素字面义的激活也可以激活超词条，完成对成语概念义的通达。这一研究发现与 Holsinger（2013）的研究结果一致，补充完善了超词条理论中对超词条的具体作用解释不清的问题。依据超词条理论，如果超词条是一个超级过滤网，过滤掉一切语法或语义不合理的表征，那么被试对语法或语义不合理的四字词组不会有成语的整词加工。然而，这与实验 6 的结果不符。这表明超词条不是一个超级过滤网。语义期待值表明成语的部分词素字面义有可预测性，被试不需要激活成语的所有词素的字面义，相关词素的语义激活就可以激活超词条阈限，完成成语语义的双向通达。因此，我们认为在成语语义通达的过程中，超词条可以起一个更直接的作用，超词条不同程度地与某一语法结构、概念倾向和启动表征有关。

## 第六节　格式塔心理学论证

在本书的心理语言学实验中，实验 3 中联合式偏正结构成语的反应时（989±232）最快，其次是联合式主谓结构成语的反应时（1009±188），联合式偏正结构成语的反应时与联合式主谓结构成语的反应时之间没有显著差异，这表明联合式偏正结构成语与联合式主谓结构成语都是反应时较快的成语，不过联合式偏正结构成语的反应时略快于联合式主谓结构成语的反应时。实验4中非联合式偏正结构成语的反应时最慢（1143±225），非联合式偏正结构成语的反应时与非联合式动宾和主谓结构成语的反应时有显著差异（$p < 0.05$），非联合式偏正结构成语的反应时与联合式偏正结构成语的反应时有显著差异（$p < 0.05$），非联合式偏正结构成语的反应时与联合式动宾和主谓结构成语的反应时有显著差异（$p < 0.05$），这表明非联合式偏正结构成语的反应时显著慢于其他结构成语的反应时。实验5中联合主谓结构成语的反应时（744±149）最快，无切分条件下，联合式主谓结构成语的反应时显著快于联合式偏正结构和动宾结构成语（$p < 0.05$），联合式偏正结构显著快于联合式动宾结构成语的反应时（$p < 0.05$），这表明联合主谓结构成语的反应时最快，联合式动宾结构成语的反应时最慢；词素切分条件下，联合式主谓结构成语的反应时显著快于联合式偏正结构和动宾结构成语（$p < 0.05$），联合式偏正结构与联合式动宾结构成语的反应时之间没有显著差异，这表明联合式主谓结构成语的反应时最快；在首字切分条件下，联合式主谓结构成语和联合式偏正结构成语的反应时显著快于联合式动宾结构成语的反应时（$p < 0.05$），联合式主谓结构成语略快于联合式偏正结构成语的反应时，这表明联合式主谓结构成语的反应时最快；在尾字切分条件下，联合式偏正结构成语和联合式主谓结构成语的反应时显著快于联合式动宾结构成语的反应时（$p < 0.05$），联合式偏正结构成语略快于联合式主谓结构成语的反应时，这表明联合式偏正结构成语的反应时最快；在字间切分条件下，联合式偏正结构成语、联合式主谓结

构成语与联合式动宾结构成语的反应时之间没有显著差异，联合式主谓结构成语的反应时略快于联合式动宾结构成语和联合式偏正结构成语的反应时。实验 6 中在理解正确成语时，联合式动宾结构成语（329 + 16）和联合式主谓结构成语反应时（325 + 26）最快，它们之间没有显著差异，联合式偏正结构成语的反应时显著慢于联合式动宾结构成语和联合式主谓结构成语（$p < 0.05$）；在理解正确成语时，非联合式主谓成语的反应时最快，非联合式主谓成语的反应时与非联合式偏正结构成语的反应时没有显著差异。

实验 3、实验 4 和实验 5 中，我们发现联合式偏正结构成语的反应时都属于快的，偏正结构成语是修饰语和中心语的关系，修饰语可以看作是次要参照点，中心语是主要参照点。根据汉语偏正结构中修饰语在前核心成分在后这种语序规则，也就决定了偏正结构中参照物在前而目的物在后的语序。如果说汉语表达中存在着参照物先于目的物的语序原则，那它不存在于主谓句式结构中，而是出现在定心式的句法结构中。定心结构中参照物先于目的物的语序规则，是由汉民族从外到内的思维模式或认知方式和定心结构中修饰语先于中心语的语序规则以及参照物对应于修饰语的原则等多种因素决定的。这反映了汉民族由外到内的认知方式以及修饰语与中心语由大到小的排序。

偏正成语的排列顺序也受到这种由外到内的认知方式和定心式句法结构中修饰语在前的制约。汉语很难找到"中心语 + 修饰语"这种相反关系的偏正结构短语。依据格式塔理论，偏正结构成语遵循图形先于背景的认知原则以及受其制约的先偏后正的语序。修饰语处于中心语左边的语言，比如汉语，操作上遵循一种由大到小逐渐过渡的程序，最后落在核心成分上；而修饰语在中心语右边的语言，比如英语，操作上遵循一种由小到大逐渐过渡的程序。偏正结构成语属于修饰语处于中心语左边的语言结构，实验 3、实验 4 和实验5表明在完成成语语义对错判断任务时，被试对偏正结构成语的加工最快。

另外，从语法结构分析，主谓结构短语是 N + V，N 是主语，V 是谓语；动宾结构短语是 V + N，V 是谓语，N 是宾语。按照认知语言学的观点，语言形式的选用直接受制于主观意象，而不是客观场景。主观意象是指包含着说话人的认知因素的景象，是说话人在客观场景的基础上，依照不同的语言视点所构建的景象。语言结构是一个有机整体，整体与部分及部分与部分之间不仅有相互配合、相互制约的依存关系，而且有相互影响、相互调整的互动关系，结构成分的意义和功能正是在这种依存和互动关系的作用下得到实现的。以"图形—背景"形式进行概念整合也是理解成语的重要认知方式。我们不难认识到语言加工过程中的规律：主语快于宾语，名词加工快于动词加工。

依据格式塔心理学，如果将成语看作一个整体，那么 NV 是一个局部；如果再进一步细分，将 NV 看作是一个整体，那么名词或动词是一个局部。在主谓关系中，主语即名词是主要参照点，而动词则退为背景，本研究表明成语加工中名词具有凸显本质。本研究也论证了比起主谓结构和动宾结构成语，偏正结构成语中没有动词加工，因此偏正结构成语的反应时比较快。

格式塔心理学认为被知觉的真实的物理世界与知觉者产生的心理意识（经验世界）并不一一对应。知觉不仅不等于而且还要大于真实的物理事实，这就是心理组织效应。因此心里结构是对现实世界的重新组合，而不是摹写。心物场和同型论决定了心理世界建构的总原则，这就是格式塔知觉原则。此外，格式塔还由一系列诸如完整闭合性、连续性、相似性、接近性和对称性等具体原则构成。这体现了语言是心智表征这一哲学命题。

# 第 五 章

# 结　论

## 第一节　研究发现

本研究扩大了成语心理表征特点和语法结构的研究范围，对成语理解的精确入微的心理认知机制形成了较全面的科学认识。实验以 350 个成语为实验材料，考察了成语语法结构（非联合式动宾结构、非联合式偏正结构、非联合式主谓结构、连动结构、联合式动宾结构、联合式偏正结构和联合式主谓结构）对成语的心理特征（熟悉度、成语知识、可预测性、习得年龄、主观频率、字面义合理度和可分解性）的影响。

实验 1 发现成语的语法结构对成语知识、熟悉度、主观频率、字面义合理度和可分解性有影响。与成语整词表征有关的成语心理表征特点是成语知识、熟悉度、主观频率、习得年龄和可分解性；与成语词素表征有关的成语心理表征特点是可预测性和字面义合理度。实验 2 证实了实验 1 的结果，并发现习得年龄与成语在线反应时高度相关。

实验 3 至实验 6 发现不同语法结构对成语的理解加工机制存在不同的影响。实验 3 和实验 4 的结果发现成语有结构对称性效应。实验结果发现，动宾和偏正结构成语的联合式的反应时要快于非联合式，主谓结构成语的这种效应虽然不显著，但是成语加工反应时总的趋势是一致的。实验3、实验4和实验5的结果发现，在词素具有不同语法结构的成语的加工过程中，没有绝对化的整词表征或词素表征模式，整词表征和词素表征在同一层次。受不同语法结构的影响，成语有不同的加工表征模式。有的成语倾向于整词表征模型，有的成语倾向于词素表征模型。实验6的结果发现，与一般短语的加工过程一样，对词素字面义的加工是成语理解过程中不可或缺的表征。不同于西方字母文字，成语的表征是语义加工优先的。本研究也发现比起主谓结构和动宾结构成语，由于偏正结构成语中没有动词加工，偏正结构成语的加工反应时比较快。

## 第二节 研究启示

实验的结果支持混合表征模型和超词条理论，实验论证了整词表征和词素表征、字面义表征和比喻义表征、语法表征和语义表征是平行竞争的关系。并在成语表征过程中，发现了词素的具体性质如语法结构对成语表征的影响，以及词条和超词条在其中的具体作用。

实验3和实验4补充完善了成语各个词素的性质如语法结构对超词条激活的作用。由于成语有固定的四字格形式、类似句子的语法结构，语义有典故性和历史渊源，使得成语的各词素之间有很强的语义关联。这种结构固定性和语义关联性使成语有着自己独特的加工和表征机制。成语各组成词素的不同语法结构性质对超词条的激活起到促进或抑制作用，导致实验反应时有快慢差异。动宾和偏正结构成语中，具有联合结构性质的词素对成语的加工有促进作用，而具有非联合结构性质的词素对成语的加工有抑制作用。这种现象不太可能出现在西方文字习语的理解过程中。实验还发现，由于实验任务不同，不同语法结构成语的结构对称性效应的实验结果不同，因此对于成语的结构对称性效应我们不可以一概而论，应在对成语语法结构分类的条件下，依据实验任务做具体的分析判断。

实验3、实验4、实验5和实验6的结果证明，成语的字面义和比喻义是双向通达的，成语的词素表征和整词表征（超词条）即有自下而上的激活表征，也有自上而下的激活表征。在本研究中，由于实验任务不同，实验6表明语法结构对语法和语义表征的影响不明显。但是我们发现在语义正确条件下，动宾结构成语有结构对称性效应；在语法和语义混合干扰条件下，主谓结构成语有结构对称性效应。这表明即使在存在语义加工优势的实验任务中，词素的具体性质如语法结构依然对成语的加工表征有影响。

实验6的结果支持强超词条理论。实验6补充完善了超词条理论，对语法结构不合理或语义错误成语中的超词条的作用做了较详细的说明。依据对于语法或语义错误的成语被试依然可以加工的事实，实验6的结果对超词条理论的不足之处做了修订，对于有些不合理的成语语法结构，如果对语义影响不是很大，不需要消耗过多的加工资源；如果出现语义错误，成语词条部分字面义的表征可以激活超词条，实现对成语比喻义的通达。在建构成语的语法结构和语义时，超词条可以更直接地与某一语法、概念和启动表征关联，启动对成语的语义加工。

本研究结合非建构观、建构观以及超词条理论和关联理论等理论，对成语心理表征特点及其理解做了一系列认知实验研究，通过实验数据分析，揭示出成语的语法结构对成语心理表征特点的影响，揭示出成语的语法结构对成语理解认知机制的影响。本研究发展了普遍习语认知理论，彰显了汉语语言形式和语言认知机制关系的独特性。

超词条理论揭示的成语表征机制可以通过格式塔理论得到解

释。本研究也支持格式塔理论中的图形与背景原理，偏正结构成语遵循图形先于背景的认知原则以及受其制约的先偏后正的语序。这与英语的认知顺序相反，偏正结构成语属于修饰语处于中心语左边的语言结构，实验3、实验4和实验5表明在完成成语语义对错判断时间较长的任务时，被试对偏正结构成语的加工最快。这表明被试在成语表征上遵循一种由小到大逐渐过渡的程序。

## 第三节 研究的局限性

本研究有一定的局限性，主要研究了词素本身如语法结构对成语理解的影响，以后还可以研究词素本身性质如特征、词性、词序、语义倾向等对成语理解的影响；在进一步的研究中可引入新的技术，比如脑电技术进行相关研究；可进行语境研究，如在句子环境及语篇环境下研究成语的理解加工机制，这样就更具有实用价值。期望将来对成语的心理表征特点和理解表征机制有更细化更深入的研究。

# 参考文献

Abel, B. (2003), "English idioms in the first language and second language lexicon: a dual representation approach", *Second Language Research*, 19 (3), 29 – 58.

Bai, X., Yan, G., Liversedge, S. P., Zang, C., & Rayner, K. (2008), "Reading spaced and unspaced Chinese text: evidence from eye movements", *Journal of Experimental Psychology: Human Perception and Performance*, 34 (5), 1277.

Bates, E., & MacWhinney, B. (1982), *Functionalist approaches to grammar. In E. Wanner, & L. Gleitman (Eds.)*, Language acquisition: The state of the art, New York: Cambridge University Press.

Bates, E., & MacWhinney, B. (1987), *Competition, variation, and language learning. In B. MacWhinney (Ed.)*, Mechanisms of language acquisition, Hillsdale, NJ: Lawrence Erlbaum.

Bobrow, S., & Bell, S. (1973), "On catch in on to idiomatic expressions", *Memory and Cognition*, 1.

Bod, R. (1998), *Beyond grammar: An experience-based theory of language*, Stanford, CA: Center for the Study of Language and Information.

Bonin, P., Barry, C., Méot, A., & Chalard, M. (2004), "The

influence of age of acquisition in word reading and other tasks: A never ending story?" *Journal of Memory and Language*, 50.

Bonin, P., Méot A., & Bugaiska A. (2013), "Norms and comprehension times for 305 French idiomatic expressions", *Behavior Research Methods*, 45 (4).

Bornkessel-Schlesewsky, I., & Schlesewsky, M. (2008), "An alternative perspective on 'semantic P600' effects in language comprehension", *Brain Research Reviews*, 59 (1).

Brysbaert, M., & Cortese, M. J. (2011), "Do the effects of subjective frequency and age of acquisition survive better word frequency norms?" *Quarterly Journal of Experimental Psychology*, 64.

Cacciari, C., & Gluckesberg, S. (1991), *Understanding idiomatic expressions. The contribution of word meanings*, In G. B. Simpson (Ed.), *Understanding Word and Sentence*, Amsterdam: North-Holland.

Cacciari, C., & Tabossi, P. (1988), "The comprehension of idioms", *Journal of Memory and Language*, 27.

Cacciari, C., & Levorato, M. C. (1989), "How children understand idioms in discourse", *Journal of Child Language*, 16, doi: 10.1017/S0305000900010473.

Cacciari, C., & Levorato, M. C. (1998), *The effects of semantic analyzability of idioms in metalinguistic tasks*, Metaphor and Symbol, 13, doi: 10.1207/s15327868ms1303_1.

Caillies, S. (2009), *Descriptions de 300 expressions idiomatiques: Familiarité, connaissance de leur signification, plausibilité littérale, "décomposabilité" et "prédictibilité"*, L'Année Psychologique, 109.

Caillies, S., & Butcher, K. (2007), "Processing of idiomatic expressions: Evidence for a new hybrid view", *Metaphor & Symbol*, 22.

Caramazza, A., Laudanna, A., & Romani C. (1988), "Lexical access and inflectional morphology", *Cognition*, 28 (3).

Charteris-Black, J. (2002), "Second language figurative proficiency: A comparative study of Malay and English", *Applied Linguistics*, 23, doi: 10.1093/applin/23.1.104.

Chen, W. B. (1982), *English idioms and Chinese Chengyu*, Beijing, China: Foreign Language Teaching and Research Press.

Chomksy, N. (1965), *Aspects of the theory of syntax*, Cambridge, MA: MIT Press.

Chomsky, N. (1957), *Syntactic structures*, The Hague: Mouton.

Chomsky, N. (1980), *Rules and representations*, Columbia University Press.

Clark, H. H., & Lucy, P. (1975), "Understanding what is said from what is meant: a study in conversationally conveyed requests", *Journal of Verbal Learning and Verbal Behavior*, 14.

Connine, C. M., Mullennix, J., Shernoff, E., & Yelen, J. (1990), "Word familiarity and frequency in visual and auditory word recognition", *Journal of Experimental Psychology: Learning, Memory, and Cognition*, 16 (6).

Conner, P. S., Hyun, J., O'Connor Wells, B., Anema, I., Goral, M., Monéreau-Merry, M. M., ... & Obler, L. K. (2011), "Age-related differences in idiom production in adulthood", *Clinical linguistics & phonetics*, 25 (10).

Cooper, T. C. (1999), "Processing of idioms by L2 learners of English", *TESOL Quarterly*, 33.

Cronk, B. C., Lima, S. D., & Schweigert, W. A. (1993), "Idioms in sentences: Effects of frequency, literalness, and familiarity", *Journal of Psycholinguistic Research*, 22 (1).

Cronk, B. C., & Schweigert, W. A. (1992), "The comprehension of idioms: The effects of familiarity, literalness, and usage", *Applied Psycholinguistics*, 13 (02).

Cutting, J. C., & Bock, K. (1997), "That's the way the cookie bounces: Syntactic and semantic components of experimentally elicited idiom blends", *Memory & Cognition*, 25 (1).

Declerck, T., & Lendvai, P. (2011, September), *Linguistic and Semantic Representation of the Thompson's Motif-Index of Folk-Literature*, In International Conference on Theory and Practice of Digital Libraries, Springer Berlin Heidelberg.

Ehrlich, S. F., & Rayner, K. (1981), "Contextual effects on word perception and eye movements during reading", *Journal of verbal learning and verbal behavior*, 20 (6).

Ellis, N. C. (2002), "Frequency effects in language processing", *Studies in second language acquisition*, 24 (02).

Estill, R. B., & Kemper, S. (1982), "Interpreting idioms", *Journal of Psycholinguistic Research*, 11 (6).

Fernando, C., & Flavell, R. (1981), *On idiom: Critical views and perspectives*, Exeter: University of Exeter.

Fernando, C. (1996), *Idioms and Idiomaticity*, Oxford: Oxford University Press.

Fraser, B. (1970), "Idioms within a transformational grammar", *Foundation of Language*, 6.

Frazier, L., & Rayner, K. (1982), "Making and correcting errors during sentence comprehension: eye movements in the analysis of structurally-ambiguous sentences", *Cognitive Psychology*, 14.

Friederici, A. D. (2002), "Towards a neural basis of auditory sentence processing", *Trends in Cognitive Sciences*, 6.

Friederici, A. D., & Weissenborn, Y. (2007), "Mapping sentence form onto meaning: the syntax-semantic interface", *Brain Research*, 1146.

Friederici, A. D. (1995), "The time course of syntactic activation during language processing: a model based on neuropsychological and neurophysiological data", *Brain & Language*, 50.

Friederici, A. D. (2002), "Towards a neural basis of auditory sentence processing", *Trends in Cognitive Sciences*, 6.

Gernsbacher, M. A. (1984), "Resolving 20 years of inconsistent interactions between lexical familiarity and orthography, concreteness, and polysemy", *Journal of experimental psychology: General*, 113 (2).

Gibbs, R. W. (1980), "Spill in the beans on understanding and memory for idioms in context", *Memory and Cognition*, 8.

Gibbs, R. W. (1991), "Semantic analyzability in children's understanding of idioms", *Journal of Speech and Hearing Research*, 34, doi: 10.1044/jshr.3403.613.

Gibbs, J. R. (1992), "Categorization and metaphor understanding", *Psychological Review*, 99 (3).

Gibbs, R. W., & Nayak, N. P. (1989), "Psycholinguistic studies on the syntactic behavior of idioms", *Cognitive psychology*, 21 (1).

Gibbs, R. W., Nayak, N. P., Bolton, J. L., & Keppel, M. E.

(1989), "Speakers' assumptions about the lexical flexibility of idioms", *Memory & Cognition*, 17.

Gibbs, R. W., Nayak, N. P., & Cutting, C. (1989), "How to kick the bucket and not decompose: Analyzability and idiom processing", *Journal of Memory and Language*, 28.

Gibbs, R. W., Bogdanovich, J. M., Sykes, J. R., & Barr, D. J. (1997), "Metaphor in idiom comprehension", *Journal of Memory & Language*, 37.

Giora, R. (1997), "Understanding figurative and literal language: the graded salience hypothesis", *Cognitive Linguistics*, 8.

Giora, R. (1999), "On the priority of salient meanings: studies of literal and figurative language", *Journal of Pragmatics*, 31.

Giora, R., & Fein, O. (1999), "On understanding familiar and less-familiar figurative language", *Journal of Pragmatics*, 31.

Giora, R. (2002), "Literal vs. figurative meaning: Different or equal?" *Journal of Pragmatics*, 34 (4).

Glucksberg, S. (1993), "Idiom meanings and allusional content. In Cacciari, C. and Tabossi, P., editors", *Idioms: Processing, structure, and interpretation*, Lawrence Erlbaum.

Glucksberg, S. (2001), *Understanding figurative language: from metaphors to idioms*, Oxford University Press.

Goldberg, A. (1995), *Constructions: A construction grammar approach to argument structure*, Chicago, IL: Chicago University Press.

Goldberg, A. (2006), *Constructions at work: The nature of generalization in language*, Oxford, England: Oxford University Press.

Grice, H. P. (1975), "Logic and conversation, In Cole, P. and Morgan, J., editors", *Syntax and semantics 3: speech acts*, Academic Press.

Hagoort, P. (2003), "Interplay between syntax and semantics during sentence comprehension: ERP effects of combining syntactic and semantic violations", *Journal of Cognitive Neuroscience*, 15.

Hamblin, J. L., & Gibbs, R. W. (1999), "Why you can't kick the bucket as you slowly die: Verbs in idiom comprehension", *Journal of Psycholinguistic Research*, 28 (1).

Hillert, D. G., & Buracas, G. T. (2009), "The neural substrates of spoken idiom comprehension", *Language and Cognitive Processes*, 24 (9).

Holsinger, E. (2013), "Representing Idioms: Syntactic and Contextual Effects on Idiom Processing", *Language and Speech*, 56 (3).

Hsieh, S. C. - Y., & Hsu, C. - C. N. (2010), "Idiom comprehension in Mandarin-speaking children", *Journal of Psycholinguistic Research*, 39, doi: 10.1007/s10936-009-9145-z.

Irujo, S. (1986), "Don't put your leg in your mouth: Transfer in the acquisition of idioms in a second language", *TESOL Quarterly*, 20, doi: 10.2307/3586545.

Jaeger, L. (1999), *The Nature of Idioms*, Ben: European Academic Publishers.

Janus, R. A. & Bever, T. G. (1985), "Processing of metaphoric language: an investigation of the three-stage model of metaphor comprehension", *Journal of Psycholinguistic Research*, 14.

Johnston, R. A., & Barry, C. (2006), "Age of acquisition and lexicalprocessing", *Visual Cognition*, 13.

Kaan, E., Harris, A., Gibson, E., & Holcomb, P. (2000),

"The P600 as an index of syntactic integration difficulty", *Language and Cognitive Processes*, 15.

Katz, J. J. (1973), "Compositionally, idiomacity and lexical substitution. In S. R. Anderson & P. Kiparsky (Eds.)", *A festschrift for Morris Halle*. New York: Holt, Rinehart & Minston.

Kellerman, E. (1979), "Transfer and non-transfer: Where we are now", *Studies in Second Language Acquisition*, 2, doi: 10.1017/S0272263100000942.

Konopka, A. E., & Bock, K. (2009), "Lexical or syntactic control of sentence formulation? Structural generalizations from idiom production", *Cognitive Psychology*, 58.

Kuiper, K., Egmod van, M. E., Kempen, G., & Sprenger, S. (2007), "EFLipping on superlemmas: Multi-word lexical items in speech production", *The Mental Lexicon*, 2: 3.

Langacker, R. W. (1987), *Foundations of Cognitive Grammar*, Stanford: Stanford University Press.

Langacker. R. W. (1999), *Grammar and Conceptualization*, Berlin and New York: Mouton de Gruyter.

Langlotz, A. (2006), *Idiomatic creativity: a cognitive-linguistic model of idiom-representation and idiom-variation in English* (Vol. 17), John Benjamins Publishing.

Levelt, W. J. M. (1989), *Speaking: From Intention to Articulation*, Cambridge, Massachusetts: The MIT Press.

Levorato, M. C., & Cacciari, C. (1992), "Children's comprehension and production of idioms: The role of context and familiarity", *Journal of Child Language*, 19, doi: 10.1017/S0305000900011478.

Levorato, M. C. , & Cacciari, C. (1999), "Idiom comprehension in children: Are the effects of semantic analyzability and context separable?" *European Journal of Cognitive Psychology*, 11, doi: 10. 1080/713752299.

Libben, M. R. , & Titone, D. A. (2008), "The multidetermined nature of idiom processing", *Memory & Cognition*, 36 (6).

Li P, Tan L, Bates E, & Tzeng, O. (2006), *The handbook of East Asian psycholinguistics*, Cambridge University Press.

Li, P. , & Shu, H. (2010), "Language and the brain: computational and neuroimaging evidence from Chinese. In M. Bond (Ed.)", *The Oxford Handbook of Chinese psychology*, UK: Oxford University Press.

Liontas, J. I. (2002), "Exploring second language learners' notions of idiomaticity", *System*, 30, doi: 10. 1016/S0346 - 251X (02) 00016 - 7.

Liu, D. (2003), "The most frequently used spoken American English idioms: A corpus analysis and its implications", *TESOL Quarterly*, 37, doi: 10. 2307/3588217.

Lu, Q. , & Gao, H. H. (1990), *Chinese Lexical Semantics*, 16th Workshop, CLSW 2015, Beijing, China, May 9 - 11, 2015, Revised Selected Papers.

Liu, Y. Y. , Li, P. , Shu, H, Zhang, Q. R. , & Chen, L. (2010), "Structure and meaning in Chinese: An ERP study of idioms", *Journal of Neurolinguistics*, 23.

Liu, Z. Q. , & Xing, M. P. (2000), "Semantic symmetry and cognition on Chinese fourcharacter idioms", *Chinese Teaching in the World*, 51.

Liu, L. & Cheung, H. T. (2014), "Acquisition of Chinese quadrasyllabic idiomatic expressions: Effects of semantic opacity and structural symmetry", *First Language*, 34 (4), doi: 10. 1177/042723714544409.

MacDonald, M. C., Pearlmutter, N. J., & Seidenberg, M. S. (1994), "The lexical nature of syntactic ambiguity resolution", *Psychological Review*, 101.

McGlone, M. S., Glucksberg, S., & Cacciari, C. (1994), "Semantic productivity and idiom comprehension", *Discourse Processes*, 17 (2).

Makkai, A. (1972), *Idiom structure in English*, Walter de Gruyter.

Moon, R. (2015), *Idioms: a view from the web*, Oxford University Press.

Morrison, C. M., & Ellis, A. W. (1995), "Roles of word frequency and age of acquisition in word naming and lexical decision", *Journal of Experimental Psychology: Learning, Memory, and Cognition*, 21 (1).

Morrison, C. M., & Ellis, A. W. (2000), "Real age of acquisition effects in word naming and lexical decision", *British Journal of Psychology*, 91 (2).

Mueller, R. A., & Gibbs Jr, R. W. (1987), "Processing idioms with multiple meanings", *Journal of Psycholinguistic Research*, 16 (1).

Ni, B. Y., & Yao, P. C. (1991), *Chengyujiuzhang*, Hangzhou, China: Zhejiang Education Press.

Ni, B. Y., & Yao, P. C. (1997), *Chengyubianxicidian*, Beijing, China: The Commercial Press.

Nippold, M. A., & Duthie, J. K. (2003), *Mental imagery and idiom comprehension: A comparison of school-age children and adults*, Journal of Speech, Language, and Hearing Research, 46, doi: 10.1044/1092-4388 (2003/062).

Nunberg, G. (1978), *The pragmatics of reference*, Bloomington: Indiana University Linguistic Club.

Nunberg, G., Sag, L., & Wasow, T. (1994), "Idioms", *Language*, 70 (3).

Papagno, C., & Genoni, A. (2003), "The role of syntactic processing in idiom comprehension", *Brain and Language*, 87.

Papagno, C., & Genoni, A. (2004), "The role of syntactic competence in idiom comprehension: a study on aphasic patients", *Journal of Neurolinguistics*, 17.

Peng, D. L., Zhang, B. Y., & Liu, Z. Z. (1993), "Lexical Decomposition and whole word storage of Chinese coordinative two-character word. IN S Wang (Ed)", *Processing of the Second Afro-Asian Psychology Congress*, Beijing University Press.

Peterson, R. R., Burgess, C., Dell, G. S., & Eberhard, K. M. (2001), "Dissociation between syntactic and semantic processing during idiom comprehension", *Journal of Experimental Psychology: Learning, Memory, and Cognition*, 27.

Pierrehumbert, J. (2001), "Exemplar dynamics: Word frequency, lenition, and contrast. In J. Bybee & P. Hopper (Eds.)", *Frequency effects and the emergence of lexical structure*, Amsterdam, the Netherlands: John Benjamins.

Popiel, S. J., & McRae, K. (1988), "The figurative and literal senses of idioms, or all idioms are not used equally", *Journal of Psycho-*

*linguistic Research*, 17 (6).

Rayner, K., Li, X. S., & Pollatsek, A. (2007), "Extending the E‐Z Reader model of eye movement control to Chinese readers", *Cognitive Science*, 31.

Rommers, J., Dijkstra, D., & Bastiaansen M. (2013), "Context-dependent Semantic Processing in the Human Brain: Evidence from Idiom Comprehension", *Journal of Cognitive Neuroscience*, 25 (5).

Schweigert, W. A. (1986), "The comprehension of familiar and less familiar idioms", *Journal of Psycholinguistic Research*, 15.

Schweigert, W. A. (1991), "The muddy waters of idiom comprehension", *Journal of Psycholinguistic Research*, 20 (4).

Searle, J. (1975), "Indirect speech acts. In Cole, P. and Morgan, J. L., editors", *Syntax and semantics: speech acts*, Academic Press.

Searle, J. Metaphor. (1979), "In Ortony, A., editor", *Metaphor and thought*, Cambridge University Press.

Sperber, D., & Wilson, D. (2001), *Relevance: Communication and Cognition*, Beijing: Foreign Language Teaching and Researching Press.

Sprenger, S. A., Levelt, W. J. M., & Kempen, G. (2006), "Lexical access during the production of idiomatic phrases", *Journal of Memory and Language*, 54.

Strässler, J. (1982), *Idioms in English: A pragmatic analysis*, Gunter Narr Verlag.

Swinney, D, & Cutler, A. (1979), "The access and process in idiomatic expressions", *Journal of Verbal Learning and Verbal*

Behavior, 18.

Tabossi, P., Arduino, L. & Fanari, R. (2011), "Descriptive norms for 245 Italian idiomatic expressions", *Behavior Research Methods*, 43 (1).

Tabossi, P. & Zardon, F. (1993), "Processing ambiguous words in context", *Journal of Memory and Language*, 32.

Tabossi, P., Fanari, R. & Wolf, K. (2008), "Processing idiomatic expressions: Effects of semantic compositionality", *Journal of Experimental Psychology: Learning, Memory, & Cognition*, 34 (2).

Tabossi, P., Fanari, R. & Wolf, K. (2009), "Why are idioms recognized fast?" *Memory & Cognition*, 37 (4).

Tabossi, P., Wolf, K. & Koterle, S. (2009), "Idiom syntax: Idiosyncratic or principled?" *Journal of Memory & Language*, 61 (1).

Taft, M., & Forster, K. I. (1975), "Lexical storage and retrieval of prefixed words", *Journal of Verbal learning and Verbal Behavior*, 14.

Taft, M. (1994), "Interactive-activation as a frame work for understanding morphological processing", *Language and Cognitive Processes*, 9 (3).

Talmy, L., *Figure and Ground in Complex Sentences* (1978), In: Joseph, H., Greenberg, C., Ferguson, A., Moravcsik, E. A. (Eds.), *Universals of Human Language: Syntax*, Stanford: Stanford University Press.

Titone, D. A., & Connine, C. M. (1994a), "Comprehension of idiomatic expressions: Effects of predictability and literality", *Journal of Experimental Psychology: Learning, Memory, and Cognition*, 20 (5).

Titone, D. A., & Connine, C. M. (1994b), "Descriptive norms for

171 idiomatic expressions: Familiarity, compositionality, predictability, and literality", *Metaphor and Symbol*, 9 (4).

Titone, D. A., & Connine, C. M. (1999), "On the compositional and noncompositional nature of idiomatic expressions", *Journal of Pragmatics*, 31 (12).

Tomasello, M. (2003), *Constructing a language: A usage-based theory of language acquisition*, Cambridge, MA: Harvard University Press.

Treisman, A. M. (1960), "Contextual cues in selective listening", *Quarterly Journal of Experimental Psychology*, 12 (4).

Trueswell, J. C., & Tanenhaus, M. K. (1994), "Towards a lexicalist resolution framework of constraint-based syntactic ambiguity resolution", In C. Clifton, L. Frazier, & K. Rayner (Eds.), *Perspectives on sentence processing*, Hillsdale, NJ: Erlbaum.

Van Lancker Sidtis, D. (2006), "Where in the brain is nonliteral language?" *Metaphor and Symbol*, 21 (4).

Vega-Moreno, R. (2001), "Representing and processing idioms", *UCL Working Papers in Linguistics*, 13.

Wang, Z. Q. & Liu, S. (2003), "Metaphors and the Teaching of Target Language Culture", *Foreign Language Education*, 1.

Weinreich, U. (1969), "Problems in the analysis of idiom", *Substance and Structure of Language*.

Yang, F. G., Edens, J., Simpson, C., & Krawczyk, D. C. (2009), "Differences in task demands influence the hemispheric lateralization and neural correlates of metaphor", *Brain & Language*, 111.

Ye, Z., Luo, Y. J., Friederici, A. D., & Zhou, X. L. (2006),

"Semantic and syntactic processing in Chinese sentence comprehension: evidence from event-related potentials", *Brain Research*, 1071.

Yu, J., & Zhang, Y. X. (2008), "When Chinese semantics meets failed syntax", *Neuroreport*, 19 (7).

Zhang, B. Y., & Peng, D. L. (1992), *Decomposed storage in the Chinese lexicon. In*: *H - C. Chen*, *O. T. L. Tzeng* (Eds), Language Processing in Chinese, Amsterdam North-Holland.

Zhang, H., Yang, Y., Gu, J., & Ji, F. (2013), "Erp correlates of compositionality inchinese idiom comprehension", *Journal of Neurolinguistics*, 26 (1).

Zhou, S., Zhou, W., & Chen, X. (2004), "Spatiotemporal analysis of ERP during Chinese idiom comprehension", *Brain Topography*, 17 (1).

Zhou, X., & Marslen-Wilson, W. (1995), "Morphological structure in the Chinese mental lexicon", *Language and Cognitive Processes*, 10 (6).

成功等（编）：《中华成语全功能词典》，吉林出版集团有限责任公司 2009 年版。

丁国盛、彭聃龄：《中文双字词的表征与加工（上）》，《心理科学》1997 年第 2 期。

冯丽萍：《现代汉语词汇认知研究》，北京师范大学出版社 2011 年版。

顾蓓晔、缪小春：《汉语习语理解研究》，《心理学报》1995 年第 1 期。

黄希庭、陈伟锋、余华、王卫红：《结构对称性汉语成语的认知研究》，《心理科学》1999 年第 22 期。

［德］库尔特·考夫卡：《格式塔心理学原理》，黎炜译，浙江教育出版社1999年版。

李德高：《社会科学研究方法解读：SPSS常用技术介绍》，暨南大学出版社2010年版。

李兴珊、刘萍萍、马国杰：《中文阅读中词切分的认知机理述评》，《心理科学进展》2011年第19期。

刘书新：《汉语描写词汇学》，商务印书馆2000年版。

刘颖：《中文词汇加工中词素的作用及其混合模型》，博士学位论文，北京师范大学，1996年。

刘颖、彭聃龄：《中文词汇加工中词素的作用》，《全国心理学学术会议文摘选集》1997年。

刘志方、闫国利、张智君、潘运、杨桂芳：《中文阅读中的预视效应与词切分》，《心理学报》2013年第6期。

罗赞、杜芳：《基于"理想化认知模型"的转喻认知理据分析》，《中国人民公安大学学报》（自然科学版）2015年第4期。

马利军、胡峻豪、张积家：《汉语成语的语义性质及其关系研究》，《语言文字应用》2013年第1期。

马利军、张积家：《词素在汉语三字格惯用语理解中的作用》，《心理科学》2008年第31期。

马利军、张积家：《汉语惯用语句法：特殊还是一般?》，《语言科学》2012年第11期。

马利军、张积家：《汉语动宾结构惯用语加工的基本单元：来自词切分的证据》，《心理学报》2014年第6期。

马利军、张积家、杜凯：《语义分解性在惯用语中的作用》，《心理学报》2013年第4期。

马利军、张积家：《汉语动宾结构惯用语加工的基本单元：来自词切分的证据》，《心理学报》2014年第6期。

马利军、张静宇、张积家：《惯用语理解的多种心理机制》，《心理科学进展》2010年第4期。

马洪梅：《认知过程与汉语偏正结构中语序的关系问题》，《中州学刊》增刊1997年，第108—110页。

刘宁生：《汉语认知结构的偏正基础及其在语序类型学上的意义》，《中国语文》1995年第2期。

彭聃龄：《汉语认知研究》，山东教育出版社1996年版。

彭聃龄、丁国盛、王春茂、Marcus Taft、朱晓平：《汉语逆序词的加工—词素在词加工中的作用》，《心理学报》1999年第1期。

彭聃龄、李燕平、刘志忠：《重复启动条件下中文双字词的识别》，《心理学报》1994年第4期。

邵敬敏：《现代汉语通论》，上海教育出版社2008年版。

佘贤君、王莉、刘伟、张必隐：《惯用语的理解：构造还是提取》，《心理科学》1998年第21期。

沈家煊：《转指和转喻》，《当代语言学》1999年第1期。

宋德生：《图式理论及其对外语教学的启示》，《西安外国语学院学报》2001年第2期。

宋德生、宋潇潇：《连续性和完整闭合性知觉原则及其语言表征》，《西安外国语大学学报》2010年第4期。

孙全洲：《现代汉语学习词典》，上海外语教育出版社1996年版。

王鹏、潘光花、高峰强：《经验的完形——格式塔心理学》，山东教育出版社2009年版。

王寅：《认知语言学探索》，重庆出版社2005年版。

王甦、汪安圣：《认知心理学》，北京大学出版社2003年版。

王春茂、彭聃龄：《多词素词的通达表征：分解还是整体》，《心理科学》2000年第23期。

王洪刚：《体验性、创造性与关联性：习语理解和加工的认知基础》，《外语学刊》2006 年第 6 期。

王晓旻、张文忠：《大学英语专业学生习语加工实证研究》，《高等教育研究学报》2011 年第 3 期。

王正元：《概念整合理论及其应用研究》，高等教育出版社 2009 年版。

温端政：《汉语语汇学》，商务印书馆 2005 年版。

熊建萍、张𰀁国利：《首词和尾词频率对高熟悉度成语识别的影响》，《心理与行为研究》2006 年第 1 期。

徐景亮：《习语变体认同及其加工模式建构的概念合成理论阐释》，《职教通讯：江苏技术师范学院学报》2008 年第 9 期。

徐盛桓：《"成都小吃团"的认知解读》，《外国语》2006 年第 2 期。

徐盛桓：《相邻与补足——成语形成的认知研究之一》，《四川外语学院学报》2006 年第 2 期。

徐盛桓：《相邻与相似——汉语成语形成的认知研究之二》，《暨南大学华文学院学报》2006 年第 3 期。

叶琳、石卫华、汪文：《国内外习语理解模式研究三十年回顾与展望》，《咸宁学院学报》2010 年第 11 期。

余莉莉、闫国利：《成语具体效应的眼动研究》，《心理与行为研究》2011 年第 4 期。

张必隐、彭聃龄：《中文双字词在心理词典中的储存模式》，《汉语认知研究》，山东教育出版社 1997 年版。

张积家、马利军：《语素性质对惯用语理解的影响》，《心理与行为研究》2008 年第 6 期。

张瑜、孟磊、杨波、张辉：《熟悉与不熟悉成语语义启动的事件相关电位研究》，《外语研究》2012 年第 1 期。

张智君、刘志方、赵亚军、季靖：《汉语阅读过程中词切分的位置：一项基于眼动随动显示技术的研究》，《心理学报》2012 年第

44 期。

《中国成语大辞典》，上海辞书出版社 1987 年版。

钟毅平、雷潇、屈卫国：《熟悉性对中文成语理解的影响：事件相关电位研究》，《湖南师范大学教育科学学报》2011 年第 4 期。

周荐：《论成语的经典性》，《南开学报》1997 年第 2 期。

周荐：《汉语词汇结构论》，人民教育出版社 2014 年版。

周英、张静淑：《英语专业学生英语习语加工研究》，《解放军外国语学院学报》2011 年第 1 期。

朱风云、张辉：《熟语语义的加工模式与其影响因素》，《外语研究》2007 年第 4 期。

附录 1

# 实验 1 和实验 2 使用的关键成语

| | | | | | |
|---|---|---|---|---|---|
| 支吾其词 | 动宾 | 混淆黑白 | 动宾 | 不识时务 | 动宾 |
| 不念旧恶 | 动宾 | 好为人师 | 动宾 | 三顾茅庐 | 动宾 |
| 不远千里 | 动宾 | 暗渡陈仓 | 动宾 | 大煞风景 | 动宾 |
| 力排众议 | 动宾 | 日进斗金 | 动宾 | 杳无消息 | 动宾 |
| 各奔前程 | 动宾 | 不择手段 | 动宾 | 大动干戈 | 动宾 |
| 略知皮毛 | 动宾 | 别具慧眼 | 动宾 | 虚度年华 | 动宾 |
| 不务正业 | 动宾 | 打破常规 | 动宾 | 独出心裁 | 动宾 |
| 义结金兰 | 动宾 | 腰缠万贯 | 动宾 | 动人心弦 | 动宾 |
| 捐弃前嫌 | 动宾 | 大展宏图 | 动宾 | 颠倒是非 | 动宾 |
| 乱点鸳鸯 | 动宾 | 不省人事 | 动宾 | 坐收渔利 | 动宾 |
| 浪迹天涯 | 动宾 | 三缄其口 | 动宾 | 不遗余力 | 动宾 |
| 勇冠三军 | 动宾 | 各持己见 | 动宾 | 深入人心 | 动宾 |
| 荒无人烟 | 动宾 | 如坐春风 | 动宾 | 大有文章 | 动宾 |
| 不成体统 | 动宾 | 别具一格 | 动宾 | 重蹈覆辙 | 动宾 |
| 渐入佳境 | 动宾 | 杳无音信 | 动宾 | 如饥似渴 | 联动宾 |
| 不识大体 | 动宾 | 崭露头角 | 动宾 | 如漆似胶 | 联动宾 |
| 不落窠臼 | 动宾 | 夸大其词 | 动宾 | 披肝沥胆 | 联动宾 |
| 必操胜券 | 动宾 | 蛊惑人心 | 动宾 | 回肠荡气 | 联动宾 |

| | | | | | |
|---|---|---|---|---|---|
| 傲雪凌霜 | 联动宾 | 涂脂抹粉 | 联动宾 | 弃暗投明 | 连动 |
| 欺贫爱富 | 联动宾 | 安营扎寨 | 联动宾 | 积土成山 | 连动 |
| 奉公守法 | 联动宾 | 强词夺理 | 联动宾 | 含沙射影 | 连动 |
| 张牙舞爪 | 联动宾 | 忆苦思甜 | 联动宾 | 吹毛求疵 | 连动 |
| 盗名欺世 | 联动宾 | 待人接物 | 联动宾 | 见义勇为 | 连动 |
| 审时度势 | 联动宾 | 弄虚作假 | 联动宾 | 惩前毖后 | 连动 |
| 立身处世 | 联动宾 | 有眼无珠 | 联动宾 | 过目成诵 | 连动 |
| 除暴安良 | 联动宾 | 发号施令 | 联动宾 | 斩草除根 | 连动 |
| 兴师动众 | 联动宾 | 偷梁换柱 | 联动宾 | 望洋兴叹 | 连动 |
| 含冤负屈 | 联动宾 | 卑躬屈膝 | 联动宾 | 闭门造车 | 连动 |
| 改头换面 | 联动宾 | 当家作主 | 联动宾 | 自作自受 | 连动 |
| 幸灾乐祸 | 联动宾 | 扶危济困 | 联动宾 | 临阵磨枪 | 连动 |
| 顾此失彼 | 联动宾 | 开天辟地 | 联动宾 | 捐躯报国 | 连动 |
| 扬眉吐气 | 联动宾 | 铺天盖地 | 联动宾 | 随机应变 | 连动 |
| 传宗接代 | 联动宾 | 丧心病狂 | 联动宾 | 助纣为虐 | 连动 |
| 口传心授 | 联动宾 | 谈天说地 | 联动宾 | 得过且过 | 连动 |
| 无牵无挂 | 联动宾 | 循规蹈矩 | 联动宾 | 见贤思齐 | 连动 |
| 行云流水 | 联动宾 | 斩钉截铁 | 联动宾 | 三思而行 | 连动 |
| 无情无义 | 联动宾 | 越俎代庖 | 连动 | 积劳成疾 | 连动 |
| 震天动地 | 联动宾 | 投鼠忌器 | 连动 | 画龙点睛 | 连动 |
| 安家立业 | 联动宾 | 哄堂大笑 | 连动 | 一蹶不振 | 连动 |
| 感恩戴德 | 联动宾 | 抱薪救火 | 连动 | 劫富济贫 | 连动 |
| 游山玩水 | 联动宾 | 画地为牢 | 连动 | 杀一儆百 | 连动 |
| 断子绝孙 | 联动宾 | 论资排辈 | 连动 | 将心比心 | 连动 |
| 建功立业 | 联动宾 | 出口成章 | 连动 | 过河拆桥 | 连动 |
| 弄巧成拙 | 联动宾 | 顾名思义 | 连动 | 知过必改 | 连动 |
| 嘘寒问暖 | 联动宾 | 造谣惑众 | 连动 | 望梅止渴 | 连动 |

## 附录 1  实验 1 和实验 2 使用的关键成语

| | | | | | |
|---|---|---|---|---|---|
| 浅尝辄止 | 连动 | 与日俱增 | 偏正 | 遥遥在望 | 偏正 |
| 爱屋及乌 | 连动 | 死里逃生 | 偏正 | 空洞无物 | 偏正 |
| 委曲求全 | 连动 | 乘虚而入 | 偏正 | 羊肠小道 | 偏正 |
| 反目成仇 | 连动 | 相依为命 | 偏正 | 遍地开花 | 偏正 |
| 信手拈来 | 连动 | 百里挑一 | 偏正 | 岿然不动 | 偏正 |
| 继往开来 | 连动 | 东山再起 | 偏正 | 黄金时代 | 偏正 |
| 做贼心虚 | 连动 | 纨绔子弟 | 偏正 | 金字招牌 | 偏正 |
| 克敌制胜 | 连动 | 大家闺秀 | 偏正 | 好好先生 | 偏正 |
| 得意忘形 | 连动 | 绝处逢生 | 偏正 | 风流韵事 | 偏正 |
| 玩物丧志 | 连动 | 狭路相逢 | 偏正 | 如意算盘 | 偏正 |
| 见异思迁 | 连动 | 碌碌无为 | 偏正 | 安居乐业 | 联偏正 |
| 出奇制胜 | 连动 | 花花世界 | 偏正 | 三皇五帝 | 联偏正 |
| 舍己为人 | 连动 | 倾盆大雨 | 偏正 | 生龙活虎 | 联偏正 |
| 一劳永逸 | 连动 | 蝇头小利 | 偏正 | 名存实亡 | 联偏正 |
| 百年树人 | 偏正 | 慷慨陈词 | 偏正 | 文韬武略 | 联偏正 |
| 趁火打劫 | 偏正 | 悬崖勒马 | 偏正 | 长治久安 | 联偏正 |
| 风流人物 | 偏正 | 跳梁小丑 | 偏正 | 凤冠霞帔 | 联偏正 |
| 恍然大悟 | 偏正 | 黯然失色 | 偏正 | 同舟共济 | 联偏正 |
| 津津乐道 | 偏正 | 钦差大臣 | 偏正 | 兼收并蓄 | 联偏正 |
| 慷慨淋漓 | 偏正 | 再生父母 | 偏正 | 起承转合 | 联偏正 |
| 寥寥无几 | 偏正 | 衣锦夜行 | 偏正 | 雄才大略 | 联偏正 |
| 庞然大物 | 偏正 | 斤斤计较 | 偏正 | 残兵败将 | 联偏正 |
| 顺手牵羊 | 偏正 | 绿林好汉 | 偏正 | 一曝十寒 | 联偏正 |
| 蔚然成风 | 偏正 | 半路出家 | 偏正 | 苦心孤诣 | 联偏正 |
| 循循善诱 | 偏正 | 虎口余生 | 偏正 | 奇装异服 | 联偏正 |
| 一网打尽 | 偏正 | 中原逐鹿 | 偏正 | 丰功伟绩 | 联偏正 |
| 以权谋私 | 偏正 | 按图索骥 | 偏正 | 死去活来 | 联偏正 |

| | | | | | |
|---|---|---|---|---|---|
| 高视阔步 | 联偏正 | 老谋深算 | 联偏正 | 健步如飞 | 主谓 |
| 血雨腥风 | 联偏正 | 千差万别 | 联偏正 | 品学兼优 | 主谓 |
| 唇枪舌剑 | 联偏正 | 三头六臂 | 联偏正 | 生灵涂炭 | 主谓 |
| 尖嘴猴腮 | 联偏正 | 深居简出 | 联偏正 | 学富五车 | 主谓 |
| 穷凶极恶 | 联偏正 | 突飞猛进 | 联偏正 | 肝脑涂地 | 主谓 |
| 明眸皓齿 | 联偏正 | 油嘴滑舌 | 联偏正 | 气势汹汹 | 主谓 |
| 远见卓识 | 联偏正 | 遍体鳞伤 | 主谓 | 臭名昭著 | 主谓 |
| 愁眉苦脸 | 联偏正 | 斗志昂扬 | 主谓 | 狼烟四起 | 主谓 |
| 能工巧匠 | 联偏正 | 冠冕堂皇 | 主谓 | 万象更新 | 主谓 |
| 真才实学 | 联偏正 | 金榜题名 | 主谓 | 大气磅礴 | 主谓 |
| 胡作非为 | 联偏正 | 礼尚往来 | 主谓 | 神色自若 | 主谓 |
| 奴颜婢膝 | 联偏正 | 蓬荜生辉 | 主谓 | 衣冠楚楚 | 主谓 |
| 轻举妄动 | 联偏正 | 热血沸腾 | 主谓 | 金屋藏娇 | 主谓 |
| 优柔寡断 | 联偏正 | 声势浩大 | 主谓 | 壮心不已 | 主谓 |
| 如痴如醉 | 联偏正 | 五彩缤纷 | 主谓 | 大势已去 | 主谓 |
| 新仇旧恨 | 联偏正 | 夜郎自大 | 主谓 | 万马齐喑 | 主谓 |
| 东张西望 | 联偏正 | 宠辱不惊 | 主谓 | 泾渭不分 | 主谓 |
| 惊涛骇浪 | 联偏正 | 精神抖擞 | 主谓 | 草木皆兵 | 主谓 |
| 三从四德 | 联偏正 | 执法如山 | 主谓 | 风云突变 | 主谓 |
| 沧海桑田 | 联偏正 | 吉星高照 | 主谓 | 血债累累 | 主谓 |
| 大彻大悟 | 联偏正 | 人才辈出 | 主谓 | 举措失当 | 主谓 |
| 漫山遍野 | 联偏正 | 众志成城 | 主谓 | 学海无涯 | 主谓 |
| 闲情逸致 | 联偏正 | 福星高照 | 主谓 | 气息奄奄 | 主谓 |
| 姹紫嫣红 | 联偏正 | 器宇轩昂 | 主谓 | 旭日东升 | 主谓 |
| 多谋善断 | 联偏正 | 众口难调 | 主谓 | 涕泗滂沱 | 主谓 |
| 鸿篇巨制 | 联偏正 | 四大皆空 | 主谓 | 妇孺皆知 | 主谓 |
| 娇生惯养 | 联偏正 | 百废俱兴 | 主谓 | 羽毛未丰 | 主谓 |

| | | | | | |
|---|---|---|---|---|---|
| 花样翻新 | 主谓 | 弹尽粮绝 | 联主谓 | 面红耳赤 | 联主谓 |
| 寸丝不挂 | 主谓 | 心安理得 | 联主谓 | 酒足饭饱 | 联主谓 |
| 口是心非 | 联主谓 | 鬼使神差 | 联主谓 | 语重心长 | 联主谓 |
| 心猿意马 | 联主谓 | 纸醉金迷 | 联主谓 | 耳闻目睹 | 联主谓 |
| 自轻自贱 | 联主谓 | 德高望重 | 联主谓 | 面黄肌瘦 | 联主谓 |
| 风和日丽 | 联主谓 | 头重脚轻 | 联主谓 | 势均力敌 | 联主谓 |
| 心惊胆战 | 联主谓 | 龙盘虎踞 | 联主谓 | 天造地设 | 联主谓 |
| 言听计从 | 联主谓 | 头昏脑涨 | 联主谓 | 源远流长 | 联主谓 |
| 言简意赅 | 联主谓 | 海枯石烂 | 联主谓 | 柳暗花明 | 联主谓 |
| 龙盘虎踞 | 联主谓 | 男尊女卑 | 联主谓 | 烟消云散 | 联主谓 |
| 日新月异 | 联主谓 | 山盟海誓 | 联主谓 | 胆战心惊 | 联主谓 |
| 龙争虎斗 | 联主谓 | 天旋地转 | 联主谓 | 风驰电掣 | 联主谓 |
| 心余力绌 | 联主谓 | 百依百顺 | 联主谓 | 魂牵梦绕 | 联主谓 |
| 风吹雨打 | 联主谓 | 海阔天空 | 联主谓 | 理直气壮 | 联主谓 |
| 心狠手辣 | 联主谓 | 口快心直 | 联主谓 | 名正言顺 | 联主谓 |
| 龙吟虎啸 | 联主谓 | 身强力壮 | 联主谓 | 山穷水尽 | 联主谓 |
| 寒来暑往 | 联主谓 | 阴错阳差 | 联主谓 | 神出鬼没 | 联主谓 |
| 土崩瓦解 | 联主谓 | 罪大恶极 | 联主谓 | | |

附录 2

# 成语定义可读性问卷

同学你好！请判断下面的句子是否容易读懂？［7］=非常容易，［6］=容易，［5］=比较容易，［4］=一般，［3］=比较不容易，［2］=不容易，［1］=非常不容易。请在你认为正确的数字上打√。

言辞躲闪，搪塞应付 ［1］［2］［3］［4］［5］［6］［7］
抱着柴草去救火 ［1］［2］［3］［4］［5］［6］［7］
关起门造的车子也合辙 ［1］［2］［3］［4］［5］［6］［7］
风格独特，有创新 ［1］［2］［3］［4］［5］［6］［7］
纵容坏人，欺压百姓 ［1］［2］［3］［4］［5］［6］［7］

用皮毛掩盖疤痕 ［1］［2］［3］［4］［5］［6］［7］
看过一遍就不会忘记 ［1］［2］［3］［4］［5］［6］［7］
冬季来，夏天走 ［1］［2］［3］［4］［5］［6］［7］
用很大的地方作为牢狱 ［1］［2］［3］［4］［5］［6］［7］
肝肠回旋，心气激荡 ［1］［2］［3］［4］［5］［6］［7］

累土可以堆成山 ［1］［2］［3］［4］［5］［6］［7］
没有忘记旧的嫌隙 ［1］［2］［3］［4］［5］［6］［7］
垂头丧气地说自己的观点 ［1］［2］［3］［4］［5］［6］［7］

说话等言辞畅快 [1] [2] [3] [4] [5] [6] [7]
战胜敌人，取得胜利 [1] [2] [3] [4] [5] [6] [7]

排除他人的主张，自己占上风 [1] [2] [3] [4] [5] [6] [7]
使几对夫妇互易错配 [1] [2] [3] [4] [5] [6] [7]
根据资历深浅决定级别的高低 [1] [2] [3] [4] [5] [6] [7]
肝脏胆汁都在身体里 [1] [2] [3] [4] [5] [6] [7]
如同在酷暑严寒中 [1] [2] [3] [4] [5] [6] [7]

因为喜爱那所房屋，连房屋上的乌鸦也一并喜欢 [1] [2] [3] [4] [5] [6] [7]
比喻没有家庭和事业 [1] [2] [3] [4] [5] [6] [7]
安居在一个地方，愉快地工作 [1] [2] [3] [4] [5] [6] [7]
一直行军，没有停歇 [1] [2] [3] [4] [5] [6] [7]
比喻从正面进攻敌人 [1] [2] [3] [4] [5] [6] [7]

指心情沮丧，脸色难看 [1] [2] [3] [4] [5] [6] [7]
在一百个里挑选出一个 [1] [2] [3] [4] [5] [6] [7]
指培养人才需要很长时间 [1] [2] [3] [4] [5] [6] [7]
做什么事，只坚持自己的想法 [1] [2] [3] [4] [5] [6] [7]
指从小就出家，做和尚 [1] [2] [3] [4] [5] [6] [7]

抬头挺胸，趾高气昂 [1] [2] [3] [4] [5] [6] [7]
普遍推广，全面展开 [1] [2] [3] [4] [5] [6] [7]
眼光庸俗，见解一般 [1] [2] [3] [4] [5] [6] [7]
具有与别人一样的风格 [1] [2] [3] [4] [5] [6] [7]
言行有规矩，有样子 [1] [2] [3] [4] [5] [6] [7]

说话、行动慌张忙乱 [1] [2] [3] [4] [5] [6] [7]
意识清醒，仍然有知觉 [1] [2] [3] [4] [5] [6] [7]
做事从长远利益出发 [1] [2] [3] [4] [5] [6] [7]
不认识当前的形势 [1] [2] [3] [4] [5] [6] [7]
从事正当的工作 [1] [2] [3] [4] [5] [6] [7]

用尽全部力量 [1] [2] [3] [4] [5] [6] [7]
不认为千里很远 [1] [2] [3] [4] [5] [6] [7]
被打败的将官和残余士兵 [1] [2] [3] [4] [5] [6] [7]
大海还是大海，农田还是农田 [1] [2] [3] [4] [5] [6] [7]
开的花品种单一，颜色单调 [1] [2] [3] [4] [5] [6] [7]

人家失火的时候，没有抢别人的东西 [1] [2] [3] [4] [5] [6] [7]
向对方兵力薄弱的地方侵入 [1] [2] [3] [4] [5] [6] [7]
眉头紧锁，哭丧着脸 [1] [2] [3] [4] [5] [6] [7]
坏名声没有被传开 [1] [2] [3] [4] [5] [6] [7]
张口就说大白话 [1] [2] [3] [4] [5] [6] [7]

没有用奇兵，就制服了敌人 [1] [2] [3] [4] [5] [6] [7]
生个儿子，使家世一代代传下去 [1] [2] [3] [4] [5] [6] [7]
笨嘴笨舌，不会说话 [1] [2] [3] [4] [5] [6] [7]
打破一般的规矩 [1] [2] [3] [4] [5] [6] [7]
比喻最彻底的了解 [1] [2] [3] [4] [5] [6] [7]

为了某事，进行战争 [1] [2] [3] [4] [5] [6] [7]
富贵人家有才德的女子 [1] [2] [3] [4] [5] [6] [7]
形容气势广大无边 [1] [2] [3] [4] [5] [6] [7]

大大损伤了风景 [1] [2] [3] [4] [5] [6] [7]
失去有利的形势，前途没有希望 [1] [2] [3] [4] [5] [6] [7]

形容话语等有令人难以捉摸的意思 [1] [2] [3] [4] [5] [6] [7]
大规模实施远大的计划 [1] [2] [3] [4] [5] [6] [7]
接待交往各种人物 [1] [2] [3] [4] [5] [6] [7]
理直气壮，一点儿也不害怕 [1] [2] [3] [4] [5] [6] [7]
打战时弹药、粮草充足 [1] [2] [3] [4] [5] [6] [7]

比喻勉强地过下去 [1] [2] [3] [4] [5] [6] [7]
形容人因高兴而失去常态 [1] [2] [3] [4] [5] [6] [7]
道德低下，没有声望 [1] [2] [3] [4] [5] [6] [7]
把对的和错的反着说 [1] [2] [3] [4] [5] [6] [7]
隐退后，过着隐居的生活 [1] [2] [3] [4] [5] [6] [7]

这里那里地到处看 [1] [2] [3] [4] [5] [6] [7]
平淡乏味的思想感情 [1] [2] [3] [4] [5] [6] [7]
做事的热情很高 [1] [2] [3] [4] [5] [6] [7]
诗文构思独特新颖 [1] [2] [3] [4] [5] [6] [7]
没有子孙后代 [1] [2] [3] [4] [5] [6] [7]

多做谋划，善于判断 [1] [2] [3] [4] [5] [6] [7]
亲耳听见，亲眼看到 [1] [2] [3] [4] [5] [6] [7]
严格遵守执行上级的命令 [1] [2] [3] [4] [5] [6] [7]
反眼相看，成为仇人 [1] [2] [3] [4] [5] [6] [7]
伟大的功勋和成就 [1] [2] [3] [4] [5] [6] [7]

像风奔驰，像电闪过 ［1］［2］［3］［4］［5］［6］［7］
没有风雨的侵袭 ［1］［2］［3］［4］［5］［6］［7］
比喻轻浮放荡的人 ［1］［2］［3］［4］［5］［6］［7］
比喻刻板乏味的事情 ［1］［2］［3］［4］［5］［6］［7］
违反法纪，徇私情 ［1］［2］［3］［4］［5］［6］［7］

欺压良善，纵容邪恶 ［1］［2］［3］［4］［5］［6］［7］
灾难之星照在高处 ［1］［2］［3］［4］［5］［6］［7］
对别人的恩德，很感激 ［1］［2］［3］［4］［5］［6］［7］
比喻朝着一个统一的方向前进 ［1］［2］［3］［4］［5］［6］［7］
各人都持有自己的见解 ［1］［2］［3］［4］［5］［6］［7］

用善言净化人们的心灵 ［1］［2］［3］［4］［5］［6］［7］
顾了这个，顾不了那个 ［1］［2］［3］［4］［5］［6］［7］
看到名称就可以联想到它的含义 ［1］［2］［3］［4］［5］［6］［7］
看起来卑鄙无耻 ［1］［2］［3］［4］［5］［6］［7］
比喻有主见，做自己想做的事情 ［1］［2］［3］［4］［5］［6］［7］

过了河就拆桥 ［1］［2］［3］［4］［5］［6］［7］
天地宽广无边 ［1］［2］［3］［4］［5］［6］［7］
比喻文章写作自由不受拘束 ［1］［2］［3］［4］［5］［6］［7］
满屋子人一起大笑起来 ［1］［2］［3］［4］［5］［6］［7］
小心说话，谨慎行事 ［1］［2］［3］［4］［5］［6］［7］

在老虎嘴里丢掉了性命 ［1］［2］［3］［4］［5］［6］［7］
比喻寻欢作乐的地方 ［1］［2］［3］［4］［5］［6］［7］
画龙之后，却忘了画眼睛 ［1］［2］［3］［4］［5］［6］［7］

偏僻荒凉，没有人家　[1]　[2]　[3]　[4]　[5]　[6]　[7]
比喻人一生中最宝贵的时期　[1]　[2]　[3]　[4]　[5]　[6]　[7]

怎么想，都没有明白　[1]　[2]　[3]　[4]　[5]　[6]　[7]
有意把黑的和白的搅在一起　[1]　[2]　[3]　[4]　[5]　[6]　[7]
比喻某事早已经被遗忘　[1]　[2]　[3]　[4]　[5]　[6]　[7]
因长期过度劳累而得病　[1]　[2]　[3]　[4]　[5]　[6]　[7]
吉祥之星高高照临　[1]　[2]　[3]　[4]　[5]　[6]　[7]

继承前人的事业，开辟未来的道路　[1]　[2]　[3]　[4]　[5]　[6]　[7]
尖嘴巴，瘦面颊　[1]　[2]　[3]　[4]　[5]　[6]　[7]
见到正义的事情，却不敢去做　[1]　[2]　[3]　[4]　[5]　[6]　[7]
看到不同的事物就改变主意　[1]　[2]　[3]　[4]　[5]　[6]　[7]
庸庸碌碌，没有作为　[1]　[2]　[3]　[4]　[5]　[6]　[7]

步伐缓慢，像在爬行　[1]　[2]　[3]　[4]　[5]　[6]　[7]
逐渐进入美好境界　[1]　[2]　[3]　[4]　[5]　[6]　[7]
心里只想着自己　[1]　[2]　[3]　[4]　[5]　[6]　[7]
从小受到长辈严厉地管教　[1]　[2]　[3]　[4]　[5]　[6]　[7]
抢夺贫穷百姓，使自己变得富有　[1]　[2]　[3]　[4]　[5]　[6]　[7]

对无关紧要或琐碎的小事不放在心上　[1]　[2]　[3]　[4]　[5]　[6]　[7]
用简陋的屋子接纳女人作妇　[1]　[2]　[3]　[4]　[5]　[6]　[7]
很有趣味地谈论感兴趣的事　[1]　[2]　[3]　[4]　[5]　[6]　[7]
指平静的波浪　[1]　[2]　[3]　[4]　[5]　[6]　[7]

精神低迷，没有振作起来 [1] [2] [3] [4] [5] [6] [7]

酒喝够，饭吃饱 [1] [2] [3] [4] [5] [6] [7]
为了保全自己，不惜牺牲国家的利益 [1] [2] [3] [4] [5] [6] [7]
在困境中没有办法生存下去 [1] [2] [3] [4] [5] [6] [7]
比喻自从有史以来 [1] [2] [3] [4] [5] [6] [7]
有话不说，憋在心里 [1] [2] [3] [4] [5] [6] [7]

口上说一套，心里想一套 [1] [2] [3] [4] [5] [6] [7]
语言夸张，超过事实 [1] [2] [3] [4] [5] [6] [7]
因为弱小，容易被周围环境影响 [1] [2] [3] [4] [5] [6] [7]
固定在一个地方居住工作 [1] [2] [3] [4] [5] [6] [7]
形容筹划周密，打算深远 [1] [2] [3] [4] [5] [6] [7]

在礼节上，只有来，却没有往 [1] [2] [3] [4] [5] [6] [7]
因为理由充分，说话的气势就很盛 [1] [2] [3] [4] [5] [6] [7]
数量大得数不清 [1] [2] [3] [4] [5] [6] [7]
到快要上阵打仗时才磨刀磨枪 [1] [2] [3] [4] [5] [6] [7]
花草树木很稀少的景象 [1] [2] [3] [4] [5] [6] [7]

形容地势平缓，一点儿不险要 [1] [2] [3] [4] [5] [6] [7]
形容说话声音平稳，没有抑扬顿挫 [1] [2] [3] [4] [5] [6] [7]
才华出众，大有作为 [1] [2] [3] [4] [5] [6] [7]
稍微知道一些表面的情况 [1] [2] [3] [4] [5] [6] [7]

形容位于一个很小的地方 [1] [2] [3] [4] [5] [6] [7]

脸色正常，没有变红 [1] [2] [3] [4] [5] [6] [7]
面色红润，身体健壮 [1] [2] [3] [4] [5] [6] [7]
名义上不当官，实际上掌握实权 [1] [2] [3] [4] [5] [6] [7]
没有正当的名义，说起话来也没有道理
[1] [2] [3] [4] [5] [6] [7]
男的尊贵，女的卑下 [1] [2] [3] [4] [5] [6] [7]

指技艺一般的工匠 [1] [2] [3] [4] [5] [6] [7]
本想卖弄聪明，却把事情弄糟 [1] [2] [3] [4] [5] [6] [7]
如实反映事物的本来面目 [1] [2] [3] [4] [5] [6] [7]
比喻外表强大，事实上没什么了不起 [1] [2] [3] [4] [5] [6] [7]
指某人使自家的破屋子增加了光辉 [1] [2] [3] [4] [5] [6] [7]

品德和学业都很优秀 [1] [2] [3] [4] [5] [6] [7]
形容覆盖了很小的一块地方 [1] [2] [3] [4] [5] [6] [7]
保守传统的服饰 [1] [2] [3] [4] [5] [6] [7]
气势很盛的样子 [1] [2] [3] [4] [5] [6] [7]
呼吸微弱，快要断气了 [1] [2] [3] [4] [5] [6] [7]

抛弃反动的，投向光明的一面 [1] [2] [3] [4] [5] [6] [7]
精神饱满，气概不凡 [1] [2] [3] [4] [5] [6] [7]
没有差异，完全一样 [1] [2] [3] [4] [5] [6] [7]
深入钻研，直到精通 [1] [2] [3] [4] [5] [6] [7]

把没理的说成有理的 [1] [2] [3] [4] [5] [6] [7]

指微不足道的小官 [1] [2] [3] [4] [5] [6] [7]
指轻率任意地行动 [1] [2] [3] [4] [5] [6] [7]
很小的毛毛细雨 [1] [2] [3] [4] [5] [6] [7]
非常善良温和 [1] [2] [3] [4] [5] [6] [7]
情绪萎靡不振 [1] [2] [3] [4] [5] [6] [7]

在一段时间内没有出过人才 [1] [2] [3] [4] [5] [6] [7]
没有发展和进步 [1] [2] [3] [4] [5] [6] [7]
阅读听歌时,一种忘我的精神状态 [1] [2] [3] [4] [5] [6] [7]
完全按自己的意愿做打算 [1] [2] [3] [4] [5] [6] [7]
指压迫、束缚妇女的封建礼教 [1] [2] [3] [4] [5] [6] [7]

比喻对待有才的人态度傲慢 [1] [2] [3] [4] [5] [6] [7]
日常生活中的平凡百姓 [1] [2] [3] [4] [5] [6] [7]
做事没有经过思考 [1] [2] [3] [4] [5] [6] [7]
丧失理智,像发了疯 [1] [2] [3] [4] [5] [6] [7]
处死一个人,以警戒许多人 [1] [2] [3] [4] [5] [6] [7]

形容世盟变化无常,没有永恒 [1] [2] [3] [4] [5] [6] [7]
山和水都到了尽头,已没路可走 [1] [2] [3] [4] [5] [6] [7]
舍弃自己的利益去帮助别人 [1] [2] [3] [4] [5] [6] [7]
身体强健,精力旺盛 [1] [2] [3] [4] [5] [6] [7]
无法进入到人们的心里 [1] [2] [3] [4] [5] [6] [7]

做事刻板、没有变化　[1] [2] [3] [4] [5] [6] [7]
比喻六神无主，惊慌不安　[1] [2] [3] [4] [5] [6] [7]
比喻百姓生活幸福　[1] [2] [3] [4] [5] [6] [7]
像蛟龙和猛虎一样　[1] [2] [3] [4] [5] [6] [7]
指声威和气势非常浩大　[1] [2] [3] [4] [5] [6] [7]

比喻双方力量相等　[1] [2] [3] [4] [5] [6] [7]
把丢失的羊还给了失主　[1] [2] [3] [4] [5] [6] [7]
在意外事故中丧命　[1] [2] [3] [4] [5] [6] [7]
没有痛苦，快乐恬淡　[1] [2] [3] [4] [5] [6] [7]
随着情况的变化而灵活地应付　[1] [2] [3] [4] [5] [6] [7]

因为知识有限，所以话题很少　[1] [2] [3] [4] [5] [6] [7]
人为地建造和设置　[1] [2] [3] [4] [5] [6] [7]
比喻同坐一条船过河　[1] [2] [3] [4] [5] [6] [7]
形容暗中玩弄手法　[1] [2] [3] [4] [5] [6] [7]
比喻头脑发昏发胀　[1] [2] [3] [4] [5] [6] [7]

头脑发胀，脚下无力　[1] [2] [3] [4] [5] [6] [7]
比喻滞后、停止发展　[1] [2] [3] [4] [5] [6] [7]
比喻妇女梳妆打扮　[1] [2] [3] [4] [5] [6] [7]
形容像土块散开，瓦片破碎　[1] [2] [3] [4] [5] [6] [7]
坚定意志，刻苦学习　[1] [2] [3] [4] [5] [6] [7]

想到梅子流口水，就不渴了　[1] [2] [3] [4] [5] [6] [7]
比喻绝不会勉强自己，而去将就别人　[1] [2] [3] [4] [5] [6] [7]

文有计谋，武有策略 [1] [2] [3] [4] [5] [6] [7]
牵挂太多，导致心累 [1] [2] [3] [4] [5] [6] [7]
充满了情和义 [1] [2] [3] [4] [5] [6] [7]

颜色单调、枯燥乏味 [1] [2] [3] [4] [5] [6] [7]
比喻轻松超逸的情趣 [1] [2] [3] [4] [5] [6] [7]
指各自独立生活，互相不依靠 [1] [2] [3] [4] [5] [6] [7]
认为做的事有理，心里坦然 [1] [2] [3] [4] [5] [6] [7]
心肠凶狠，手段毒辣 [1] [2] [3] [4] [5] [6] [7]

指内心平和、安详 [1] [2] [3] [4] [5] [6] [7]
无论何时，都能化解仇恨 [1] [2] [3] [4] [5] [6] [7]
为将某物拿到手而精心谋略 [1] [2] [3] [4] [5] [6] [7]
比喻不出一兵一卒 [1] [2] [3] [4] [5] [6] [7]
对别人遇到的灾祸，心里很同情 [1] [2] [3] [4] [5] [6] [7]

指才略非常平庸 [1] [2] [3] [4] [5] [6] [7]
日子过得充实而有意义 [1] [2] [3] [4] [5] [6] [7]
对别人不问冷热，漠不关注 [1] [2] [3] [4] [5] [6] [7]
早晨太阳从西方升起 [1] [2] [3] [4] [5] [6] [7]
跌落悬崖，粉身碎骨 [1] [2] [3] [4] [5] [6] [7]

学习知识是有尽头的 [1] [2] [3] [4] [5] [6] [7]
遵守规矩，不敢轻举妄动 [1] [2] [3] [4] [5] [6] [7]
形容善于引导别人学习 [1] [2] [3] [4] [5] [6] [7]
像烟雾和云气一样消散 [1] [2] [3] [4] [5] [6] [7]
比喻语言累赘，意思表达不清楚 [1] [2] [3] [4] [5] [6] [7]

指说的话都相信，出的主意都采纳 [1] [2] [3] [4] [5] [6] [7]
憋了一肚子闷气和怨气 [1] [2] [3] [4] [5] [6] [7]
宽阔笔直的大路 [1] [2] [3] [4] [5] [6] [7]
比喻贫穷寒酸，极度窘迫 [1] [2] [3] [4] [5] [6] [7]
相互联系，知道对方的信息 [1] [2] [3] [4] [5] [6] [7]

信息断绝，无法知道对方的情况 [1] [2] [3] [4] [5] [6] [7]
比喻从前一个叫夜郎的地方政权，自以为很大 [1] [2] [3] [4] [5] [6] [7]
跌到了再爬不起来了 [1] [2] [3] [4] [5] [6] [7]
反复费力地办一件事情 [1] [2] [3] [4] [5] [6] [7]
在肃清时还有漏网之鱼 [1] [2] [3] [4] [5] [6] [7]

衣帽穿戴得整齐漂亮 [1] [2] [3] [4] [5] [6] [7]
结交很投合的朋友 [1] [2] [3] [4] [5] [6] [7]
只顾享受现在的生活，忘了以前的痛苦 [1] [2] [3] [4] [5] [6] [7]
正确判断了阴和阳 [1] [2] [3] [4] [5] [6] [7]
比喻很小的利益 [1] [2] [3] [4] [5] [6] [7]

比喻做事坚决、果断 [1] [2] [3] [4] [5] [6] [7]
比喻说话油滑轻浮 [1] [2] [3] [4] [5] [6] [7]
宅在家里不出去 [1] [2] [3] [4] [5] [6] [7]
长着眼睛，但是没有眼珠 [1] [2] [3] [4] [5] [6] [7]
随着时间的增长而增长 [1] [2] [3] [4] [5] [6] [7]

形容说话敷衍了事 [1] [2] [3] [4] [5] [6] [7]

河的源头很远，水流很长 ［1］［2］［3］［4］［5］［6］［7］
比喻再次给予生命的人 ［1］［2］［3］［4］［5］［6］［7］
用实话说服了群众 ［1］［2］［3］［4］［5］［6］［7］
形容割草要把草根彻底除掉 ［1］［2］［3］［4］［5］［6］［7］

埋没了才能和本领 ［1］［2］［3］［4］［5］［6］［7］
形容野兽凶猛的样子 ［1］［2］［3］［4］［5］［6］［7］
国家社会暴乱不断 ［1］［2］［3］［4］［5］［6］［7］
正真的才华和学识 ［1］［2］［3］［4］［5］［6］［7］
震动了天和地 ［1］［2］［3］［4］［5］［6］［7］

知道错了，但就是不改正 ［1］［2］［3］［4］［5］［6］［7］
比喻沉醉于富丽的环境 ［1］［2］［3］［4］［5］［6］［7］
众人统一的意志像坚固的城墙 ［1］［2］［3］［4］［5］［6］［7］
阻止了坏人干坏事 ［1］［2］［3］［4］［5］［6］［7］
做的事有利于自己 ［1］［2］［3］［4］［5］［6］［7］

罪恶大到了极点 ［1］［2］［3］［4］［5］［6］［7］
心安理得地去做贼 ［1］［2］［3］［4］［5］［6］［7］

附 录 3

# 成语定义问卷

同学你好！请判断每个成语的定义是否合适：1 = 完全合适，2 = 基本合适，3 = 合适，4 = 基本不合适，5 = 完全不合适。请在相应数字上打"√"。

按图索骥　不按图形去寻好马。[1] [2] [3] [4] [5]
抱薪救火　抱着柴草去救火。[1] [2] [3] [4] [5]
必操胜券　没有胜利的把握。[1] [2] [3] [4] [5]
闭门造车　经常出门。[1] [2] [3] [4] [5]
不落窠臼　风格独创。[1] [2] [3] [4] [5]

不念旧恶　计较过去和别人的仇恨。[1] [2] [3] [4] [5]
惩前毖后　不吸取教训，重犯错误。[1] [2] [3] [4] [5]
除暴安良　纵容坏人，欺压百姓。[1] [2] [3] [4] [5]
吹毛求疵　用皮毛掩盖疤痕。[1] [2] [3] [4] [5]
风和日丽　清风柔和，阳光灿烂。[1] [2] [3] [4] [5]

肝脑涂地　肝胆、脑浆完好。[1] [2] [3] [4] [5]
过目成诵　看过一遍就不会忘记。[1] [2] [3] [4] [5]
含沙射影　水中的蜮，不会含沙射人。[1] [2] [3] [4] [5]
画地为牢　用很大的地方作为牢狱。[1] [2] [3] [4] [5]

回肠荡气　肝肠回旋，心气激荡。［1］［2］［3］［4］［5］

积土成山　累土可以堆成山。［1］［2］［3］［4］［5］
见贤思齐　不向有才德的人看齐。［1］［2］［3］［4］［5］
捐弃前嫌　不忘旧的嫌隙。［1］［2］［3］［4］［5］
慷慨陈词　垂头丧气地说自己的观点。［1］［2］［3］［4］［5］
慷慨淋漓　说话等言辞畅快。［1］［2］［3］［4］［5］

克敌制胜　战胜敌人。［1］［2］［3］［4］［5］
力排众议　排除他人的主张，自己占上风。［1］［2］［3］［4］［5］
乱点鸳鸯　使几对夫妇互易错配。［1］［2］［3］［4］［5］
论资排辈　根据资历深浅决定级别的高低。［1］［2］［3］［4］［5］
披肝沥胆　肝脏胆汁都在身体里。［1］［2］［3］［4］［5］

如坐春风　如同在酷暑严寒中。［1］［2］［3］［4］［5］
三缄其口　嘴上贴了三次封条。［1］［2］［3］［4］［5］
投鼠忌器　打老鼠，不怕打坏器物。［1］［2］［3］［4］［5］
望洋兴叹　在伟大的事物面前觉得自己伟大。［1］［2］［3］［4］［5］
蔚然成风　没有形成风气。［1］［2］［3］［4］［5］

学富五车　学问很多。［1］［2］［3］［4］［5］
学富五车　冬季来，夏天走。［1］［2］［3］［4］［5］
血债累累　欠下了很多人的命债。［1］［2］［3］［4］［5］
一曝十寒　晒一天冻十天，任何植物也无法生长。［1］［2］［3］［4］［5］
衣锦夜行　关起门造的车子也合辙。［1］［2］［3］［4］［5］

远见卓识　目标很近，见识浅陋。[1] [2] [3] [4] [5]
越俎代庖　祭祀的人不能代厨子做饭。[1] [2] [3] [4] [5]
支吾其词　言辞躲闪。[1] [2] [3] [4] [5]
众口难调　众人的口味难调恰当。[1] [2] [3] [4] [5]
壮心不已　老人没有雄心壮志。[1] [2] [3] [4] [5]

爱屋及乌　因喜爱那房屋，屋上的乌鸦也喜爱。[1] [2] [3] [4] [5]
安家立业　没有家庭和事业。[1] [2] [3] [4] [5]
安居乐业　在一个地方居住工作。[1] [2] [3] [4] [5]
安营扎寨　不停地行军。[1] [2] [3] [4] [5]
暗渡陈仓　从正面进攻敌人。[1] [2] [3] [4] [5]

黯然失色　心情沮丧，脸色难看。[1] [2] [3] [4] [5]
百里挑一　在一百个里挑选出一个。[1] [2] [3] [4] [5]
百年树人　培养人才需要很长时间。[1] [2] [3] [4] [5]
百依百顺　做什么事，都坚持自己的想法。[1][2][3][4][5]
半路出家　从小就出家的和尚。[1] [2] [3] [4] [5]

卑躬屈膝　抬头挺胸，趾高气昂。[1] [2] [3] [4] [5]
遍地开花　普遍推广。[1] [2] [3] [4] [5]
遍体鳞伤　全身完整无损。[1] [2] [3] [4] [5]
别具慧眼　眼光庸俗，见解一般。[1] [2] [3] [4] [5]
别具一格　具有与别人一样的风格。[1] [2] [3] [4] [5]

不成体统　言行规矩。[1] [2] [3] [4] [5]
不拘小节　谨小慎微。[1] [2] [3] [4] [5]

不省人事　意识清醒。[1] [2] [3] [4] [5]
不识大体　做事从长远利益出发。[1] [2] [3] [4] [5]
不识时务　不认识当前的形势。[1] [2] [3] [4] [5]

不务正业　做正当工作。[1] [2] [3] [4] [5]
不遗余力　用出全部力量。[1] [2] [3] [4] [5]
不远千里　不以千里为远。[1] [2] [3] [4] [5]
不择手段　不选什么手段。[1] [2] [3] [4] [5]
残兵败将　被打败的将官和残余士兵。[1] [2] [3] [4] [5]

沧海桑田　大海还是大海，农田还是农田。[1][2][3][4][5]
姹紫嫣红　开的花品种单一，颜色单调。[1][2][3][4][5]
趁火打劫　不在人家失火的时候抢别人的东西。[1] [2] [3] [4] [5]
乘虚而入　向对方兵力薄弱的地方侵入。[1][2][3][4][5]
愁眉苦脸　眉头紧锁，哭丧着脸。[1] [2] [3] [4] [5]

臭名昭著　坏名声没有传开。[1] [2] [3] [4] [5]
出口成章　说大白话。[1] [2] [3] [4] [5]
出奇制胜　不用奇兵就制服了敌人。[1] [2] [3] [4] [5]
传宗接代　生个儿子使家世代代相传。[1] [2] [3] [4] [5]
唇枪舌剑　笨嘴笨舌，不会说话。[1] [2] [3] [4] [5]

打破常规　打破一般的规矩。[1] [2] [3] [4] [5]
大彻大悟　最彻底的了解。[1] [2] [3] [4] [5]
大动干戈　进行战争。[1] [2] [3] [4] [5]
大家闺秀　富贵人家有才德的女子。[1] [2] [3] [4] [5]

大气磅礴　气势广大无边。[1] [2] [3] [4] [5]

大煞风景　大大损伤风景。[1] [2] [3] [4] [5]
大势已去　失去有利的形势，前途没有希望。[1] [2] [3] [4] [5]
大有文章　话的语等令人难以捉摸。[1] [2] [3] [4] [5]
大展宏图　大规模实施宏伟的计划。[1] [2] [3] [4] [5]
待人接物　接待交往各种人物。[1] [2] [3] [4] [5]

胆战心惊　理直气壮，不害怕。[1] [2] [3] [4] [5]
弹尽粮绝　打战时弹药粮草充足。[1] [2] [3] [4] [5]
当家作主　做了家庭的主人。[1] [2] [3] [4] [5]
得过且过　勉强地过下去。[1] [2] [3] [4] [5]
得意忘形　形容人因高兴而失去常态。[1] [2] [3] [4] [5]

德高望重　道德低下，没有声望。[1] [2] [3] [4] [5]
颠倒是非　对的错的反着说。[1] [2] [3] [4] [5]
东山再起　隐退后隐居生活。[1] [2] [3] [4] [5]
东张西望　这里那里地到处看。[1] [2] [3] [4] [5]
动人心弦　平淡乏味的思想感情。[1] [2] [3] [4] [5]

斗志昂扬　做事的热情很高。[1] [2] [3] [4] [5]
独出心裁　诗文构思独特新颖。[1] [2] [3] [4] [5]
断子绝孙　没有子孙后代。[1] [2] [3] [4] [5]
多谋善断　多做谋划，善于判断。[1] [2] [3] [4] [5]
耳闻目睹　亲耳听见，亲眼看到。[1] [2] [3] [4] [5]

发号施令　遵守执行上级的命令。［1］［2］［3］［4］［5］
反目成仇　反眼相看，成为仇人。［1］［2］［3］［4］［5］
丰功伟绩　伟大的功勋和成就。［1］［2］［3］［4］［5］
风驰电掣　像风奔驰，像电闪过。［1］［2］［3］［4］［5］
风吹雨打　没有风雨侵袭。［1］［2］［3］［4］［5］
风流人物　轻浮放荡的人。［1］［2］［3］［4］［5］
风流韵事　刻板乏味的事情。［1］［2］［3］［4］［5］
奉公守法　违反徇私。［1］［2］［3］［4］［5］
扶危济困　欺压良善，纵容邪恶。［1］［2］［3］［4］［5］
福星高照　灾星照在高处。［1］［2］［3］［4］［5］

改头换面　改变人的面目。［1］［2］［3］［4］［5］
感恩戴德　感激别人的恩德。［1］［2］［3］［4］［5］
各奔前程　朝着一个方向前进。［1］［2］［3］［4］［5］
各持己见　各人都持自己的见解。［1］［2］［3］［4］［5］
蛊惑人心　用善言净化人们的心灵。［1］［2］［3］［4］［5］

顾此失彼　顾了这个，顾不了那个。［1］［2］［3］［4］［5］
顾名思义　看到名称就可以联想到它的含义。［1］［2］［3］［4］［5］
冠冕堂皇　看起来卑鄙无耻。［1］［2］［3］［4］［5］
鬼使神差　做自己想做的事情。［1］［2］［3］［4］［5］
过河拆桥　过了河就拆桥。［1］［2］［3］［4］［5］

海枯石烂　海水不会干涸，石头不会枯朽。［1］［2］［3］［4］［5］
海阔天空　天地宽广无边。［1］［2］［3］［4］［5］
行云流水　文章写作自由。［1］［2］［3］［4］［5］

哄堂大笑　满屋子人一起大笑起来。[1] [2] [3] [4] [5]
胡作非为　小心说话，谨慎行事。[1] [2] [3] [4] [5]

虎口余生　在老虎嘴里丧命。[1] [2] [3] [4] [5]
花花世界　寻环作乐的地方。[1] [2] [3] [4] [5]
画龙点睛　画龙之后，忘了画眼睛。[1] [2] [3] [4] [5]
荒无人烟　偏僻荒凉，没有人家。[1] [2] [3] [4] [5]
黄金时代　人一生中最宝贵的时期。[1] [2] [3] [4] [5]

恍然大悟　怎么想都不明白。[1] [2] [3] [4] [5]
混淆黑白　有意把黑和白搅在一起。[1] [2] [3] [4] [5]
魂牵梦绕　某事早已经被遗忘。[1] [2] [3] [4] [5]
积劳成疾　因长期过度劳累而得病。[1] [2] [3] [4] [5]
吉星高照　吉祥之星高高照临。[1] [2] [3] [4] [5]

继往开来　继承前人的事业，开辟未来的道路。[1] [2] [3] [4] [5]
尖嘴猴腮　尖嘴巴，瘦面颊。[1] [2] [3] [4] [5]
见义勇为　见到正义的事情不敢去做。[1] [2] [3] [4] [5]
见异思迁　看到不同的事物就改变主意。[1][2][3][4][5]
建功立业　庸碌无为。[1] [2] [3] [4] [5]

健步如飞　步伐缓慢。[1] [2] [3] [4] [5]
渐入佳境　逐渐进入美好境界。[1] [2] [3] [4] [5]
将心比心　只为自己着想。[1] [2] [3] [4] [5]
娇生惯养　从小受到长辈严厉地管教。[1] [2] [3] [4] [5]
劫富济贫　抢夺贫穷百姓使自己富有。[1] [2] [3] [4] [5]

斤斤计较　宽宏大量。［1］［2］［3］［4］［5］
金榜题名　名字写在金榜上。［1］［2］［3］［4］［5］
金屋藏娇　用简陋的屋子接纳女人作妇。［1］［2］［3］［4］［5］
津津乐道　有趣味地谈论感兴趣的事。［1］［2］［3］［4］［5］
惊涛骇浪　平静的波浪。［1］［2］［3］［4］［5］

精神抖擞　精神低迷。［1］［2］［3］［4］［5］
酒足饭饱　酒喝够，饭吃饱。［1］［2］［3］［4］［5］
捐躯报国　不惜牺牲国家的利益来保全自己。［1］［2］［3］［4］［5］
绝处逢生　在困境中无法生存。［1］［2］［3］［4］［5］
开天辟地　有史以来。［1］［2］［3］［4］［5］

口快心直　有什么话，都憋在心里。［1］［2］［3］［4］［5］
口是心非　口上说一套，心里想一套。［1］［2］［3］［4］［5］
夸大其词　语言夸张。［1］［2］［3］［4］［5］
岿然不动　因为弱小，容易被影响。［1］［2］［3］［4］［5］
浪迹天涯　固定一个地方居住工作。［1］［2］［3］［4］［5］

老谋深算　筹划周密，打算深远。［1］［2］［3］［4］［5］
礼尚往来　在礼节上，有来无往。［1］［2］［3］［4］［5］
理直气壮　理由正确充分，说话的气势很盛。［1］［2］［3］［4］［5］
寥寥无几　数量大得无法数清。［1］［2］［3］［4］［5］
临阵磨枪　到快要打仗时才磨刀磨枪。［1］［2］［3］［4］［5］

柳暗花明　草树花木稀少的景象。［1］［2］［3］［4］［5］

龙盘虎踞　地势平缓。[1][2][3][4][5]
龙吟虎啸　声音平稳，没有抑扬顿挫。[1][2][3][4][5]
龙争虎斗　龙与虎之间的争斗。[1][2][3][4][5]
碌碌无为　才华出众，大有作为。[1][2][3][4][5]

绿林好汉　聚众行劫的群盗股匪。[1][2][3][4][5]
略知皮毛　稍知表面的情况。[1][2][3][4][5]
漫山遍野　位于一个很小的地方。[1][2][3][4][5]
面红耳赤　面色不变。[1][2][3][4][5]
面黄肌瘦　面色红润，身体健壮。[1][2][3][4][5]

名存实亡　不当官，但掌握实权。[1][2][3][4][5]
名正言顺　名义不当，说话就没有道理。[1][2][3][4][5]
男尊女卑　男的尊贵，女的卑下。[1][2][3][4][5]
能工巧匠　技艺一般的工匠。[1][2][3][4][5]
弄巧成拙　想卖弄聪明，却把事情弄糟。[1][2][3][4][5]

弄虚作假　如实地反映事物的本来面目。[1][2][3][4][5]
庞然大物　外表强大，事实上没什么了不起。[1][2][3][4][5]
蓬荜生辉　使自家的破屋子增加了光辉。[1][2][3][4][5]
品学兼优　品德和学业都很优秀。[1][2][3][4][5]
铺天盖地　东西不多，覆盖面很小。[1][2][3][4][5]

奇装异服　保守传统的服饰。[1][2][3][4][5]
气势汹汹　气势很盛。[1][2][3][4][5]
气息奄奄　呼吸微弱，要断气了。[1][2][3][4][5]

弃暗投明　抛弃反动的，投向光明的一面。[1][2][3][4][5]
器宇轩昂　精神饱满，气概不凡。[1] [2] [3] [4] [5]

千差万别　没有差异。[1] [2] [3] [4] [5]
浅尝辄止　深入钻研，直到精通。[1] [2] [3] [4] [5]
强词夺理　把没理的说成有理的。[1] [2] [3] [4] [5]
钦差大臣　微不足道的小官。[1] [2] [3] [4] [5]
轻举妄动　轻率任意地行动。[1] [2] [3] [4] [5]

倾盆大雨　毛毛细雨。[1] [2] [3] [4] [5]
穷凶极恶　非常善良温和。[1] [2] [3] [4] [5]
热血沸腾　情绪萎靡不振。[1] [2] [3] [4] [5]
人才辈出　不出人才。[1] [2] [3] [4] [5]
日新月异　没有发展和进步。[1] [2] [3] [4] [5]

如痴如醉　读书听音乐时，忘我的精神状态。[1] [2] [3] [4] [5]
如饥似渴　饥渴时急着吃饭、喝水一样。[1][2][3][4][5]
如意算盘　完全按自己的意愿做出打算。[1][2][3][4][5]
三从四德　束缚妇女的封建礼教。[1] [2] [3] [4] [5]
三顾茅庐　对待有才的人态度傲慢。[1] [2] [3] [4] [5]

三皇五帝　日常生活中的平凡百姓。[1] [2] [3] [4] [5]
三思而行　做事不经过思考。[1] [2] [3] [4] [5]
三头六臂　佛的法相。[1] [2] [3] [4] [5]
丧心病狂　丧失理智，疯了一样。[1] [2] [3] [4] [5]
杀一儆百　处死一个人以警戒许多人。[1][2][3][4][5]

山盟海誓　世盟变化无常。[1] [2] [3] [4] [5]
山穷水尽　山和水都到了尽头,已无路可走。[1] [2] [3] [4] [5]
舍己为人　舍弃自己的利益而去帮助别人。[1][2][3][4][5]
身强力壮　身体强健,精力旺盛。[1] [2] [3] [4] [5]
深入人心　无法进入到人们的心里。[1] [2] [3] [4] [5]

神出鬼没　做事没有变化。[1] [2] [3] [4] [5]
神色自若　意外发生时,六神无主。[1] [2] [3] [4] [5]
生灵涂炭　百姓生活幸福。[1] [2] [3] [4] [5]
生龙活虎　像蛟龙和猛虎。[1] [2] [3] [4] [5]
声势浩大　声威和气势非常浩大。[1] [2] [3] [4] [5]

势均力敌　双方力量相等。[1] [2] [3] [4] [5]
顺手牵羊　把丢失的羊还给失主。[1] [2] [3] [4] [5]
死里逃生　死于意外事故。[1] [2] [3] [4] [5]
死去活来　快乐恬淡。[1] [2] [3] [4] [5]
随机应变　灵活地应付变化着的情况。[1] [2] [3] [4] [5]

谈天说地　知识有限,话题少。[1] [2] [3] [4] [5]
天旋地转　天地转动。[1] [2] [3] [4] [5]
天造地设　人为地建造和设置。[1] [2] [3] [4] [5]
同舟共济　同坐一条船过河。[1] [2] [3] [4] [5]
偷梁换柱　暗中玩弄手法。[1] [2] [3] [4] [5]

头昏脑涨　头脑发昏。[1] [2] [3] [4] [5]
头重脚轻　头脑发胀,脚下无力。[1] [2] [3] [4] [5]

突飞猛进　停止发展。[1] [2] [3] [4] [5]
涂脂抹粉　妇女梳妆打扮。[1] [2] [3] [4] [5]
土崩瓦解　像土块散开，瓦片破碎一样。[1][2][3][4][5]

玩物丧志　坚定意志，刻苦学习。[1] [2] [3] [4] [5]
望梅止渴　一想到吃梅子就不渴了。[1] [2] [3] [4] [5]
委曲求全　绝不勉强自己去将就别人。[1] [2] [3] [4] [5]
文韬武略　文有计谋，武有策略。[1] [2] [3] [4] [5]
无牵无挂　牵挂太多，心累。[1] [2] [3] [4] [5]

无情无义　充满了情义。[1] [2] [3] [4] [5]
五彩缤纷　颜色单调。[1] [2] [3] [4] [5]
狭路相逢　在很窄的路上相遇，没法让开。[1][2][3][4][5]
闲情逸致　轻松超逸的情趣。[1] [2] [3] [4] [5]
相依为命　独立生活，互不依靠。[1] [2] [3] [4] [5]

心安理得　事情做得合理，心里坦然。[1] [2] [3] [4] [5]
心狠手辣　心肠凶狠，手段毒辣。[1] [2] [3] [4] [5]
心惊胆战　内心平和安详。[1] [2] [3] [4] [5]
心猿意马　心思像猴子跳，马奔跑一样。[1][2][3][4][5]
新仇旧恨　无论何时，化解仇恨。[1] [2] [3] [4] [5]

信手拈来　为拿到手而精心谋略。[1] [2] [3] [4] [5]
兴师动众　不出一兵一卒。[1] [2] [3] [4] [5]
幸灾乐祸　同情别人遇到的灾祸。[1] [2] [3] [4] [5]
雄才大略　才略非常平庸。[1] [2] [3] [4] [5]
虚度年华　日子过得充实而有意义。[1] [2] [3] [4] [5]

嘘寒问暖　不问冷热，漠不关注。[1][2][3][4][5]
旭日东升　早晨太阳从西方升起。[1][2][3][4][5]
悬崖勒马　跌落悬崖，粉身碎骨。[1][2][3][4][5]
学海无涯　学习知识是有尽头的。[1][2][3][4][5]
血雨腥风　下着鲜雨，刮着腥风。[1][2][3][4][5]

循规蹈矩　遵守规矩，不敢轻举妄动。[1][2][3][4][5]
循循善诱　善于引导别人进行学习。[1][2][3][4][5]
烟消云散　像烟雾和云气一样消散。[1][2][3][4][5]
言简意赅　语言累赘，意思表达不清。[1][2][3][4][5]
言听计从　说的话都相信，出的主意都采纳。[1][2][3][4][5]

扬眉吐气　憋了一肚子闷气和怨气。[1][2][3][4][5]
羊肠小道　宽阔笔直的大路。[1][2][3][4][5]
腰缠万贯　贫穷寒酸。[1][2][3][4][5]
杳无消息　相互知道对方的信息。[1][2][3][4][5]
杳无音信　没有对方的信息。[1][2][3][4][5]

夜郎自大　一个叫夜郎的政权，自以为很大。[1][2][3][4][5]
一蹶不振　跌到了再也爬不起来。[1][2][3][4][5]
一劳永逸　反复费力地办一件事情。[1][2][3][4][5]
一网打尽　在肃清时还有漏网之鱼。[1][2][3][4][5]
衣冠楚楚　衣帽穿戴得整齐漂亮。[1][2][3][4][5]

义结金兰　结交很投合的朋友。[1][2][3][4][5]

忆苦思甜　享受美好生活，忘了以前的痛苦。[1] [2] [3] [4] [5]

阴错阳差　没有搞错阴和阳。[1] [2] [3] [4] [5]
蝇头小利　很小的利益。[1] [2] [3] [4] [5]
优柔寡断　做事坚决、果断。[1] [2] [3] [4] [5]

油嘴滑舌　说话油滑轻浮。[1] [2] [3] [4] [5]
游山玩水　宅在家里不出去。[1] [2] [3] [4] [5]
有眼无珠　长着眼睛没有眼珠。[1] [2] [3] [4] [5]
与日俱增　随着时间的增长而增长。[1] [2] [3] [4] [5]
语重心长　说话敷衍了事。[1] [2] [3] [4] [5]

源远流长　河的源头很遥远。[1] [2] [3] [4] [5]
再生父母　再次给予生命的人。[1] [2] [3] [4] [5]
造谣惑众　用实话说服群众。[1] [2] [3] [4] [5]
斩草除根　割草要彻底除掉草根。[1] [2] [3] [4] [5]
斩钉截铁　做事犹豫不果断。[1] [2] [3] [4] [5]

崭露头角　埋没了才能和本领。[1] [2] [3] [4] [5]
张牙舞爪　野兽凶猛的样子。[1] [2] [3] [4] [5]
长治久安　国家社会暴乱不断。[1] [2] [3] [4] [5]
真才实学　正真的才华和学识。[1] [2] [3] [4] [5]
震天动地　震动了天地。[1] [2] [3] [4] [5]

知过必改　知道错了，也不改正。[1] [2] [3] [4] [5]
纸醉金迷　沉醉于富丽的环境。[1] [2] [3] [4] [5]
众志成城　众人统一的意志像坚固的城墙。[1][2][3][4][5]

重蹈覆辙　不走翻过车的老路。［1］［2］［3］［4］［5］
助纣为虐　阻止坏人干坏事。［1］［2］［3］［4］［5］

自作自受　自己做的事有利于自己。［1］［2］［3］［4］［5］
罪大恶极　罪恶大到了极点。［1］［2］［3］［4］［5］
坐收渔利　不求好处，化解别人的矛盾。[1][2][3][4][5]
做贼心虚　心安理得地做贼。［1］［2］［3］［4］［5］

附录 4

# 实验 3、实验 4、实验 5 和实验 6 使用的关键成语

| | | | | | |
|---|---|---|---|---|---|
| 不务正业 | 动宾 | 丧心病狂 | 联动宾 | 唇枪舌剑 | 联偏正 |
| 不择手段 | 动宾 | 无情无义 | 联动宾 | 高视阔步 | 联偏正 |
| 打破常规 | 动宾 | 游山玩水 | 联动宾 | 胡作非为 | 联偏正 |
| 颠倒是非 | 动宾 | 斩钉截铁 | 联动宾 | 苦心孤诣 | 联偏正 |
| 各持己见 | 动宾 | 张牙舞爪 | 联动宾 | 能工巧匠 | 联偏正 |
| 荒无人烟 | 动宾 | 半路出家 | 偏正 | 穷凶极恶 | 联偏正 |
| 渐入佳境 | 动宾 | 趁火打劫 | 偏正 | 大彻大悟 | 联偏正 |
| 夸大其词 | 动宾 | 乘虚而入 | 偏正 | 远见卓识 | 联偏正 |
| 深入人心 | 动宾 | 岿然不动 | 偏正 | 优柔寡断 | 联偏正 |
| 虚度年华 | 动宾 | 风流人物 | 偏正 | 鸿篇巨制 | 联偏正 |
| 杳无音信 | 动宾 | 好好先生 | 偏正 | 妇孺皆知 | 主谓 |
| 奉公守法 | 联动宾 | 碌碌无为 | 偏正 | 宠辱不惊 | 主谓 |
| 扶危济困 | 联动宾 | 狭路相逢 | 偏正 | 大气磅礴 | 主谓 |
| 含冤负屈 | 联动宾 | 蔚然成风 | 偏正 | 金屋藏娇 | 主谓 |
| 口传心授 | 联动宾 | 悬崖勒马 | 偏正 | 狼烟四起 | 主谓 |
| 披肝沥胆 | 联动宾 | 以权谋私 | 偏正 | 气息奄奄 | 主谓 |
| 铺天盖地 | 联动宾 | 轻举妄动 | 联偏正 | 热血沸腾 | 主谓 |

| | | | | | |
|---|---|---|---|---|---|
| 四大皆空 | 主谓 | 口是心非 | 联主谓 | 势均力敌 | 联主谓 |
| 衣冠楚楚 | 主谓 | 面黄肌瘦 | 联主谓 | 天造地设 | 联主谓 |
| 羽毛未丰 | 主谓 | 山盟海誓 | 联主谓 | 烟消云散 | 联主谓 |
| 海枯石烂 | 联主谓 | 神出鬼没 | 联主谓 | 天旋地转 | 联主谓 |

# 致　　谢

　　我读硕士时学了心理语言学，那时刚入门，学到的是一些概念性的知识和心理语言学的常识。心理语言学以她特有的知识吸引着我。人类的大脑对各种知识的存储、理解和产出，是一种怎样的过程？加工机制是什么？语言学家们采用了许多高科技手段，试图了解它，探索它。

　　进入浙江大学后，李德高教授引导我对心理语言学有了由浅入深的认识。在李老师的指导下，从论文的大体轮廓到研究的具体问题都变得逐渐清晰和明确。李老师对我们很严格，要求我们每周要做一次学习汇报，并将所学的知识与个人研究的问题结合起来。日积月累，积少成多，让我受益匪浅。遇到问题，李老师鼓励我不要着急，要平静、坚持不懈地做，心情不能烦躁，行动上不能松懈。论文写作中，遇到了许多问题，每次找李老师，他都在学校或办公室，及时给我帮助和指导，让我在论文写作中少走了很多弯路。上万字的邮件里是李老师对我的解答、文章修改意见、写作指导和鼓励。感谢李老师，他这种兢兢业业的精神也潜移默化地激励着我在学习的道路上不惧困难，认真做事，勤于思考。可以说，如果没有李老师的指导与帮助，这篇博士论文很难顺利完成。心理语言学涉及实验、数据等诸多理科方面的知识，对数据统计和电脑操作的要求比较高。我在这方面也得到了李老师的耐心帮助。李老师知识渊博、严慈相济、计算机使用娴熟、严谨认真。在我做调研和实验期间，他积极协调，提供场地和资金，保证了实验的顺利完成。

还要感谢浙江大学许多优秀的老师，如刘海涛、马博森、何莲珍、王小潞、庞继贤、梁君英和肖忠华等老师，感谢他们在我读博期间在英语科研知识方面对我的帮助。

另外，师妹师弟们也给予我许多帮助，为我指出疑点，提出建议。在这样一个团结友爱的团队里，我受到了鼓舞，坚定了信心。同时也感谢舍友们在学习生活上对我的帮助和关心。

最后，我要感谢家人在我读博期间给予的温暖、帮助和关心，爱人于晓阳每天打电话，鼓励我、支持我，给了离家求学的我很多动力。假期与家人的团聚缓解了在校期间紧张的学习压力，为我增添了许多生活乐趣。